나의 아버지
조양원 목사

나의 아버지
손양원 목사

눈물로 쓴 딸의 회고록, 손양원 목사의 신앙일대기
기독교 신앙은 고난을 통해 더욱 단련된다!

• 손동희 지음 •

아가페

추천의 말

한국 근대사에서 겪어야 했던 우리 민족의 아픔은 수십 년이 지난 지금에도 녹지 않는 잔설(殘雪)로 남아 있습니다. 민족의 수난사에서 늘 앞서 고난을 감수해야 했던 신앙의 선진들은 오늘날 한국과 한국 교회 성장의 뿌리를 견실하게 한 밑거름임에 틀림없습니다.

우리의 교회사에는 참으로 소중한 믿음의 선진들이 많이 계십니다. 그중에서도 이야기를 듣고 상고할수록 새로운 감동으로 다가오는 분이 계시니 바로 손양원 목사님입니다. 우리는 손양원 목사님의 사랑과 순교에 대해 많이 알고 있는 것처럼 말합니다. 또 많은 목사님들이 그분의 순교이야기와 설교의 구절구절을 인용하고 있지만, 손양원 목사님의 참된 순교 정신과 사랑에 대해서는 거의 수박 겉핥기식으로만 알고 있습니다.

그러기에 손양원 목사님의 핏줄인 따님이 자신이 체험한 것을 생생하게 증언하여 감동스럽게 엮어낸 이 책이, 오늘을 살아가는 우리 후손들의 삶의 현장에서 귀한 밑알이 되어주기를 바라는 마음 간절합니다.

나는 이 책을 읽으면서 손동희 권사의 심정을 조금은 이해할 수 있었습니다. 순교자의 자녀만이 겪어야 했던 그 어려운 시절의 역경이 생각났습니다. 육신의 배고픔이나 헐벗음은 견딜 수 있었으나 아버지의 따스한 정을 그리워하며 사랑의 기갈 속에서 몸부림 칠 수밖에 없었던, 결코 기억하고 싶지 않은 그 옛일을 생각하며 나는 여러 번 눈시울을 적셔야 했습니다. 아버지의 죽음이 어린 시절 내게 주었던 큰 상처는 순교자의 자식이라는 소리조차 버거울 정도였기에, 나는 하나님을 향해 어리석은 원망을 하기도 했습니다. 그러나 훗날 하나님의 사랑과 경륜을 깨달아가며, 이 부족한 사람에게 감당하게 하신 '남은 몫'에 순종하게 되었습니다.

손 권사도 이 한 권의 책을 통해 자신의 '남은 몫'을 잘 감당하리라 믿습니다. 손양원 목사님의 삶과 죽음이 생생하게 재생되어 있고, 순교가 무엇이며 어떻게 순교의 길을 가야 하는지에 대해 이 책이 우리 후손에게 웅변(雄辯)하리라 믿습니다. 또 진정 순교자 손양원 목사님의 신앙과 그분의 경천애인(敬天愛人)을 이해하는 데 도움이 되고, 한국 교회의 순교적 신앙의 전통이 이어져 빛나게 되기를 바라면서 감히 이 책을 추천합니다.

주광조(주기철 목사의 사남, 전 영락교회 장로)

저자의 말
눈물에 젖은 낡은 노트

광복되고 오랜 세월이 흘렀지만, 세월의 흐름과는 무관한듯 아직도 기쁨의 햇살이 무늬지어 내려오는 듯한 해방의 기쁨은 그날과 다름없이 진한 감동으로 코끝을 찡하게 합니다. 그리고 죽음보다 강한 혈육의 그리움이 분단된 조국의 아픔과 함께 가슴을 시리게 합니다. 살다 보면 기쁜 일보다 슬픈 일을 더 많이 경험하는 것이 우리 인생인지도 모릅니다.

사람은 누구나 살아온 시간만큼 인생의 상처 또한 많고 깊으리라 생각합니다. 혹독한 일제의 압박과 격동의 6.25동란을 겪은 세대라면 말로 표현할 수 없을 만큼 숱한 고난을 겪었을 것입니다. 저 역시 그런 이들 가운데 한 사람입니다.

우리의 유년은 가난과 핍박 속에서도 늘 화려했습니다. 하지만 해방정국의 소용돌이 속에서 태풍에 휩쓸려 동인 오빠, 동신 오빠 그리고 아버지는 장렬하게 순교하셨습니다. 이제 나는 과거의 아픈 기억 속으로 파고 들어가려고 합니다. 그리움과 함께, 눈물과 함께, 또 모든 일 가운데 역사하시는 하나님의 오묘한 섭리와 함께….

마침 나는 보고 듣고 겪은 우리 가족의 이야기를 꼼꼼히 기록해 둔 여고 시절의 노트 한 권을 보물처럼 간직하고 있었습니다. 거기에는 울분과 눈물이 배어 있는 하소연이 담겨 있습니다.

이 노트를 쓰게 된 동기는 내가 순천 매산여중 1학년 때입니다. 우리 국어선생님(이은한 선생님)이 학생들에게 작문해 오라는 숙제를 내주셨습니다. 제목도 기억 없고 뭐라고 썼는지도 기억나지 않는데, 나는 작문한 것을 냈습니다. 선생님은 그 뒷장에 평을 이렇게 써주셨습니다. "동희는 슬플 때 울지만 말고, 그 슬픈 사연을 종이에 적는 용기가 필요하다." 그때부터 나는 일기를 쓰기 시작했습니다.

'하나님이 살아계신다면 어찌 이럴 수가 있을까? 왜 하필이면 우리 가정을 이토록 못살게 뒤흔들어 놓으셨을까?'

세월이 지난 지금, 내 생애에서 가장 억울하고 가슴 아팠던 일들을 나 혼자만 간직할 것이 아니라 자손 만대까지 알려야겠다는 충동이 불현듯 일었고, 또 세상에 이 사실을 널리 알려야겠다는 생각이 계속 나를 사로잡았습니다. 뒤늦게 실천에 옮길 수 있었던 것도 하나님의 섭리인가 봅니다.

그 낡은 원고는 분노와 슬픔이 여과되지 않은 채 옛모습 그대로 간직되어 있습니다. 이제 새삼스럽게 그 원고를 읽으니 하늘이 무너져 내리는 것 같은 슬픔과 함께 놀라운 하나님의 섭리와 사랑이 깊이 느껴집니다.

해방 후 안용준 목사님이 『사랑의 원자탄』이라는 제목으로 두 오빠와 아버지의 순교이야기를 책으로 출판했습니다. 많은 기독교인들에게 뜨거운 감동을 안겨 준 그 책은 나중에 6개 국어로 번역되었고, 영화로 만들어지기까지 했습니다. 그러나 나는 자료 부족과 내가 소유하고 있는 원고와 사실이 부분적으로 맞지 않는 점 때문에 아쉬움을 느꼈습니다.

오래 전부터 좀더 자세하게 그 당시의 상황을 내 손으로 밝히고 싶은 마음이 있었습니다. 가장 가까이서 바라본 아버지와 두 오빠 그리고 어머니의 모습을 과장없이 기록하고 싶었습니다. 2014년 현재 미국, 일본, 독일, 핀란드, 미얀마, 브라질에서도 이 책『나의 아버지 손양원 목사』가 번역되어 판매되고 있습니다. 또 어린이 신앙만화 『만화로 만나보는 사랑의 순교자 손양원』도 출간되었습니다.

두 오빠의 순교에 대하여는 작은오빠의 친구이자 직접 두 오빠의 죽음에 대한 취조 현장에 관여했던 나제민 장로님의 증언을 토대로 했습니다. 나제민 장로님은 아버지와 절친한 친구였던 나덕환 목사님의 자제입니다. 두 오빠는 살아있을 때 나덕환 목사님 교회(승주교회, 현재 순천제일교회)에서 활동했습니다.

아버지의 순교 상황은 아버지와 같은 감방에 갇혀 있었고, 작은오빠와 같은 반 친구였던 김창수 집사의 간증을 토대로 확실성을 더했습니다. 죽음 직전까지 아버지와 함께 있었던 그분은 그야말로 극적으로 사지(死地)에서 탈출하여 목숨을 건졌고, 현재 서울에 생존해 계십니다.

모자라는 글솜씨로 책을 펴낼 결심까지 한 이 용기가 결코 만용이 아니기를 바라며, 이 글의 마지막까지 하나님이 함께해 주시기를 바라는 마음뿐입니다. 그리하여 이 글을 읽는 독자들의 신앙생활과 우리 교계에 조금이나마 보탬이 되었으면 하는 바람입니다.

이 책을 내기까지 많은 협조를 아끼지 않은 아들 박유신 목사에게 감사하며, 자료를 제공해 주신 황덕순 고모, 작은아버지 손문준 목사, 애양원 이광일 목사, 원생들, 안용준 목사, 또 이 책이 나오기까지 수고해 주신 아가페출판사 직원들에게 두루두루 감사할 따름입니다.

손동희(손양원 목사의 맏딸)

Contents

제1장 주여, 나로 하여금
애양원을 참으로 사랑할 수 있는
사랑을 주시옵소서

주여, 나로 하여금

애양원을
참으로 사랑할 수 있는

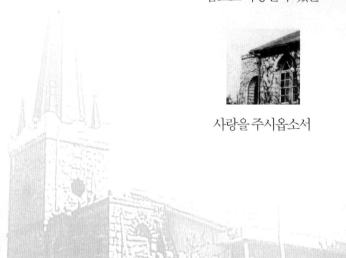

사랑을 주시옵소서

에덴동산의
세 무덤

한때 이 무덤 앞은 통곡의 아수라장이었다.
천여 명이 넘는 나환자들의 곡성은 하늘에 사무쳤고, 펄펄 뛰며 어찌할 바를 모른 채
통곡하다 쓰러지던 어머니의 옛모습!
그 옆에서 엎드려 통곡하던 여고 시절의 내 모습.

전남 여천군 율촌면 신풍리에 위치한 애양원. 바다 너머로 남해
도가 그림처럼 떠있고, 오동도, 돌산도, 금오도 등 고만고만한 작은
섬들이 조약돌처럼 반짝이는 아름답기 그지없는 곳. 비릿한 갯벌 냄
새가 향기롭게만 느껴지는 언덕에 애양원은 자리하고 있다. 입구에
는 숲이 우거졌고, 소나무와 활엽수가 높이 치솟아 오랜 세월의 흐
름을 보여준다. 애양원 주변으로는 끊임없이 파도가 철썩댄다.

썰물 때면 고막이며 바지락을 잡기 위해 치마를 걷어올리고 뻘밭
에 들어가는 아낙네들의 모습이 그렇게 평화로워 보일 수가 없다.
또 애양원 정원 벤치에 여기저기 둘러앉아 담소를 나누는 노인들의
얼굴은 바깥 세상을 모르는 해맑은 표정이다.

아버지가 시무하셨던 애양원교회(1909년 창립)

겉으로 보기에 그렇게 아름답고 한적한 이곳은 갖가지 사연과 한을 간직한 나병 환자들이 모여 살고 있다. 그들은 기도에 살고 기도에 죽는 믿음의 가족들이다. 그들은 모두 형제자매다. 친형제 친자매와 함께 살 수 없기 때문에 호적도 없고 부모와 고향도 다르지만, 혈육보다 더 끈끈한 정으로 결속되어 살고 있다.

애양원은 윌슨 박사(D. R. Wilson, 1880-1963)가 1909년 광주 양림에서 아홉 명의 나환자들을 돌보며 시작한 나환자 수용소다. 그후 환자들이 많이 몰려들자 1925년에 이곳으로 이전해 왔다. 아버지가 있을 때는 1,200명까지 불어났다. 1962년 8월 1일 전북 남원과 전남 여천에 정착촌을 만들어 음성 나환자 227명을 퇴원시켰고, 이제 더 이상 나환자 발생이 없어짐에 따라 현재 2014년에는 약 3백 명 정도가 생활하고 있다.

애양원 안에는 나환자들에게 희망의 상징이며 신앙의 표적인 교회당이 우뚝 솟아 있다. 아버지가 시무하던 때보다 훨씬 잘 지어졌다. 그 교회당 뒤쪽으로 둑길을 따라 바다를 끼고 걸어가면 동도섬이 나오고, 그곳에 곱게 다듬어진 묘역이 자리잡고 있다. 동도섬의 망망한 바다를 바라보며 평화롭게 세 무덤이 누워 있다. 바로 이곳이 아버지와 두 오빠가 잠들어 있는 곳이다.

스물을 못다 채운 19세의 꽃다운 나이에 세상을 뜬 작은오빠. 고작 25세에 하나님의 품에 안긴 큰오빠. 온갖 역경과 갖은 박해에도 불구하고 언제나 꿋꿋하게 일어나 고통 속에 감춰진 하나님의 사랑과 진리를 따르다가 이 땅에서 48년 생애를 마감한 아버지.

그들은 불행하게도 하나같이 억울하게 총에 맞아 죽었지만 죽는 순간까지도 주님을 찬양하며 기쁘게 최후를 받아들였다. 그러나 16세의 어린 나에게는 도저히 용납할 수 없는 일이었고, 절대로 그냥 넘어갈 수 없는 대사건이었다. 살인자들을 잡기만 하면 돌로 쳐죽이고 싶었던 것이 그때 내 솔직한 심정이었다. 하나님은 원수를 사랑하라 말씀하셨고 나 또한 그 말씀을 외우고 다녔지만, 원수를 갚아야만 조금이나마 한이 풀릴 것 같았다. 치가 떨리고 가슴이 벌렁거려 평범한 사람으로 있을 수가 없었다. 그때 내 마음속에는 차가운 슬픔과 분노만이 가득 차 있었다.

활짝 웃음을 터뜨리는 동인 오빠와 동신 오빠의 얼굴이 꿈 많은 소녀였던 내 얼굴과 함께 별처럼 떠오르고, 사랑하는 어머니와 아버지의 모습이 떠오를 때면 깊은 상념에 빠져들게 된다.

애양원에서 나환자들과 함께 살면서 그들의 마음과 영혼 속에 그리스도의 사랑을 부어주던 아버지 모습은 어린 내 가슴에 경이감과 함께 끝없는 존경심과 신뢰의 마음을 품게 했다. 그러나 어찌 할꼬! 여전히 내 귓전에서 사라지지 않고 꿈에도 잊을 수 없는, 한발 한발 죄어오는 오빠들의 발자국 소리와 총알 튕기는 소리!

한껏 꿈을 펼쳐보려 했던 내 여고 시절은 두 오빠의 죽음으로 양 날개가 부러져버렸다. 게다가 2년 후에 설상가상으로 아버지마저 동족이 겨눈 총탄을 맞고 쓰러지던 날, 나는 절규하며 그토록 확고하게 믿었던 하나님을 거부하기까지 했다.

나는 이 역경을 어떻게 이기고 살아왔는지 모른다. 인간의 잣대로 그분의 오묘한 섭리를 재려 한 것이 어리석었지만, 당시 내 마음은 무척이나 메말라 있었고 여유가 없었다.

나는 지금도 하늘나라에 먼저 간 그들이 생각날 때면 에덴동산 같았던 애양원을 찾곤 한다. 그리고 내 발길은 바다로 향한다. 그곳에는 그들과 즐거웠던 시절이 있었다. 그 고운 물결 따라 낚시질하던 오빠들! 거북바위 밑에서 오빠의 노래를 듣다가 낮잠이 들곤 했던 그 시절! 옛 바위는 그 모습 그대로 우뚝 서있건만 그들은 온데간데 없으니…. 그 바다는 오빠처럼 든든한 내 가장 좋은 친구이자 안식처다. 나는 바닷가에 서서 설움과 원한을 파도에 실어 보내곤 했다.

애양원에는 아버지가 계실 때부터 생활해 온 환자들이 아직도 많이 있다. 지금은 모두 머리가 하얗게 세고 허리도 굽었지만, 내가 그곳에 가면 아버지와 함께 보낸 시절의 추억을 밤새도록 이야기한다. 웃음이 터져나오는 재미있는 일화도 있고, 또 눈물이 핑 도는 슬픈 사연도 많다. 오랜 세월이 흐른 오늘날에

손양원 목사 순교기념관(1992.3.6 착공, 1993.4.27 준공)

도 그들의 가슴에는 아버지에 대한 뜨거운 사랑이 아직도 생생히 남아 있다.

애양원을 찾을 때면 나환자들과의 만남도 만남이지만 세 무덤과 그 뒤에 나지막하게 세워진 아버지의 기념관을 둘러보는 일이 내게는 더 소중하다. 생전에 지극히 작은 자로 만족하신 아버지답게 기념관 역시 작고 아담하게 지어졌다. 이제 1년이면 4만 명이 넘는 순례객들이 방문하는 유명한 성지가 되었다. 각 교회 단체나 수련회 팀들이 끊이지 않고 찾아와, 믿음을 지키다 순교한 세 부자의 아름다운 정신을 배우고 돌아간다. 세상이 어수선할수록 이 죽음들이 피워놓은 아름다운 사랑의 꽃, 그 꽃들이 뿌린 이 복음의 씨앗을 품어보는 것이 필요한 것 같다.

순교기념관은 1991년 부지를 구입, 공사가 시작되어 1993년 4월 27일에 준공되었다. 그 당시 부산 우리집으로 찾아온 애양원의 이광일 목사님과 열한 분의 장로님들이 기념관 건립의 필요성에 대해 장시간 역설하던 기억이 난다. 한 달이면 수천 명씩 찾아오는 순례객들이 아버지와 두 오빠의 순교의 흔적을 보고 새롭게 믿음의 각오를 다지고자 하나, 막상 와보면 말 없이 누워있는 세 개의 무덤뿐이라 왠지 허전하고 아쉬운 마음이 든다고 하니 이참에 기념관을 짓자는 의견들이었다. 그저 무덤 앞에 서서 잠깐 기도만 하고 돌아가게 한다면 몇 시간씩 차를 몰고 힘들여 찾아온 사람들에 대한 대접이 아니라는 것이다.

아버지와 두 오빠의 생전 모습을 증언해 줄 수 있는 애양원 나환자들도 몇 명 남지 않은 터라 이 기회에 순교한 세 부자의 자료를 체계적으로 정리, 보관하자는 의견의 일치를 보았다. 정말 그랬다. 하나 둘씩 하나님의 부름을 받아 하늘나라로 떠나고, 이제 아버지가 시무하던 시절부터 있던 환자는 몇 사람 안 되는 형편이다. 남은 이들도 다들 백발이 성성한 노인이니 언제 하나님 곁으로 떠날지 알 수 없는 일이다. 그들에게 소원이 있다면, 죽기 전에 사랑하고 존경하는 손양원 목사의 굳은 신앙심을 길이 빛낼 기념관을 자신들의 손으로 건축하는 것이었다. 이광일 목사님은 '순교정신의 맥'을 이어가자는 데 그 목적이 있다고 했다.

지금 그곳에는 아버지의 손때가 묻어 있는 성경, 찬송, 옥중 편지, 옷가지들과 두 오빠가 보던 책이며 갖가지 소지품들이 진열되어 있다. 기념관 아래쪽에 자리한 세 무덤 주위로는 아름드리 소나무들이 병풍처럼 둘러서 있다. 소나무로 둘러싸인 이 무덤은 지나가는 길손들의 발걸음을 잡아 멈추고 옷깃을 여미며 고개를 숙이게 한다. 세 부자를 땅에 묻을 때 어린 소나무들을 함께 심었다. 그것들이 우람하게 자라 있는 것이다. 지난 세월 동안 무럭무럭 자라 갯바람을 막아주며 세 무덤을 돌보고 있다. 불어오는 바람과 함께 술렁일 뿐 한 많은 그날의 역사에 대해서는 침묵한 채….

오래 전, 이 무덤 앞은 한때 통곡의 아수라장이었

애양원의 세 무덤(합장한 부모님과 동인, 동신 오빠)

다. 천 여 명이 넘는 나환자들의 곡성은 하늘에 사무쳤고 펄펄 뛰며 어찌할 바를 모른 채 "동인아! 동신아!" "여보! 나는 어떻게 살라고 죽음의 길을 택했나요?" 하며 통곡하다 쓰러지던 어머니의 옛모습! 그 옆에서 "동인 오빠! 동신 오빠! 아버지! 그 사랑 뉘게 맡기고 날 버리고 떠나갔나요?" 하고 그들을 찾으며 엎드려 통곡하던 여고 시절의 내 모습.

그러나 소나무들은 그날의 슬픔을 모르는 듯 침묵으로 일관한 채 서있다. 앞으로 함께할 세월 역시 그럴 것이다. 아무리 기구한 운명이라 한들 이 세 무덤의 주인공들만큼이나 기구할까! 내가 겪었던 쓰린 가슴을 안고 이제 이 세 무덤에 대한 이야기를 시작하고자 한다.

믿음의 뿌리

(손문준 목사의 증언에 따름)

설날 아침, 손 씨 문중 일가가 모두 모여 조상의 묘에 절을 한다.
모두 묘 앞에 엎드려 있는데 그때까지 혼자 장승처럼
서있던 할아버지가 갑자기 제삿상을 훌떡 뒤엎어버렸다.
제물로 놓여 있던 과일이며 나물, 음식물과 그릇들이
떼굴떼굴 굴러 사방으로 흩어지고 깨져
저 멀리 개울 우물까지 굴러 떨어졌다.

대원군의 쇄국정책으로 인한 기독교 박해도 한풀 꺾이고, 비로소
우리나라에 선교사들에 의해 본격적으로 복음의 씨앗이 뿌려지기
시작했을 때다. 경남 함안군 칠원면 구성리 흙냄새 물씬 풍기는 가
난한 마을에서는 할아버지 손종일을 두고 미친놈이라고 부르기에
이르렀다. 만만치 않은 손(孫) 씨 가문에 대소동이 일어난 것이다.

신체발부수지부모(身體髮膚受之父母)라 하여 머리카락 한 올도 소
홀히 다루어서는 안 된다고 가르치던 시대에, 할아버지가 거침없이
상투를 싹둑 잘라버렸으니 미친놈 소리를 들을 만도 했다. 그뿐 아
니다. 친척 어른들이 조상님 묘에 절을 올리는 자리에서 함께 절을
하기는커녕 정성들여 차린 제삿상을 홀딱 뒤엎어버리기까지 했다.

그토록 즐기던 술과 담배도 하루 아침에 뚝 끊어버렸고, 때와 장소를 가리지 않고 '예수'만 입에 올렸다.

사정이 그러니 유교사상에 물들어 있는 완고한 마을사람들 눈에는 할아버지가 정신이 온전히 박힌 인간으로 비쳤을 리 만무했다. 마을사람들뿐 아니라 집안의 어른들까지도 손종일이 미쳤다고 단정해버렸다. 할아버지가 길거리를 다니며 "예수, 예수!" 하고 중얼거리는 걸 보고 동네 아낙네들이 미쳤다고 호들갑 떠는 바람에 할머니는 남부끄러워 달아오르는 볼을 감출 생각도 하지 못하고 한숨만 내쉬었다.

"요, 요, 영감, 오기만 해봐라. 마, 사생결단을 낼끼다." 할아버지의 비정상적인 행동에 속이 편치 않던 할머니는 치마폭을 잔뜩 움켜쥐고 할아버지가 들어오기를 기다렸다. 때마침 할아버지가 사립문을 들어서자 할머니는 느닷없이 소리를 지른다.

"아니 당신 참말로 미쳤는갑소. 상투 자르고 조상님 제삿상까지 뒤엎더니 와 당신 미친 사람처럼 길거리에 댕김시러 무어라고 중얼대는기요. 제발 그 '예수, 예수' 소리 좀 안 집어치울라요. 내사 마, 남부끄러버 못살겠소."

할머니와 할아버지 간에 한바탕 말다툼이 벌어진 것은 두말 할 여지가 없다.

할아버지가 최초로 예수님을 영접하게 된 것은 38세 되던 1905년 5월 이웃집 형뻘되는 사람을 통해서였다. 어느날 누군가가 은밀하게 부르는 목소리가 들렸다.

"누군기요?"

믿음의 뿌리인 할아버지와 할머니

"손 서방, 내 자네에게 할 이야기가 있어 안 왔나."

나름대로 강직한 시국관을 갖고 있던 그 형님은 할아버지를 찾아와 국모인 명성황후 시해를 기점으로 점점 노골화되는 일본의 검은 야욕에 대해 분노를 터뜨리곤 했다. 할아버지 역시 수상하게 돌아가는 세월을 안타깝게 여기고 있던 터라 두 사람은 마음이 통했고, 만나면 언제나 얼굴을 맞대고 울분과 한탄을 토로했다. 비록 가난하고 배운 것 없는 농사꾼이지만 강제로 외교권을 박탈한 일본을 용납할 수 없는 심정이다.

그날 역시 어떻게 될지 한치 앞을 알 수 없는 나라의 운명과 갈수록 심해지는 일본인들의 폭압에 대해 이야기를 주고받았다. 할아버지는 속에서 불이 활활 타고 있는 것 같았다. 심란한 마음을 달랠 겸 냉수나 한 사발 들이키려고 일어서는 할아버지를 그 형님이 잡아 앉혔다. 그러고는 은근한 목소리로 말했다.

"자네 내 말 잘 들어보래이. 내 진작 마음은 묵고 있었다네. 오늘 만난 짐에 제일 좋은 선물 한 개 전할라꼬 안 하나."

"제일 좋은 선물이 뭐꼬?"

할아버지의 반문에 그 형님은 할아버지가 죽을 때까지 따르고 순종한 바로 그 이름을 꺼냈다.

"예수라네."

이웃집 형님은 소리 죽여, 그러나 열정적으로 자신이 알고 있는 하나님과 예수님에 대한 복음을 전한 것이다. 이것이 할아버지 손종일 장로 신앙의 첫 출발이다. 쉽게 이해가 가지 않는 일이지만 그날 이후 할아버지의 마음속에는 그동안 전혀 알지 못했던 새로운 신앙심이 싹트기 시작했다. 그의 마음에 '예수'라는 글자가 선명하게 입력된 것이다.

할아버지는 손꼽아 주일을 기다렸다가 마침내 주일 아침이 되면 설레는 마음으로 교회당에 들어섰다. 모두들 반갑게 맞아 주었다. 특히 이웃집 형님은 두 손을 마주잡으며 기뻐서 어쩔 줄 몰라했다.

예배가 시작되었다. 난생 처음 접하는 의식이지만 어색한 기분이 없었다. 할아버지는 예배시간 내내 어떤 알지 못할 기운이 포근하게 전신을 감싸고 있음을 느낄 수 있었다. 특별히 처음 교회에 나온 할아버지를 위해 한 신도가 기도 드릴 때는 가슴이 떨리는 감동까지 맛보았다.

"하나님 아버지, 당신의 사랑하는 아들이 왔습니다. 여태 미로(迷路) 같은 세상을 헤매다가 이제야 제 길을 찾아왔습니다. 지난 세월 동안 수없이 가시에 찔리고 수렁에 빠진 상처투성이의 아들이 아버지께 의지하고자 찾아왔습니다. 귀하게 받아주시고 그 가정에도 복을 내려주옵소서. 세상에서 넘어져도 일어날 수 있는 힘과 용기를 주옵소서. 여전히 캄캄하기만 한 이 나라 이 땅에 촛불이 되게 하옵소서. 황무지와 같은 이 나라 이 땅의 복음 전파를 위해 귀한 씨앗이 되게 하옵소서…."

뜨거운 불길이 할아버지의 가슴을 활활 태웠다. 속에 있는 것들이 남김없이 다 탈 때까지 그 불은 꺼지지 않았다. 그때부터 과거의 할아버지는 사라졌다. 예수님께서 단 한순간에 그의 영혼을 사로잡아 변화시키신 것이다.

할아버지는 새롭게 태어났다. 술과 담배를 멀리하는 것을 시작으로 매사에 경건한 신앙인이 되어갔다. 밤을 새워 성경을 탐독했다. 만나는 사람마다 예수님을 전했다. 믿을 수 없는 변화였다. 그러나 할아버지의 신앙이 자랄수록 집안 어른들의 핍박과 조롱 역시 그 강도가 더해갔다. 가장 가까운 할머니조차 할아버지를 이해하려 들지 않았다.

해마다 명절이면 으레 조상 묘에 절하는 것이 무엇보다 마음에 걸렸던 할아버지는 모종의 결심을 하기에 이르렀다. 자기 혼자의 변화만으로는 이 몰이해(沒理解)의 벽을 뛰어넘을 수 없다고 생각한 것이다.

'설사 하늘이 두 쪽으로 갈라진다 해도 내 믿음에는 변함이 없다. 목에 칼이 들어와도 내 주는 오직 하나님 한 분뿐이다. 사람들에게 그 점을 분명히 밝히자.'

고루한 유교사상에 정면으로 도전하지 않고서는 자신의 신앙을 지켜나갈 길이 없다고 판단한 할아버지는 충격적인 방법을 생각했다. 가장 큰 명절인 설날 아침에 그 방법을 실천에 옮긴 것이다.

설날 아침, 손 씨 문중 일가가 모두 모여 조상의 묘에 절하고 있었다. 모두 묘 앞에 엎드려 있는데 그때까지 혼자 장승처럼 서있던 할아버지가 갑자기 제삿상을 홀떡 뒤엎어버렸다. 제물로 놓여 있던 과일이며 나물, 음식물과 그릇들이 떼굴떼굴 굴러 사방으로 흩어지고 깨져 저 멀리 개울 우물까지 굴러 떨어졌다. 삽시간에 성묘 자리는 난장판이 되었고, 사람들은 놀란 입을 다물지도 못한 채 한동안 멍한 자세로 서있었다. 아무도 예상하지 못했고 그렇기 때문에 더욱 충격적인 사건이었다. 조상님께 드리는 음식상을 뒤집어 엎다니 상상할 수도 없는 일이었다. 그것은 불효 중의 불효요, 죄악 중의 죄악이었다.

정신을 차린 친척 어른들은 한꺼번에 할아버지에게 달려들어 마구 두들겨 패기 시작했다. 인정사정 없는 폭행이 근 한 시간 동안 계속되었다. 미치지 않았다면 이따위 개망나니 짓을 저지를 수가 없다면서 무자비하게 발길질을 했고, 예수인지 뭔지 하는 서양 귀신에게 단단히 홀린 모양이니 때려서 귀신을 쫓아내야 한다며 주먹질을 해댔다.

할아버지는 우박처럼 쏟아지는 매를 아무런 저항 없이 고스란히 맞았다. 그들은 그래도 분이 풀리지 않는지 축 늘어진 할아버지의 몸을 일으켜 세워 커다란 감나무에 매달아 놓았다.

그러나 만신창이가 된 할아버지는 변함없이 꿋꿋했다. 감나무에 매달린 채로 여전히 생기 넘치는 목소리로 외쳤다.

"여보시오, 어르신들. 내 말 좀 들으시오. 하나님은 유일신이시니 하나님 외에 어떤 것도 숭배해서는 아니되오. 죽은 묘에 절하지 마시오. 하나님이 싫어한단 말이오."

"저저, 미친 놈."

사람들은 더는 상종할 가치도 없다는 듯 고개를 휘휘 젓고 혀를 끌끌 차며 돌아섰다. 사건은 거기서 끝나지 않았다.

1931.12.29

손양원 목사가 어릴 때 살았던 본집. 부친 손종일의 회갑잔치를 마치고 일가 친척들과 찍은 기념 사진

　그런 일이 있고 며칠이 지났다. 마침 할머니는 이웃 마을로 마실 가고 집안에는 아무도 없었다. 밖에서 돌아온 할아버지는 광을 뒤져 제사 때 쓰려고 소중히 보관해 놓은 제기(祭器) 한 벌을 꺼냈다. 그러고는 마당에 불을 피우고 그 제기들을 던져 넣었다. 불꽃이 활활 타올랐다. 우상숭배하는 데 쓰는 도구이니 태워 마땅하다고 생각한 것이다. 그때 공교롭게도 불어오는 바람을 타고 불길이 옆에 쌓아놓은 짚더미에 옮겨 붙었다. 동네 사람들이 놀라 사방에서 뛰어왔다. 일대 소란이 벌어진 후에야 겨우 불길이 잡혔다.

　불을 다 끈 사람들은 화재의 원인을 캐물었고, 할아버지가 제기를 태우다가 불을 내게 되었다는 사실을 알게 되자 어처구니없어 말도 안 나온다는 듯 할아버지의 얼굴을 빤히 쳐다보며 고개만 설레설레 젓고 가버렸다.

그 일로 할아버지가 또 한바탕 곤욕을 치러야 했음은 두말할 필요도 없다. 할아버지의 그와 같은 행적은 당시 봉건적인 관습으로 볼 때 마을사람들에게 미친 사람처럼 보였다. 결국 온 동네에 할아버지가 미쳤다고 소문이 나기에 이르렀다.

그토록 많은 반대와 몰이해 속에서도 할아버지의 믿음과 전도는 끊이지 않았다. 그리고 드디어 그 결실을 보게 되었는데, 미치지 않았느냐고 몰아세우던 할머니가 먼저 예수님을 영접했고, 그 이후 멸시와 조롱을 감추지 않던 친척들이 하나 둘 예수님 품에 안기는 사건이 일어난 것이다.

할아버지의 변화된 삶과 불굴의 신앙이 그들의 마음을 부드럽게 녹인 것이다. 물론 그것은 배후에서 작용하는 하나님의 축복과 보살핌이 있었기에 가능했다. 가족이 모두 예수님을 믿게 된 후부터 새벽기도와 아침 저녁 가정예배, 십일조 헌금과 주일성수는 어길 수 없는 가정의 규칙이 되었다. 그때 아버지 손양원은 일곱 살이었다.

할아버지는 당시 어린 소년이던 일곱 살짜리 아들을 주일학교에 보냈다. 비 오는 날에는 등에 업고 데리고 갔다가 시간 맞춰 데려오곤 했다. 예수님을 믿는 일은 비가 온다고 거르고 눈이 온다고 게으름을 피울 성질의 것이 아니라면서….

할아버지는 아버지 손양원(어릴 때 이름은 연준)을 포함해서 아들 세 명과 딸(맏딸 봉연) 한 명을 두었다. 그 세 아들(양원, 문준, 의원)이 모두 목사가 되었다. 부전자전이라고 했다. 신실한 할아버지 밑에 탕아가 있을 리 없다.

한두 명도 아니고 아들을 전부 목회의 길로 인도했다는 것은 하나님의 축복과 섭리의 결과이기도 했지만, 그것은 또한 할아버지의 깊은 신앙의 증거이기도 했다. 할아버지 역시 신앙의 연륜을 쌓아 나중에 장로가 되었다. 교회가 없는 곳에 칠원교회를 세우기도 했다. 1923년 봄에 칠원교회에서 길선주(吉善宙) 목사님을 모시고 교회당 건축을 위한 부흥회가 열렸다. 그때 할아버지의 총 재산은 논 다섯 마지기였다. 할아버지는 부엌 도구만 남기고 가진 것을 몽땅 교회당 건축을 위해 바쳤다. 처음에 할아버지가 세 마지기만 바치겠다고 했는데, 할머니가 나머지 두 마지기를 추가로 바쳤다고 한다.

그러다 보니 마을사람들은 할아버지를 향해 손가락질하며, 교회 짓다가 망해도 톡톡히 망한다며 동정은커녕 비난하기에 바빴다. 그러나 할아버지는 "세상에는 망하는 것도 여러 종류가 있습니다. 화재로 집을 날릴 수도 있고, 사업하다가 부도를 만나 쓰러질 수도 있습니다. 술과 여자와 노름 등으로 일시에 재산을 몽땅 날려버리는 사람도 있는데, 교회 짓다가 망하면 그래도 교회는 남아 있지 않습니까?" 하고 말하며 자기 위안을 삼았다. 사실 그때 형편으로는 매일 끼니를 이어가기도 힘들었다.

게다가 작은아버지 손문준이 유학가 있는 일본 동경에서 대지진(1923년 9월 1일 발생, 사망자가 10만~14만2천 명 정도 됨)이 발생해 많은 사람들이 죽었다는 소식을 듣자, 할아버지는 생사를 모르는 작은아버지를 위해 침식을 전폐하고 기도만 했다. 그러던 중 난데없이 동경에서 작은아버지의 편지와 함께 송금수표가 동봉되어 왔는데, 그때 동봉된 돈은 논 다섯 마지기를 사고도 세 마지기를 더 살 수 있는 큰 돈이었다. 그 돈은 작은아버지가 당시 지진으로 폐허가 된 건물

복구와 구호 사업을 위해 열심히 일해 받은 수고비였다. 그외에도 할아버지에 대한 기적 같은 일화가 많이 있지만 다 말할 수는 없다.

그렇다고 할아버지가 오로지 믿음만 강조하고 나라와 민족은 아무래도 좋다고 생각하는 외골수는 아니었다. 그분은 어느 애국지사 못지 않게 나라의 운명을 염려하였다. 3.1운동 당시에는 누구보다 앞장서서 만세를 부르다가 일경에 체포되어 마산형무소에서 1년 동안 옥고를 치르기도 했다.

평생을 가난하게 사신 할아버지는 자손들에게 토지나 값비싼 보석 대신 '믿음'이라는 귀한 유산을 남겨 주었다. 처음 교회에 나가던 날, 한 신도가 할아버지를 위해 해준 기도의 내용대로 민족을 위한 복음의 씨앗을 자식들의 가슴 밭에 뿌려 주셨다. 할아버지의 삶은 글자 그대로 씨 뿌리는 자의 삶이었다.

만두 장사 하던 아버지

(손문준 목사의 증언에 따름)

· ·

"예끼, 발칙한 놈. 네가 믿는 하나님은 중하고
민족의 태양이신 천황 폐하는 경하단 말이냐?"
"하나님은 온 우주에 오직 한 분뿐인
유일신이시기 때문입니다."
"이 못된 놈, 오늘로 당장 너를 퇴학시키고 말겠다."

아버지는 1902년 6월 3일 경남 함안에서 부친 손종일과 모친 김은수 사이의 장남으로 태어났다. 할아버지의 불같이 뜨거운 신앙을 고스란히 물려받은 아버지는 어릴 때부터 믿음의 일꾼으로 키워졌다. 지혜롭되 냉정하지 않고, 온유하되 허약하지 않은 소년이었다.

물 맑고 경치 좋고 인심 좋은 시골 마을에서 아버지는 행복한 유년 시절을 보냈다. 집안 분위기나 할아버지의 열성에 힘입어 일찌감치 기독교적 교육을 받을 수 있었던 것은 큰 축복이 아닐 수 없다.

아버지는 열한 살 되던 1913년에 칠원공립보통학교에 입학했다. 당시 일본은 동방요배(東方遙拜)라 하여 그들의 임금인 천황이 살고 있는 동쪽을 향해 절을 하도록 강요했다. 조선 사람이 조선 사람의 의기(意氣)를 지키며 살아가기 힘든 때였다.

더구나 아버지가 다니던 학교 교장은 일본인이다. 그 당시만 해도 인근의 다른 소학교는 동방요배의 규칙이 없었는데 유독 그 학교만 동방요배를 철저히 시행하고 있었다. 그 일본 교장은 마음이 강팍했고 철저한 유물론자였다. 기독교라면 이것저것 따져 묻기도 전에 우선 반대부터 하고 보는 인물이었다. 아버지에겐 그 학교에 입학한 것 자체가 고통이었다.

아침 조회 시간이 되면 어김없이 동방요배의 순서가 있었다. 그 시간이면 다른 아이들은 별 거부감 없이 다들 절을 했다. 어느 정도 싫은 느낌을 갖는 아이들도 감시의 눈과 체벌이 두려워 형식적으로 절했던 것이다. 약소 민족의 설움은 어린 학생이라고 예외가 아니었다. 아버지는 할아버지에게 수없이 들어온 십계명에 기록된 우상숭배 금지의 명령을 거역할 수 없었다. 일본인의 체벌이 두렵다 한들 하나님의 분노보다 두려울 수는 없었다. 아버지는 다른 학생들이 고개를 숙일 때 홀로 고개를 꼿꼿이 쳐들고 있었다.

완악한 일본 교장이 그런 아버지를 가만둘 리 없었다. 그는 아버지에게 여러 차례 경고와 위협을 되풀이했다. 그래도 아버지가 동방요배를 거부하자 교장은 직접 아버지를 불렀다.

"네가 예수를 믿는다고 하여 천황께 절하기를 거부하는데, 예수 믿는 것은 네 자유이나 국법을 어기는 것은 죄다. 내 말 알겠느냐?"

말은 그렇게 했지만 사실인즉 아버지가 예수 믿는다는 사실이 더 못마땅했던 것이다. 진작부터 아버지를 혼내주겠다고 벼르던 그인지라 목소리뿐 아니라 얼굴 표정마저 험악하기 그지없었다. 그러나 아버지는 어린 나이에도 침착하고 담대했다.

"저도 국법을 지키고자 하는 마음은 갖고 있습니다. 그러나 모든 일에는 중하고 경한 이치가 있다고 생각합니다. 저는 국법을 따르기 위해 하나님의 계명을 어길 수는 없습니다. 천황에게 직접 절을 하는 것이라면 웃어른에 대한 경의의 표시로 할 수 있지만, 무턱대고 동쪽을 향해 절하라 하니 이는 명백한 우상숭배입니다."

나이는 어려도 아버지의 대답에는 조리가 있고 함부로 꺾을 수 없는 결연함이 있었다.

"예끼, 발칙한 놈. 네가 믿는 하나님은 중하고 민족의 태양이신 천황 폐하는 경하단 말이냐?"

"하나님은 온 우주에 오직 한 분뿐인 유일신이기 때문입니다."

일본 교장은 얼굴을 벌겋게 붉히며 몇 마디 더 회유와 위협의 말을 늘어 놓았지만, 어린 소년의 굳은 신앙의 절개를 꺾지는 못했다. 그의 말은 이치에 맞지 않는 궤변이었고, 아버지의 대꾸는 유일한 진리인 성경에 근거하고 있었다. 그러나 당장 힘을 가지고 있는 자는 일본인 교장이다. 흥분한 교장은 불쾌감을 숨기지 않은 채 아버지의 얼굴에 침을 뱉고 뺨이 붓도록 거푸 따귀를 때렸다. 아버지의 코에서 피가 줄줄 흐르는데도 때리기를 멈추지 않았다.

"이 못된 놈, 오늘로 당장 퇴학시키고 말겠다."

교장은 제 분에 못 이겨 씩씩대며 으름장을 놓았다. 어른과 아이요, 선생과 제자의 관계지만 참 어이없는 엄포가 아닐 수 없었다. 볼이 통통 부어 학교에서 돌아온 아버지를 위해 할아버지는 간절히 기도 드렸다.

"주님, 이 부족한 것의 미천한 아들에게 이런 시련을 주시니 감사합니다. 쇠는 두드릴수록 강해진다고 했습니다. 앞으로 더 큰 일꾼 되기 위해 제 아들을 더 큰 망치로, 더 강한 힘으로 두드려주옵소서. 하나님 보시기에 합당한 일꾼이 될 때까지 망치질을 아끼지 말아주옵소서…."

아버지는 할아버지의 기도를 들으면서 그까짓 학교 안 다녀도 그만이라 생각했다. 교장의 엄포 따위는 애초부터 하나도 두렵지 않았다. 전지전능하신 하나님이 내 편인데 무엇이 두렵고 어느 누가 겁나겠는가.

나중에 그 일본인 교장은 아버지를 퇴학시키지도 못하고 자신이 먼저 다른 곳으로 옮겨갔다. 오히려 하나님이 그를 먼저 쫓아내신 것이다. 아버지는 무사히 보통학교를 졸업할 수 있었다. 그리고 아버지는 17세 때 할아버지가 세운 칠원교회에서 맹호은 선교사님께 세례를 받았다.

보통학교를 졸업한 아버지는 집안 형편이 어려워 바로 중학교에 들어갈 수가 없었다. 가난한 나라의 가난한 농사꾼에 불과했던 할아버지는 아들을 공부시키고 싶은 마음이 굴뚝 같았지만 여건이 허락되지 않았다. 아버지 역시 공부에 대한 갈망을 떨쳐버릴 수 없었다. 앞으로 하나님의 큰 일꾼이 되기 위해서는 많은 것을 배워야 한다고 생각하고 있었기에 형편이 안 된다고 해서 그냥 주저앉아버릴 수는 없었다. 어떻게든 배워야 했다.

궁리 끝에 아버지는 서울로 올라가 스스로 돈을 벌며 학교를 다니기로 결심했다. 아버지는 서울로 올라와 중동중학교에 입학했다.

그리고 낮에는 학교에 가고, 밤에는 이 골목 저 골목을 누비면서 추위와 싸우며 만두를 사라고 목이 터져라 외쳐댔다. 주로 안국동 네거리에서 창덕궁 쪽으로 반달음질치며 만두를 팔았다. 힘들고 처량한 나날이었다. 그러나 육신의 고달픔이나 혼자라는 외로움보다 더 참기 어려운 것은 하나님을 믿는다는 이유로 받게 되는 조소였다. 어디에나 기독교에 대한 몰이해와 핍박이 있었다.

어쩌다 남보다 만두를 적게 팔고 돌아온 날이면 주인아저씨와 동료들에게 악의에 찬 조롱을 들어야 했다. "네가 믿는 하나님은 능치 못한 일이 없다고 하더니 그까짓 만두도 다 못 팔게 하더냐? 위대한 하나님이 만두 장사 안 한다고 해서 너 하나 못 먹여 살리겠냐?" 등의 야유가 이어졌다. 그러나 정말로 견디기 힘든 것은 야유와 조소보다 주일에 장사를 강요당하는 것이다. 주일에는 다른 날보다 매상이 많이 오르기 때문에 주일을 지키기 위해 장사를 쉬려는 아버지를 주인은 이해하지 못했다. 그는 갖은 방법으로 아버지를 회유했다.

그러나 아버지는 생계를 위해, 공부를 위해 주일을 지키지 않을 사람이 아니었다. 굶어도, 못 배워도 주일에는 교회에 나가 예배를 드려야 한다는 것이 아버지의 신앙이다. 그 대신 아버지는 항상 남보다 훨씬 일찍 일어나서 구석구석 집안 청소를 깨끗이 해놓고 주인 마음을 사려고 노력했다.

주인은 결국 아버지의 믿음을 꺾는 데 실패했다. 그렇다고 아버지의 믿음을 용납한 것도 아니다. 아버지를 꺾지 못한 대신 "너는 다 좋은데 단 한 가지 예수 믿는 게 나쁘다"는 말과 함께 아버지를 내쫓고 말았다. 추운 겨울날이었다. 갈 곳 없는 아버지는 주인에게 하루만 더 여유를 달라고 사정했으나 허사였다.

쫓겨난 아버지는 이 친구 저 친구를 찾아가 사정을 이야기했으나 모두 불신자들인지라 이해할 수 없다며, 그런 어리석은 짓 하지 말고 주인에게 빌고 다시 들어갈 것을 권했다. 그런 생각으로 고학을 하려면 서울 장안에서는 아무데서도 일자리를 구할 수 없다는 것이다. 결국 아버지는 그간 모아 두었던 돈도 다 써버리고 3일을 굶었다. 막다른 골목에 선 아버지는 호주머니에 남아 있는 돈 70전이 생각났다. 그러나 그 돈은 십일조다. '굶어 죽으면 죽었지, 십일조 도둑은 안 돼!' 하며 그 돈을 당시 아버지가 다니던 안국동교회에 바쳤다.

지금도 그렇지만 그 당시는 어떤 집에 고용되더라도 주일성수하기가 대단히 어려운 때였다. 그렇기 때문에 아버지가 일자리를 얻기란 참 어려웠다. 그런 가운데서도 이곳저곳을 전전하며 학업을 계속했다. 주일에 일을 시키면 그곳에서 나와 다른 일자리를 찾았고, 그 일자리도 주일에 일을 해야 한다고 하면 미련 없이 그만두었다.

그렇게 어렵게 공부를 계속하던 어느 날이었다. 3.1만세운동이 일어난 지 얼마 지나지 않아서 갑자기 교무실에서 아버지를 불렀다.

"네 아버지 이름이 손종일이냐?"

"그렇습니다."

난데없이 왜 할아버지 이름을 묻는 건지 영문을 몰라 조심스럽게 대답하는 아버지에게 선생님은 밑도 끝도 없이 "넌 퇴학이야!"라고 선언했다. 그 한 마디로 그만이었다.

나중에 알고보니 3.1만세운동 주모자로 할아버지가 마산형무소에 수감된 것이 문제가 되었던 것이다. 불순한 사상을 가진 사람의 자식은 교육시킬 수 없다는 논리의 희생자가 되어 아버지는 중동중학교에서 쫓겨나고 말았다. 아버지는 부득이 학업을 잠시 중단하고 고향으로 돌아와 집안 일을 도우며 1년 정도를 보냈다. 그리고 못다한 공부를 계속하기 위해 이번에는 일본으로 건너가기로 작정했다. 일본 쓰가모중학 야간부에 입학했다. 역시 고학이었다. 낮에는 신문 배달과 우유 배달을 해서 학비를 충당했다. 서울 중동중학교에 다닐 때보다 훨씬 더 힘이 들었지만 묵묵히 참아내고 오직 공부에만 매진했다.

물론 낯선 일본 땅이라고 해서 아버지의 신앙심이 약해질 리 없었다. 주일이면 신문 배달도 중단하고, 동경선교회에서 하는 노방전도에 동참하여 북을 메고 거리를 돌아다녔다.

마음이 무겁고 심란하면 고요한 숲속이나 공동묘지 같은 곳으로 찾아가 소리 내어 기도했다. 왕모기들이 우글거리는 것으로 유명한 갈대밭에 나가 밤기도를 하곤 했는데, 이는 졸음을 쫓기 위해서였다. 깜빡 잠이라도 들면 왕모기가 물어뜯어 잠을 쫓아 주곤 했다. 또 늘 성경을 지니고 다니며 성경 읽기에 열중했다.

불현듯 고향이 그리워지면 정성껏 식구들에게 편지를 썼다. 고향을 생각하면 언제나 가슴이 뜨거워지곤 했다. 하루라도 빨리 조국 땅에 돌아가 복음전파를 위해 일해야 한다는 생각뿐이었다. '내가 이러고 있을 때가 아니다.'라는 생각으로 조급해하던 아버지는 동경 쓰가모중학을 졸업하고(1923년) 결국 상급학교에 진학하는 것을 포기한 채 전도자가 되기 위해 귀국했다. 할아버지가 늘 기도해온 대로 황무지 같은 이 땅에 한 알의 밀알이 되기로 결심한 것이다.

할아버지가 감옥에서 풀려나오자 고향으로 돌아온 아버지는 할아버지 앞에 자신의 결심을 털어놓았다.

"아버님, 저는 목사가 되겠습니다. 그래서 어두운 이 땅을 밝게 비추는 등불이 되겠습니다. 그것이 사람으로 태어나 할 수 있는 일 중에 최고로 가치 있는 일이라고 생각합니다."

그 말을 들은 할아버지는 울컥 기쁨에 겨워 눈시울을 붉혔다.

"하면! 참말로 잘 생각했데이. 내 진즉부터 기도하고 또 짐작은 했다마는 네 결심을 직접 들으니까네 이렇게 기쁠 수가 없구나. 이 애비도 죽을 때까지 널 위해 기도해 주꾸마."

그 당시만 해도 신학공부를 하고 싶어하는 사람들은 부모나 친지의 강경한 반대에 부딪혀 뜻을 이루지 못하는 경우가 많았다. 그 길이 워낙 힘든 가시밭길이었기 때문이다. 그러나 아버지의 경우는 달랐다. 반대는커녕 오히려 격려와 기대 속에 출발하게 되었으니 이 역시 하나님의 크신 축복이 아닐 수 없었다.

그렇게 해서 아버지는 곧바로 진주 경남성경학교에 입학했다(1925년 3월). 이 학교에서 주기철 목사를 만났다. 주 목사의 로마서 강해는 바로 은혜의 부흥시간이었다. 아버지는 주 목사에게서 순교 정신의 맥을 이어받았다. 또 주기철 목사는 아버지를 향해 "손군, 우리나라는 작은 나라지만 위대한 인물이 날 터이니 위인전을 많이 읽어서 위대한 인물이 되도록 준비하게!" 하고 말했다. 이때부터 본격적으로 성경 66권의 오묘한 진리를 배우기 시작했다. 역시 고학이었다. 할아버지는 아버지의 훌륭한 후원자였다. 당신이 가장 사랑하는 맏아들을 하나님의 사도로 만들기 위해 노력과 수고를 아끼지 않았다. 참으로 불 같은 신앙이었다.

할아버지를 생각하면 떠오르는 성경 구절이 있다. 할아버지 추모식 때 큰손녀인 내가 읽었던 구절인데, 그 말씀은 아버지가 애양원에서 일경들에게 잡혀가던 1940년 9월 25일, 할아버지가 흡사 유언처럼 남긴 말씀이다. 할아버지는 형사들 앞이라 긴 말씀 안 하고 잡혀가는 아버지의 등에 대고 담담하게 말했다.

"애비야, 누가복음 9장 62절과 마태복음 10장 37절을 마음에 깊이 새기래이."

당시 어린 소녀였던 나는 할아버지의 추모식장에서 그 성경 말씀을 읽으면서 마구 울었다. "예수께서 이르시되 손에 쟁기를 잡고 뒤를 돌아보는 자는 하나님의 나라에 합당치 아니하니라 하시니라"(눅 9:62). "아비나 어미를 나보다 더 사랑하는 자는 내게 합당치 아니하고 아들이나 딸을 나보다 더 사랑하는 자도 내게 합당치 아니하고 또 자기 십자가를 지고 나를 좇지 않는 자도 내게 합당치 아니하니라 자기 목숨을 얻는 자는 잃을 것이요 나를 위하여 자기 목숨을 잃는 자는 얻으리라"(마 10:37-39).

이것은 실로 위대한 유언이라고 할 수밖에 없는, 아버지를 향한 할아버지의 마지막 말씀이었다.

27회 총회는 하나님 앞에 막을 내렸다

(손문준 목사의 증언에 따름)

총회에서는 신사참배는 애국적 국가의식이라고 하며
신사참배를 하기로 결정했고,
신사참배하는 것은 불경이 아니라며 교회지도자들 90퍼센트 이상이 신사에 찾아가서
절하며 직접 시범을 보이기까지 했다.

아버지는 1924년에 23세의 나이로 결혼했다. 신부는 같은 함안군 대산면 옥열리에서 나고 자란 18세의 정양순이다. 아버지의 눈에는 연지곤지 찍고 수줍게 고개 숙인 신부의 모습이 눈부시게 아름다워 보였을 것이다.

행복한 결혼식 마당에서 신부는 감히 상상도 할 수 없었으리라. 자기를 사랑하는 두 아들과 남편을 순교의 제물로 바쳐야 한다는 것을! 그리하여 혼자서 어린 자식들을 키우며 험난한 세상을 헤쳐나가야 할 운명이라는 것을!

아내를 맞이하는 신랑의 심정 역시 기쁨과 설레임뿐이다. 떠들썩한 축제 분위기 속에서 아버지는 아름다운 아내를 죽을 때까지 아끼고 사랑하리라 다짐했을 것이다.

이윽고 혼례가 끝나고 두 사람은 신행길에 올랐다. 처가에 도착하여 장인 장모에게 절을 올리고 한가하게 담소를 나누던 중인데, 그 마을에 있는 교회에서 신자 몇 분이 아버지를 보려고 찾아왔다. 신랑이 독실한 신앙심을 가진 전도사라는 소문을 듣고 인사차 들른 것이다.

이런저런 이야기들이 오고갔다. 성경 말씀과 하나님의 은혜에 관한 토론이 주요 화제였는데, 그분들이 무슨 말 끝엔가 수요일 예배 때 설교 한 번 해주십사 하고 부탁을 했다. 아버지는 하나님의 말씀 전파하는 일을 마다할 분이 아니다. 아버지는 쾌히 승낙했다.

수요일이 되어 아버지는 단상에 올라가 설교했다. 혼란한 세상을 탄식하고 무질서와 무신앙을 질타하면서 우리 인간을 지극히 사랑하시는 하나님의 은혜에 대하여 열변을 토하고 그 외아들 예수 그리스도의 무한한 기적의 능력에 대하여 설교했다.

그날 수요예배에 참석한 많은 신도들은 타지에서 온 젊은 전도사의 설교에 깊은 감동을 받았다. 유머를 섞어 좌중을 웃기기도 하고 폐부를 찌르기도 하는 아버지의 말씀에 큰 은혜를 받은 것이다.

그때 부산 감만동 나환자촌에 기거하던 나 권사라는 분이 우연히 그 예배에 참석하게 되었는데, 아버지의 설교에 감동되어 불에 덴 것처럼 가슴이 무척이나 뜨거웠다고 한다. 아버지는 그 설교로 인해 결국 나환자들과 인연을 맺게 되었으니, 그것이 가시밭길 같은 여로의 시작이라고 해야 할지 모르겠다.

나 권사는 감만동 나환자촌에 돌아가자마자 젊은 손 전도사에 대해 입에 침이 마르도록 칭찬을 아끼지 않았다.

"말도 마라. 내 평생 그렇게 감동해 울어보기는 처음인기라. 나이도 어린 양반이 어째 그리 말씀을 잘 전할꼬. 하나님 말씀 꼭 한 가지인기라.

좌측부터 손동희 권사, 김수남 권사, 최병호 장로. 김수남 권사는 15세 때 감만동 나환자 촌에 있다가 17세 때 애양원에 왔다. 손 목사님을 '오빠'라 부르고, 손 목사님은 '수남아' 하고 부르던 사이다.

설교 시간 내내 가슴이 어찌나 울렁대는지…. 어이쿠, 내사 말로는 다 표현을 못 하겠구먼…."

나 권사의 이야기를 들은 6백여 명의 나환자들은 그날로 아버지를 모시고 부흥집회를 열기로 결정하고 말았다. 즉시 아버지에게 연락이 닿았고 아버지는 조금도 주저하지 않고 부흥회를 인도했다.

기다리던 부흥회가 시작되자, 말씀을 간절히 사모하고 있던 나환자들은 시간시간마다 흘러 넘치는 기쁨과 충만한 은혜에 엉엉 울며 목청껏 기도를 드렸다. 비록 편치 못한 몸이지만 가만히 있질 못하고 이리저리 움찔거리며 감격에 겨워 박수 치고 찬송을 불렀다. 그야말로 성령이 함께한 황홀한 시간이었다. 부흥집회는 많은 사람들의 가슴 속에 강렬한 인상을 남긴 채 아쉬움 가운데 끝났다. 그리고 얼마간 세월이 흘렀다. 감만동 나환자들은 깊은 인상을 심어준 아버지를 도저히 잊을 수가 없었다. 그때 그 감동을 다시 체험하고 싶었던 것이다.

"우리 이라지 말고 고마, 손 전도사를 모십시더. 우리 6백 명 나환자가 밥 한 숟가락씩만 덜 묵으면 6백 숟가락 안 됩니꺼. 그라면 손 전도사를 모실 수 안 있겠습니꺼! 어디서 그보다 더 은혜로운 말씀을 들어보겠습니꺼?"

그들은 아예 아버지를 모셔오기로 의견 일치를 보았다. 그렇게 해서 아버지는 부산 감만동 6백여 명이 살고 있는 나환자촌에 첫발을 내딛었다. 평생을 함께하며 그들의 애환을 달래주던 아버지가 나환자들과 인연을 맺은 것은 애양원보다 부산 감만동 나환자촌이 먼저였다. 이상하게 아버지는 첫발부터 죽는 날까지 '나환자'라는 단어가 늘 그림자처럼 따라다녔다. 그들은 누구보다도 애정이 필요한 사람들이다. 누구보다도 하나님의 말씀에 목말라하는 사람들이다. 상처에 바르는 약보다 성경 한 구절이 그들에게는 더 위안이 되었다. 육신은 병들었으나 정신은 이슬처럼 맑았다. 아버지는 그들에게 차고 시원한 샘물 같은 존재였다.

이렇게 목회생활을 시작한 아버지는 24세부터 34세까지 10년간 경남노회 5구지역(부산, 마산, 통영, 진주, 거창) 중 주로 부산지방 시찰구역에서 활동하며 전도사로 사역했다. 당시 부산지방 구역에는 약 70여 개의 교회가 있었는데, 그중 목사가 없는 작은 교회를 순회하며 시무했다. 아버지는 더 많은 열매를 맺기 위해서는 당장의 봉사도 중요하지만 우선 배워야 한다고 생각했다. 아버지는 더 깊이 있는 공부의 필요성을 통감하며 부산지방 시찰구역을 사임하고, 34세 때 그 길로 평양신학교에 입학했다(1935년 4월 5일. 능라도교회 시무).

때를 같이하여 신사참배를 강요하는 일본의 폭압이 제일 먼저 평안북도에서부터 시작되었다. 어떤 정책보다 믿음의 사도들을 괴롭힌 것이 일제의 신사참배였다. 많은 성도들이 옥에 갇혔고, 많은 신학교가 폐교 조치를 당했다.

신사참배란 일본 천황을 우상화하고 현재의 권력을 절대적인 세력으로 기정사실화하려는 일종의 망동으로서, 일본 제국주의 정책의 일환이었다. 신사참배 불응은 천황신성 모독죄로 적용되었다. 우리가 하나님을 절대신으로 믿는 것처럼 일본 역시 천황을 절대신으로 받들게 했다. 하나님께 가장 불경스러운 일이 바로 인간을 우상화하는 일인데, 일본은 상대적으로 우세한 총과 칼의 위력만을 믿고 손바닥으로 하늘을 가리려 했던 것이다. 온 국민이 하나님보다 일본을 더 무서워하는 시대가 되고 말았다. 이 폭압은 해방의 그날까지 줄기차게 뻗어갔다.

결국 한국 교회는 어리석게도 일본의 물리적인 압력에 굴복하고 말았다. 신사참배는 종교의식이 아니라 국민의식이기 때문에 기독교 교리에 위배되지 않는다는 식으로 억지로 합리화시켜 일본의 불경스러운 정책에 아부하는 교회가 늘어갔다.

1938년 9월 9일 저녁 8시에 평양 서문밖교회에서 예수교장로회 총회 27회 회의가 삼엄한 분위기 속에 열렸다. 이날 임원 선거가 있었는데, 이때 일본경관 97명이 회의 진행을 감시하느라고 여기저기 끼여 앉아 눈들을 번뜩거리고 있어서 분위기는 삼엄하기 짝이 없었다. 총회장에는 평북노회 홍택기 목사, 부회장에는 경남노회 김길창 목사가 각각 당선되었다.

다음날 9월 1일 총회에서는, 신사참배는 애국적 국가의식이라며 신사참배를 하기로 결정했고, 신사참배하는 것은 불경이 아니라며 교회지도자들 90퍼센트 이상이 신사에 찾아가 절하며 직접 시범을 보이기까지 했다. 그런 사람들은 일본 제국주의 비호 아래 호의호식하며 편히 지낼 수 있었다. 지도층에 있는 자들도 '성경을 고쳐라, 찬송도 빼라'고 강요했다. 이로써 한국 교회는 기독교 역사상 가장 치욕적인 오점을 남기고 탄식소리와 함께 하나님 앞에서 완전히 막을 내렸다.

당연히 신사참배에 저항하는 일은 교단 총회가 아닌 몇몇 뜻이 통하는 사람들의 희생에 의해 이루어질 수밖에 없었다. 그러자니 많은 어려움과 희생이 뒤따랐다. 1945년에 이르기까지 보배 같은 하나님의 아들들이 2천 명이나 일경에 붙잡혀 갖은 고문을 당했고, 2백 교회가 폐쇄되었으며, 50명의 순교자도 생겨났다.

나중에 나라가 해방되자, 총회에서는 다시 회의를 열어 신사참배가 하나님의 제1, 2계명을 범하는 죄임을 확인했다. 그런데 해방 후에도 신사참배에 찬성한 목사들 중 더러는 오히려 순교자를 향해 앞뒤가 꽉 막힌 보수주의자라고 매도하는 이들이 있었다. 융통성 없는 성격 탓으로 스스로 제 무덤을 팠다는 것이다. 만약 그때 교회 전체가 일본의 신사참배를 반대하고 나섰다면 오늘날 한국의 복음은 누가 책임졌겠느냐는 논리다. 우리는 신사참배를 해가면서 이 나라 교회를 이끌어왔다고 오히려 큰소리쳤다. 보다 먼 장래에 이 나라를 하나님의 왕국으로 만들기 위해 때를 기다리며 일본의 정책을 묵묵히 따랐다는 식이다.

쇠를 지은 자들이 더욱 당당해져서, 옥중에서 온갖 고초를 겪고 나온 성도와 아침 이슬처럼 깨끗이 살다 쓰러져 간 순교자들을 향해 왜곡된 가치관으로 판단하여 교만하다느니 어리석다느니 하며 여지없이 매장하려 들었다. 내가 회개했는데 네가 무슨 상관이냐, 신사참배는 각자의 양심문제이니 회개할 것 없다 하며, 회개하기는커녕 낯 뜨거운 논리로 자기들의 과오를 합리화하고 다녔다.

그러나 신사참배에 응한 목사들이 모두 그렇게 이기적이고 비양심적이었던 것은 아니다. 하나님의 뜻이 아닌 줄 뻔히 알면서 가족, 특히 아내의 성화에 못 이겨 신사참배를 결심한 목사도 여럿 있었다. 배모 목사도 그런 목사 중 한 분이다. 처음에 그분도 감옥에 갇혀 있었는데 면회 온 부인이 "당신 고집 때문에 자식들과 나는 죽게 되었다"며 애걸복걸 사정하는 바람에 의지가 꺾여 신사참배를 하고 감옥문을 나왔다고 한다. 허약한 신앙, 허약한 내조의 슬픈 결과다.

믿음의 일꾼을 길러내던 평양신학교 역시 신사참배가 몰고 온 회오리 바람 속에서 폐교당했다(1938년 9월). 그 바람에 아버지는 1938년 3월 16일에 받았어야 할 졸업장(33회)을 한참 지난 37세 때 우편으로 받았다.

그 즈음 아버지는 자주 산에 올라가 기도하곤 했다. 산에는 아버지의 지정 기도석이 있었는데, 한번 올라가면 여러 날 동안 내려오지 않고 기도에 힘썼다. 쌀을 가지고 가서 물에 불렸다가 한 주먹씩 씹어 먹으면서 기도했다. 밤중에 기도를 시작하면 이튿날 해가 뜰 때까지 그 자리에서 일어나는 법이 없었다. 비가 와도 눈이 와도 개의치 않았다. 아버지가 산에서 소리 질러 기도할 때면 그 기도 소리가 어찌나 크던지 산 아래 동네사람들은 "아이구, 그 여우가 또 나왔구먼." 하곤 했다.

한번은 이런 일도 있었다. 아버지가 산에서 기도하던 중 한밤중에 태풍이 몰아치고 홍수가 터졌다. 사방이 새카맣게 어둠에 잠겨 방향을 잡을 수 없었다. 아버지는 나무 덩굴, 풀뿌리 등 닥치는 대로 휘어잡고 온몸이 진흙으로 범벅이 되어 떠내려가다가 저 멀리 유일하게 보이는 불빛 하나를 발견하곤 죽을 힘을 다해 간신히 그리로 갔는데, 그곳은 절이었다.

"여보시오." 하고 부르니 스님이 나왔다. 스님은 아버지를 빤히 쳐다보더니 큰소리로 외쳤다.

"사람이면 들어오고 귀신이면 썩 물러가라."

"나는 사람이오."

아버지는 안으로 들어갔다. 인간적으로 생각하면 참 지독한 분이다. 그래서 아버지에겐 '손불'이라는 별명이 붙었다. 아버지는 1926년부터 1932년까지 외지 전도사로 일하면서 밀양에 있는 수산교회, 울산의 방어진교회, 남창교회, 부산의 남부민동교회, 양산의 원동교회 등을 개척했다.

우편으로 졸업장을 받은 후 아버지는 부산 지역의 선교사 대리가 되어 순회 전도를 다녔다. 신사참배 반대운동이 그 목적이다. 아버지보다 다섯 살 위인 주기철 목사는 아버지와 한상동 목사를 향해 "나는 북에서 싸울 터이니 제군들은 남에서 싸우라"고 지령하셨다.

이들은 남과 북을 맡아 신앙투쟁하자며 열심히 뛰어다녔다. 그만큼 이들을 체포하려는 일경의 손길 또한 늘 가까이 있었다고 해야 할 것이다. 미리 말하지만, 그 세 분은 1년 후 모두 검거되었다.

검거되기 전에 아버지가 애양원으로 가게 된 것은 그런 시대적 상황과 무관하지 않았을 것이다. 그것은 하나님의 부르심에 의한 필연적 귀결이었겠지만 말이다.

눈물로 밥을
말아먹던 나환자들

그러나 내 일신과 부모와 처자보다는
더 사랑하게 하여 주시되
주를 사랑하는 그 다음은
이 애양원이 되게 하여 주옵소서.

1939년 7월 14일, 아버지는 애양원에 전도사로 부임했다. 당시 경남노회는 총회의 의견을 받아들여 신사참배에 반대하기는커녕 오히려 앞장서서 이행하기로 결정했다. 그것은 아버지의 뜻과 정면으로 상치되는 것이다. 아버지는 더 이상 경남노회 일을 볼 수 없었다. 노회에서도 아버지에게 목사 안수를 해주지 않았고 나중에는 전도사 자격까지 박탈했다.

노회가 내세우는 이유는 일본의 저명한 무교회주의 창설자인 우치무라 간조(內村鑑三)의 책을 아버지가 즐겨 읽기 때문에 사상이 의심스럽다는 것이었으나, 진짜 이유는 신사참배를 반대한 것이었다. 그뿐 아니라 아버지가 검속당하기 얼마 전 부산시찰회에서도 신사참배 문제를 놓고 실랑이를 벌였는데, 아버지를 이단으로 몰아세우면서 "너만 독특한 신앙을 가졌느냐, 너하나 때문에 우리까지 괴로움을 당한다. 왜 함부로 부흥회를 인도하고 다니느냐, 우리 시찰회에서 썩 물러가라"며 아버지를 이단으로 몰아넣은 것이다. 경남노회는 8.15해방이 지난 다음에야 아버지의 제명이 잘못되었음을 인정하고, 1946년 3월에 마산 문창교회에서 정식으로 목사 안수를 해준 것으로 알려지고 있다. 이 책에서 목사라는 칭호는 일경들이 전도사, 목사 구별없이 목사라고 불렀기에 그대로 기록했다.

아버지가 애양원에 가게 된 동기는 아버지가 평양신학교 2학년이던 1937년 가을에 애양원에 초대되어 부흥집회를 인도한 적이 있었는데, 그때 애양원 나환자들이 크게 은혜를 받아 아버지를 모셔오기를 원하고 있었고, 때마침 평양신학교 동창인 김형모 목사님(훗날 순천 매산중고등학교 교장)이 애양원 담당 선교사 원가리(J. K. Unger) 목사님에게 편지로 아버지를 소개해 주었다. 그 당시 월급은 65원이었다.

일생을 나환자 선교에 바치기로 작정한 윌슨 박사와 애양원 담당 선교사 원가리 목사는 강직하고 깊은 신앙의 소유자들이다. 원가리 목사님은 아버지께 애양원을 철저히 지도하도록 지시했다.

아버지는 드디어 평생을 함께할 애양원 식구들과 첫 대면을 하게 되었다. 손은 꼬부라지고 얼굴이 문드러지고 눈썹이 빠진 나환자들은 부모에게 버림받고 사회로부터 냉대받아 더 이상 갈 곳이 없는 몸이다. 아무도 받아주지 않는 병든 몸을 의탁하기 위해 이곳에 찾아오기까지 그들의 마음 고생이야 오죽했겠는가. 한번쯤 자살을 시도했거나 그럴 생각을 해보지 않은 이가 없었다.

더러는 병이 완쾌되어 얼굴이나 다리, 팔 등에 병의 흔적을 남긴 채 다시 사회로 나가 생활하는 이도 있었으나, 대부분 환자들은 애양원에서 삶을 마치는 게 보통이었다.

밖에 나가면 아무도 사람 취급을 해주지 않고, 심지어 가족들조차 고개를 돌리는 경우가 허다했다. 그래서 그들의 신앙심이 더욱 간절하고 열렬했던 것이다. 성경 읽기와 기도생활은 그들 생활의 중요한 일부로 자리 잡았다. 치료약보다 한 마디의 기도, 한 줄의 성경이 그들 마음을 더 평화롭게 했다.

애양원에서는 구석구석 어디서나 기도 소리, 찬송 소리가 들려왔다. 새벽기도와 가정예배, 철야기도…. 저주받은 운명을 신앙으로 극복하려는 그들의 눈물겨운 노력은 오직 천국의 소망으로 살고자 하는 마음뿐이었다.

아버지는 분명 우리 남매의 아버지인데 내가 볼 땐 나환자들의 아버지인 것 같았다. 아버지는 병든 육신일지언정 저 바깥의 표리부동한 자들보다 몇 배 순수한 영혼의 소유자들이라며, 그들의 정신적 상처를 아물게 하는 데 최선을 다했다. 다음과 같은 아버지의 노래도 그런 심정의 한 표현이다.

주여 애양원을 사랑하게 하여 주시옵소서

1. 주여 나로 하여금 애양원을 참으로 사랑할 수 있는
   사랑을 주시옵소서.

주께서 이들을 사랑하심 같은 사랑을 주시옵소서.

이들은 세상에서 버림을 당한 자들이옵고

부모와 형제의 사랑에서 떠난 자들이옵고

세상 모든 인간들이 다 싫어하여 꺼리는 자들이오나

오 주여, 그래도 나는 이들을 진정으로

사랑하게 하여 주소서.

2. 오 주여, 나는 이들을 사랑하되 나의 부모와 형제와

처자보다도 더 사랑하게 하여 주시옵소서.

차라리 내 몸이 저들과 같이 추한 지경에 빠질지라도

사랑하게 하여 주시옵소서.

내 만약 저들과 같이 된다면 그들과 함께 기뻐하며

일생을 같이 넘기려 하오니

주께서 이들을 사랑하사 어루만지심같이

내가 참으로 사랑하게 하여 주시옵소서.

3. 주여, 만약 저들이 나를 싫어하여 나를 배반할지라도

나는 여전히 저들을 참으로 사랑하여

종말까지 싫어 버리지 않게 하여 주시옵소서.

만약 내가 여기서 쫓겨남을 당하여 나가게 될지라도

나는 이들을 사랑하여 쫓겨난 그대로 남은 세월을

이들을 위하여 기도할 수 있는 참다운 사랑을 나에게 주시옵소서.

4. 오 주여, 내가 이들을 사랑한다 하오나

　인위적 사랑, 인간의 사랑이 되지 않게 하여 주시옵소서.

　사람을 위하여 사랑하는 사람이 되지 않게 하여 주시고

　주를 위하여 이들을 사랑하게 하여 주시옵소서.

　주보다는 더 사랑치 않게 하여 주시옵소서.

　주께로부터 나온 나의 사랑이옵고 또한 주를 위하여

　사랑하게 되는 것이매 내 어찌 주보다 더 사랑케 되오리까.

　그러나 나의 일신과 부모와 처자보다는

　더 사랑하게 하여 주시되

　주를 사랑하는 그 다음은

　이 애양원이 되게 하여 주시옵소서.

5. 주여, 내가 또한 세상의 무슨 명예심으로 사랑하거나

　말세의 무슨 상급을 위하여 사랑하는 욕망적 사랑도

　되지 말게 하여 주시옵소서.

　다만 그리스도 사랑의 내용에서 되는 사랑으로서

　이 불쌍한 영육들만을 위한

　단순한 사랑이 되게 하여 주시옵소서.

6. 오 주여, 나의 남은 생이 몇 해일는지는 알 수 없으나

　이 몸과 맘 주께 맡긴 그대로

　이 애양원을 위하여 충심으로 사랑케 하여 주시옵소서.

　아멘

14호실에 있는 어떤 노인은 나균이 후두로 침입하여 목구멍을 막고 결국 숨통까지 틀어막는 바람에, 할 수 없이 목 밑의 후두를 수술하여 구멍을 뚫었다. 그 구멍으로 숨도 쉬고 떠넣어주는 밥도 삼키며 임종만 기다리는 노인이었다. 이 노인은 "내 어서 천국에 가고 싶다. 이 모진 목숨은 어이 이리도 질긴고!" 하며 늘 입버릇처럼 말했는데, 어느날 그 노인이 급하게 아버지를 찾았다.

"내 목사님 앞에서 눈을 감으련다. 목사님을 데려다 줘. 어서, 어서…!"

아버지는 지체하지 않고 이 산송장이나 다름없는 노인에게 달려갔다. 그의 쉰 목소리가 갸냘프게 흘러 나왔다.

"목사님, 사이다가 먹고 싶어요. 사이다! 사이다!"

노인은 숨을 헐떡거리며 애타게 사이다를 찾았다. 아버지는 노인의 손을 잡고, 얼른 사람을 시켜 사이다를 사오게 했다. 얼마나 목이 말랐으면 얼마나 마시고 싶었으면 잘 알아들을 수도 없는 그렁그렁한 소리로 사이다를 찾을 것인가. 사이다를 사자면 순천까지 가야 했다. 서둘러 다녀오라고 일렀고 빨리 사온다고 사왔지만, 그 사이를 기다리지 못하고 노인은 숨을 거두고 말았다. 생각하니 진작 한 병 사드리지 못한 게 그렇게 후회될 수가 없었다. 아버지는 몹시도 안타까워 "사이다 한 모금 시원하게 마시고 가셨더라면 얼마나 좋았을꼬…" 하며 눈물을 흘렸다. 세월이 흐른 뒤에도 사이다만 보면 그 노인 생각이 났는지 내게도 여러 번 그 이야기를 해주며 눈물짓곤 했다. 노인에 대한 측은함과 안타까움에 한숨지으면서도 아버지는 늘 이런 훈계의 말씀을 잊지 않았다.

"선(善)도 하나님께서 허락하셔야 되는 것이니, 선을 행할 수 있을 적에 대소(大小)를 불문하고 행하여라."

아버지는 하루의 거의 대부분을 나환자들과 함께 보냈다. 틈만 나면 집집마다 심방을 다니는 것이 일이었다. 그들의 아픔을 이해하고, 그들의 고충을 덜어주며, 그렇게 그리스도의 참사랑을 몸소 실천하며 살았다.

당연히 가족들에게는 소홀할 수밖에 없었다. 우리는 아버지와 정다운 대화를 나눌 수 있는 시간이 언제나 부족했다. 어린 우리 형제들은 늘 가슴 한구석이 빈 듯한 허전함을 느끼며 지낼 수밖에 없었다. 그러나 어머니를 비롯해 그 어느 누구도 아버지에게 불평을 늘어놓거나 원망한 적은 없다.

어머니 역시 나환자들을 돌보는 일에 열심이었다. 부부는 닮는다더니 아버지의 사랑 못지않게 어머니의 열성도 대단했다. 때때로 떡이나 빵 같은 별미를 만들어 들고 중환자실(14호실)로 찾아가서 상처가 심한 나환자들과 함께 그 음식을 나눠 먹곤 했다.

보통의 나환자들보다 병이 훨씬 중한 사람들이 모여 있는 곳이 14호실이다. 그곳에는 도저히 상상할 수도 없는 몰골을 한 환자들만 살고 있었다. 손가락도 없고 얼굴도 일그러져 거의 형체를 알아볼 수 없었다. 그들의 모습은 차마 쳐다보기조차 민망할 정도였다.

어떤 이는 얼굴에서 발끝까지 붉은 콩알 같은 혹들이 촘촘히 돋아 있는가 하면, 또 어떤 이는 진물이 끊이지 않고 줄줄 흘러 내려 속옷은 물론 겉옷까지 적시곤 했다. 이런 환자들이 거주하는 곳이니 그 냄새 또한 지독하기 이를 데 없었다. 아버지는 이런 14호실 환자들에게 관심과 애정을 더욱 많이 쏟았다. 환자들이 거부하는데도 그들의 손을 잡고 식사를 같이 했다.

나는 얼마 전에 당시 14호실 간호를 담당했던 백일홍 장로님을 만나 그분에게서 다음과 같은 글을 전해 받았다.

…그때 우리의 가옥은 모두 17호실로 되어 있었는데, 1호실부터 10호실까지는 비교적 건강한 사람들이 지내고 있었고, 11호실부터 13호실은 경환자실, 14호실은 중환자실로 되어 있었습니다. 이 중환자실에 거주하는 몇 명은 차마 눈뜨고 볼 수 없을 만큼 흉악한 모습으로 무섭게 병마와 싸우고 있었습니다. 그중에서도 김봉환, 박창식 같은 이들이 특히 심했던 것으로 기억됩니다. 박창식은 학력이 대단한 사람으로, '박식가'라는 별명이 붙은 젊은 청년입니다.

애양원 나환자들

이들의 상처를 한 번 치료하려면 간호원 둘이 매달려도 2~3시간이 소요됩니다. 온 방에 진물과 핏자국, 땀이 엉겨붙어 도저히 그냥 들어갈 수 없으므로, 상처를 보려면 방바닥에 신문지 세 장을 도르르 말아 계속적으로 깔고 들어가야 합니다. 그 당시 이 상황이 얼마나 비참했는지 짐작이 갈 것입니다. 식량도 귀했지만 치료약조차 제대로 배급받을 수 없는 시절이었습니다. 더욱이 14호실에 거주하는 사람들은 상처가 험해서 사람 아닌 생활을 감수해야만 했습니다.

생각해 보십시오. 숫제 붕대를 옷입듯 하고 사는 사람들의 심정을, 그 붕대 위로 배어 나오는 피와 고름을….

그 당시 내가 직접 목격한, 지금도 잊혀지지 않는 기억이 하나 있습니다. 간호원 김오재 씨와 배 아무개가 치료하기 위해 인상을 찌푸리며 14호실 문을 열었습니다. 수건으로 코를 막고 피고름으로 젖어 있는 방바닥에 신문지를 깔고 들어가려는 순간이었습니다. 갑자기 환자인 박창식 씨가 벌떡 일어나 깔아놓은 신문지를 걷어차며, "야, 이 개새끼들아, 네놈들은 문둥이 아니냐?" 하더니 일그러진 눈을 부라리며 씩씩거리다가 곁에 있는 목침을 들고 내리쳤습니다. 김오재 간호원은 그 바람에 머리를 다쳐 수개월 고생하다 결국 하나님 나라로 가고 말았습니다. 어쩌면 그들에겐 악만 남아 있었을 것입니다. 그때 마침 14호실에 심방 오셨다가 그 광경을 목격한 손양원 목사님이 맨발로 뛰어들어와 박창식 씨의 손을 붙잡고 위로하며 기도하시기를, 믿음으로 모든 것을 참으며 사랑으로 용서하라 하셨습니다.

중언부언 여러 소리를 했지만 내가 말하고자 하는 요지는 이것입니다. 나환자들이 걸어오면 다들 손가락질하며 "저기 문둥이 온다." 하고 얼굴을 찌푸리며 오던 길도 되돌아가던 그 시대에, 눈물로 밥을 말아 먹던 그 시대에, 오직 사랑으로 쓰다듬고 만져주시던 손양원 목사님을 생각하면 하던 일도 멈추고 멍하게 하늘만 쳐다보며 몇 시간이고 회상에 잠기게 됩니다.

고요한 한밤중에 14호실 곁을 지나다 보면 온갖 형태의 코 고는 소리가 들려온다. 나병에 침식당한 코 때문에 숨소리 역시 그렇게 다양하게 나오는 모양이다. '피-엉, 쿠르럭, 피-엉, 쿠르럭, 키-익, 드르릉, 키-익, 드르릉' 따위의 괴상한 소리들이 합창하듯 들려온다.

그 소리에 섞여 숲속의 풀벌레 소리나 논바닥의 개구리 소리까지 가세하는 날이면 그야말로 이 세상에서 다시 들어볼 수 없는 불협화음의 오케스트라가 시작되는 것이다. 밤새도록 들려오는 이 오케스트라 또한 애양원만의 독특한 분위기 중 하나일 것이다.

아버지는 그 중환자실을 거침없이 드나들었다. 일반인이 출입할 때는 입에 마스크를 쓰고, 손에는 소독한 장갑을 끼고, 발에도 장화를 신어야 한다는 규칙이 엄연히 있지만, 아버지에게 그런 규칙 따위는 안중에도 없었다.

아버지는 그들의 피고름 나는 손을 거침없이 부여잡고 장시간 대화를 나누곤 했다. 나병의 환부에는 사람의 침이 좋은 약이 된다고 알려졌기 때문에 입으로 피고름을 빨아내는 일도 마다하지 않았다. 처음에는 환자들이 오히려 놀라고 당황하여 펄쩍 뛰며 뒤로 물러서서 경계의 눈빛을 보냈다. '저 젊은 분이 무엇 때문에 애양원에 와서 우리에게 이토록 친절을 베푸는 것일까' 하고 이상한 눈초리로 쳐다보며 마음문을 열지 않고 의심하는 자들도 있었다.

어찌 그러지 않을 수 있겠는가. 피가 섞인 부모나 형제도, 백년해로를 언약한 아내나 남편도, 낳고 기른 자식들도 다들 무섭고 더럽다고 그들을 쫓아내는 것이 세상 인심인데, 생면부지의 젊은 목사가 무섭다거나 더럽다며 외면하지 않고 상처에 입을 대니 그 호의를 의심 없이 받아들이기 어려운 건 당연한 일이다. 그러나 세월이 흐르는 동안 그들은 아버지를 알게 되었고, 아버지와 나환자들 사이는 끊을 수 없는 사랑으로 이어져갔다.

아버지의 진실한 마음이 그들의 마음에 전해지고 나서도 아버지의 손길을 거부하려 하기는 마찬가지였다. 그 이유가 사뭇 다르긴 했지만.

"손 목사님, 저러다가 정말 우리처럼 문둥병에 걸리시는 건 아닐까?"

이것이 그들이 아버지와 접촉하기를 꺼리는 이유였다. 스스럼없이 나환자들과 어울리다 결국 아버지도 나병에 전염되고 말았다는 헛소문이 나돌기도 했다. 그런 소문을 전해 들을 때면 아버지는 입가에 미소를 지으며 응수했다.

애양원 나환자의 집(김수남 권사의 집)

"차라리 내가 나병에 걸린다면 오죽 좋겠나. 그리되면 가까이 오지 말라고 뒷걸음질 치는 환자도 없을 것 아닌가. 언제라도 그들과 함께 웃고 떠들며 놀 수 있지 않겠는가."

병원 측에서도 그 소문을 듣고 혹시나 하는 생각에 극구 사양하는 아버지를 설득하여 피검사를 했다. 그러나 결과는 보통 사람보다 오히려 피가 더 맑다고 나왔다. 검사 결과를 전해 들은 아버지는 그저 담담한 어조로 "그래? 그러면 이번에도 틀린 건가?" 할 뿐이었다.

손 목사 없으면
내 어찌 눈을 감노!

"손 목사 어디 갔노? 언제 오노?
그가 없으면 내가 어찌 눈을 감겠노!
얼른 사람을 시켜 손 목사 불러 온나!
아니 손 목사 없으면 내 못 죽어! 내 못 죽…" 까지 하다가
그만 운명하고 말았다.

애양원에서는 매년 한 차례씩 경로잔치를 벌인다. 젊은이들이 손수 음식을 장만하고 흥겨운 여흥을 계획하여 나이가 지긋한 노인들을 초대하는 행사다. 초대된 노인들은 상다리가 휘어지도록 가득 차려진 맛난 음식을 들며 비록 하루지만 현실의 시름을 떨쳐버리고 유쾌하게 즐길 수 있는 시간이다. 그들은 한데 어울려 꼬부라진 손으로 박자를 치고 비뚤어진 입으로 노래하고 춤추며 축제 분위기를 만든다.

아버지는 이런 즐거운 잔치 자리를 무척 좋아했다. 아버지는 그들 틈에 끼여 앉아 신이 나서 "여러 부모님들! 돈 많이 들여서 마귀 얼굴 하지 말고, 돈 한 푼 안 드는 천사 얼굴 만듭시다." 하며 시종 웃

음 띤 얼굴로 노인들 중 나병으로 눈이 먼 사람이나 손을 못 쓰는 사람에게 손수 음식물을 떠먹여 주었다.

한편 경로잔치 때마다 아버지에게 마음 아픈 일이 있었다. 아버지가 평소 친어머니처럼 여기던 70세 된 최 노인 때문이다. 최 노인은 밤이고 낮이고 교회에 엎드려 특별히 아버지를 위해 기도했다. 아버지를 자기 친아들처럼 생각하는 노인이었다. 최 노인은 돌아가신 우리 친할머니와 무척이나 닮았다.

"어쩜 그렇게도 내 어머니를 빼닮았을까? 같아도 이렇게 똑같을 수가!"

효성이 지극했던 아버지는 어머니의 사랑을 받지 못하고 성장했기 때문에 늘 어머니의 정을 그리워하면서 살았다. 최 노인을 볼 때마다 죽은 어머니를 연상하며 어머니의 정을 느끼는 것이다. 그래서 그런지 아버지는 어머니 생각에 자주 심방을 했다.

그럴수록 최 노인은 아버지를 아들처럼 생각했다. 최 노인은 "내가 죽을 땐 꼭 손 목사 손잡고 기도하면서 천국 갈끼다."라는 말을 늘 넋두리처럼 했다. 그러던 최 노인이 손꼽아 기다리던 경로잔치를 두 주 앞두고 세상을 떠나고 말았다. 때마침 아버지는 부흥집회에 가느라 최 노인의 임종을 보지 못했다. 최 노인은 숨을 몰아쉬면서 "손 목사 어디 갔노? 언제 오노? 그가 없으면 내가 어찌 눈을 감겠노! 얼른 사람 시켜 손 목사 불러 온나! 아니 손 목사 없으면 내 못 죽어! 내 못 죽…"까지 하다가 그만 운명하고 말았다. 뒤늦게 돌아온 아버지는 "3주만 더 살았더라면 이 경로잔치에 참석했을 텐데…." 하며 슬피 울었다. 젊은이들은 젊은이대로 슬피 울고 아버지는 아버

애양원 경로석 식당

지대로 눈물을 훔쳤다. 이처럼 애양원 사람들이 임종할 때면 너나 없이 아버지를 찾았다.

아버지는 부모에 대한 효심이 매우 지극해 애양원의 나환자들을 가족같이 사랑했다. 특히 노인들을 공경하는 마음이 지극했다. 경로잔치는 아버지가 애양원에 온 후 시작되었다. 아마 아버지는 부모에게 못다한 효도를 대신하려고 시작했던 것 같다.

이런 노인들은 모두 한 많은 사연을 안고 있다. 그중에서도 충청도에서 온 77세 맹 노인을 소개하겠다. 맹 노인은 애양원에 들어온지 11년째 되어가는 노인이다. 맹 노인은 부친이 일찍이 어느 고을 원님까지 했던, 한때 내노라 하던, 재산도 상당했던 부잣집 외아들로 태어났다. 맹 노인은 외아들이라 일찍 장가를 들어서 슬하에 2남 3녀를 두고 남부럽지 않게 행복한 가정을 이루고 살았고, 그 동네에서 인심 좋기로 소문난 사람이었다. 자녀들도 집안 어른들께 칭찬받는 모범생이며, 학교에서도 성적이 좋아 선생들의 사랑을 한몸에 받고 있었다.

그러던 맹 노인의 몸에 알 수 없는 병이 생긴 것은 맹 노인의 나이 35세 즈음이었다. 처음에는 이 병원 저 병원 돌아다니며 약도 쓰고, 한방에 찾아가서 한약이며 침도 맞았으나 백약이 무효였다. 특히 맹 노인의 둘째아들 영민이는 효자 중의 효자였다. 영민이가 아버지와 함께 큰 병원에 가서 진찰받은 결과 그 병은 바로 나병으로 밝혀졌다. 영민이는 말할 것도 없고 온 집안이 발칵 뒤집혔다. "우리 아버지가 무슨 천벌 받을 죄를 지었길래 하필이면 그 더럽고 무서운 병이 우리 아버지에게…." 자녀들은 울기도 많이 울었다. 나병은 점점 심해져서 얼굴 색깔까지 변해갔다. 처음에는 동네사람들의 눈에 띌까봐 바깥 출입도 못하고 눈치 봐가며 뒷방에 들어 앉아 밥상도 받고 잠도 자고 했는데, 나병은 차츰차츰 더 악화되기 시작했다. 얼굴 형태도 일그러지고 눈썹도 빠지고 손가락도 꼬부라지기 시작했다. 이제 더 이상은 숨길 수도 없었다. 무엇보다도 자식들의 혼사 문제며, 구만리 같은 자식들 장래 문제 때문에 맹 노인은 '이 수치를 어찌 할꼬?' 생각하다가 결국 자살하기로 마음먹었다.

애양원교회 당회원들과 손양원 목사. 아랫줄 우측이 맹 노인

결심 끝에 어느날 양잿물을 먹었으나 어찌된 셈인지 도로 토하여 입안만 헐고 고생만 실컷 하다가 다시 살아났다. '이 모진 목숨은 죽지도 못하고 어찌 이리도 질긴고!' 그럴 때면 둘째아들 영민이는 아버지를 붙잡고 엉엉 소리내어 울면서 "아버지 제발 이러지 말아요. 살아만 있으면 내가 아버지 뒷바라지 시중 다 들게요." 하면서 불쌍한 아버지에게 매달려 위로의 눈물을 흘렸다. 맹 노인은 "나 하나 때문에 온 집안이 큰 걱정이다. 내가 어서 죽든지 하루라도 속히 없어져야지!" 하는 말을 늘 입에 달고 살았다.

그러던 어느날 밤 무수한 별빛이 유난히 빛나는 야밤에 모두 잠자는 틈을 타, 맹 노인은 보따리를 챙겨들고 쪽지 한 장만 남겨놓은 채 집을 나왔다. 그리고 죽으려고 비상을 구하러 다녔으나 구하지 못하고 이곳 저곳 사람들의 눈을 피해가며 걸인생활을 하다가, 애양원이란 곳을 어떻게 알고는 찾아온 것이다. 이곳에 와서 이름도 성도 다 바꾸고 비로소 하나님을 찾게 되었다. 처음에는 두고온 처자식 생각에 눈물로 밤을 새웠다. 집안 소식도 알고 싶었으나 알면 무엇하랴 싶어 꾹 참고 살아왔다. 혹시라도 자기 있는 곳이 탄로날까봐 세상과 인연을 끊고 애양원 신세를 진지도 어언 11년이 지났다.

한편 자식들은 자식들대로 아버지를 찾느라 백방으로 수소문하고 헤맸으나 찾을 길이 없었다. 효성이 지극했던 둘째 영민이는 잠을 못 이루고 문소리만 나도 발자국 소리만 나도 행여 아버지인가 하여 늘 상심해 왔다. 그렇게 "불쌍한 내 아버지…." 하며 밤낮으로 아버지를 부르다가 그만 화병으로 젊은 나이에 세상을 떠나고 말았다. 맹 노인이 애양원에 들어온지 4년째 되던 해 두고온 자식들 소식이 한없이 궁금했다. 어찌어찌하다가 어느날 풍문으로 둘째 영민이가 아버지를 찾다가 화병으로 죽었다는 소문을 뒤늦게 들었다. 그때 맹 노인은 "영민아! 너는 내가 죽였어! 이 몹쓸 놈의 애비가 널 죽였단 말이야!" 하며 미친 듯이 아들 영민이를 부르면서 달려가다가 그만 길거리에 쓰러지고 말았다. 한참 동안 정신을 잃었는데 어디선가 가느다란 말소리가 꿈 속에서 들리는 것처럼 몇 마디 들려왔다.

"웬 문둥이가 쓰러졌네."

"글쎄, 아직 죽지는 않은 것 같은데…."

"퉤, 더럽다!"

누군가가 가마니를 갖고 와서 맹 노인을 덮고는 그 위에 침을 뱉으며 "오늘 재수없겠네." 하고 지나갔다. 겨우 정신을 차리고 보니 길거리 모퉁이에 가마니로 덮여 있는 자신을 발견할 수 있었다. 맹 노인은 간신히 몸을 일으켜 애양원으로 돌아왔다. 그후 맹 노인은 늘 죽은 둘째아들이 생각나서 경로석에 오면 "그 애는 내가 죽였어." 하면서 눈물 흘리며 옛이야기를 하는 것이다.

애양원에는 경로잔치 외에도 연중행사로 여름 뱃놀이, 가을 운동회, 겨울 윷놀이 등의 행사가 있다.

그토록 사랑이 많은 아버지를 못마땅하게 여기고 힐난하는 무리가 없었던 것은 아니다. 어느 단체 어느 사회에나 음모꾼들은 존재하는 법, 애양원도 예외는 아니었다. 애양원에도 미움과 불평이 가득 찬 자가 있었는데 바로 권상집이라는 사람이다. 그는 설교시간마다 아버지의 말 한 마디 한 마디를 트집잡아 같은 무리끼리 소곤거렸다. 많은 나환자들이 은혜받고 기쁨에 겨워 찬양하는 아버지의 설교 말씀을 할 수만 있으면 깎아내리려고 했다. 마음에 찔리는 구석이 있었기 때문이겠지만, 솔직하고 직설적이며 때로는 폭풍처럼 위압적인 아버지의 설교 말씀을 자신에게 퍼붓는 무슨 저주처럼 여겼다. 마음의 문을 완전히 닫아버린 사람이었다. 병이 경한 사람보다 중한 사람에게 더 정성을 쏟으며 보살피는 아버지에게 질투를 느꼈는지도 모르겠다.

"저 양반 말하는 것 좀 보라지. 저 비꼬는 말투며…. 흥, 나 들으라는 소리 같은데, 어림없다. 내가 가만 있을 줄 아나. 한 번만 더 저 따위로 지껄이면 아예 요절을 낼 테다."

이런 식으로 수근거리던 그는 어느날 아버지를 모욕할 구체적인 계획을 짰다. 그와 그를 동조하는 몇 사람은 아버지가 강대상 위로 올라가면 여럿이 따라 올라가 강제로 아버지를 끌어내리자고 작당을 했다. 많은 사람들 앞에서 창피를 줌과 동시에 더 이상 설교할 수 있는 용기를 빼앗아버리자는 생각이었다.

때마침 아버지는 삼천포로 부흥집회를 갔다가 토요일에 돌아오던 중 풍랑을 만나 그날 밤에 도착하지 못하고 주일 아침에야 겨우 올 수 있었다. 당황한 아버지는 식사도 못하고 세수도 안한 얼굴로 부랴부랴 교회로 들어섰다. 예배는 이미 시작되었다. 교회에 들어서자마자 아버지는 설교하기 위해 바로 강대상에 올랐다.

이때 권상집을 위시한 몇몇 청년들은 서로 눈짓을 하며 강대상으로 뛰어올라갈 기회만 노리고 있었다. 적당한 시간에 우르르 몰려가 아버지를 끌어내릴 참이었다. 그런데 하나님의 역사하심은 놀라웠다. 오히려 그들의 강퍅한 마음이 산산이 부서지기 시작했다. 말씀의 은혜가 쏟아져내렸고, 그들의 눈에서 회개의 눈물이 쏟아지기 시작했다. 그동안에는 비웃음과 야유하는 마음으로 듣던 아버지의 말씀이 그날, 그 시간, 그 자리에서 천상의 소리로 변해 그들의 귀를 뚫은 것이다. 이 이야기는 당시 아버지를 강대상에서 끌어내고자 했던 사람 중 한 사람이 훗날 내게 해준 말이다.

애양원에 얽힌 추억이 많지만 나는 어릴 적부터 그곳에서 같이 자란 내 친구들을 잊을 수 없다. 1991년 11월 22일, 나는 손양원 목사 기념관 착공식 예배에 참석하여 어린 시절 애양원의 친구였던 태수를 만났다. 한동안 서로 연락이 뜸해 어떻게 지내는지 소식조차 몰랐다. 지금도 그를 생각하면 아련한 그리움과 함께 뿌연 환상이 눈앞을 가리곤 한다.

태수에 관해 이야기하자면 빼놓을 수 없는 것이 하모니카 연주다. 애양원에는 보물과도 같은 하모니카 연주단이 있는데, 이들의 연주는 천상의 노래를 방불케 할 정도다. 그만큼 아름답고 감동적이다. 그런데 그 연주단원은 모두 후천적으로 맹인이 된 이들로 구성되어 있다. 태수도 그 단원 가운데 한 명이었다. 나균이 시신경을 침투해 어쩔 수 없이 눈을 빼야만 했던 아픈 사연을 간직하고 있는 이들이지만, 언제나 감사의 찬양에 게으르지 않았다.

많은 악기 중 왜 하필 하모니카일까 하고 궁금해 할 사람도 있을지 모르겠다. 그것은 그들의 꼬부라지고 동강난 손으로는 기타나 피아노 같은 악기를 연주할 수 없기 때문이다.

늘 어둠의 세계에 살고 있는 그들은 일반인보다 훨씬 민감한 음악적 감각을 지니고 있다. 훗날 아버지의 기념관 착공 예배 때 특별

순서로 그들의 하모니카 연주 시간이 있었는데, 그들이 연주하는 찬양의 소리는 무척이나 감동적이어서 듣는 이의 입을 저절로 벌어지게 만들었다.

나는 그날 하모니카를 부는 태수를 바라보며 가슴이 터질 것 같은 슬픔을 참아내지 못했다. 태수는 앞이 안 보이니 날 볼 수가 없지만, 꼬부라진 손으로 온 정성을 다해 하모니카를 부는 그의 모습은 "반갑다. 동희야, 너 거기 있는 줄 내 다 안다. 내가 부는 하모니카 소리가 어떠냐?" 하고 묻는 것만 같았다.

하모니카 연주를 들으면서 내 마음은 자연스럽게 어린 시절 애양원 친구들을 향해 날아가고 있었다. 남해 바다 그 푸른 물결 속에서 시간 가는 줄 모르고 물장구치던 소중한 친구들. 하얀 백사장에서 온종일 뒹굴고 뛰놀던 그리운 친구들. 영철이, 순옥이 그리고 태수….

태수는 어느날 갑자기 나병의 급습을 받고 맹인이 되었다. 그는 30세 때 눈을 제거해야 했다. 그리고 몇 번이고 자살을 시도했으나 미수에 그치고 말았다. 그 사실을 알았을 때 나는 너무나도 안타깝고 슬퍼서 온 세상이 태수의 눈에 비치는 것처럼 까맣게만 보였다. 그의 해맑던 눈이 없어지고 전혀 앞을 보지 못하게 되다니…. 그것은 충격이었다. 병든 것만 해도 억울한데 그 몹쓸 나병이 눈까지 빼앗다니…. 태수의 그 맑던 눈이 앞을 못 보고 지팡이를 짚다니…. 나는 그의 손을 잡았다.

그러나 그날 나를 만난 태수는 무척이나 의연했다. 그는 나를 자기 집으로 데리고 갔다. 나는 그의 손을 꼭 쥐며 말했다.

"태수, 이 세상은 나그네길 잠깐뿐이라네. 우리도 머지 않아 본향으로 갈 걸세. 그땐 어릴 때의 맑은 눈으로 나를 볼 걸세. 우리 그날을 고대하며 순례자의 길을 묵묵히 걸어가세."

"동희, 너무 염려하지 말게. 오히려 난 하나님께 감사하고 있어. 자, 보게. 이렇게 귀가 먹지 않아 지금 동희의 말을 듣고 있지 않은가. 또 내 입이 벙어리가 되지 않아 동희에게 이야기를 하고 있지 않은가. 이것이 얼마나 감사할 일인가."

그 말을 들으며 나는 땅바닥에 주저앉아 한없이 울고만 싶었다. 그의 신앙에 비한다면 내 신앙은 그야말로 보잘것없는 한 알의 모래에 불과하다는 생각이 들었다. 겉만 멀쩡하지 속은 텅 빈 쭉정이 같은 내 모습을 새삼 발견하고 나는 부끄러움 반 부러움 반으로 움푹 들어간 그의 눈을 찬찬히 쳐다보았다.

제2장

나를 감옥에 가둠은

나에게 유익이요

하나님의 축복입니다

고난이여
올테면 오너라
(안용준 목사의 증언에 따름)

이렇게 아버지는 여수경찰서에서 10개월 간
시달리다 마침내 극도로 몸이 쇠약해져
생명이 위독할 지경까지 이르렀다.
검사 앞에 불려갈 때도 걸을 기력이 없어서
들것에 실려 다녔다.

1940년 9월 25일 수요일, 무덥던 여름도 지나가고 바야흐로 가을 기운이 무르익어가고 있었다. 들판에는 황금빛으로 일렁이는 벼이삭들이 마냥 풍요로워 보이기만 했다. 단풍이 들기 시작한 나뭇잎들은 들판을 건너온 바람에 휘날리고 있었고, 고운 옷 갈아입은 잠자리들은 높디높은 하늘을 유유히 날고 있었다. 한가하고 평화로운 정경이었다.

그러나 그날은 평화로운 풍경과는 달리 애양원 지붕 위로 먹구름이 끼기 시작한 날이다. 우리 가족이 수난의 길로 접어든 잊을 수 없는 날이다.

그때까지만 해도 다른 교회에 가해지는 박해에 비하면 애양원은

옛날 부모님과 살았던 애양원 사택

어느 정도 자유가 보장되어 있었다. 신사참배 강요도 심하지 않았고 유형무형의 간섭도 덜한 편이었다. 나 환자 수용소라는 특성 때문에 어지간한 말썽은 눈감아 주곤 했다.

그렇다고 해서 완악한 일본 경찰이 신사참배 반대를 강력히 주장하고 다니는 아버지를 결코 잊었던 것은 아니다. 아버지는 애양원교회에서나 다른 교회에서나 설교 때마다 신사참배는 우상숭배로서 하나님의 계명 중 제1, 2계명을 범하는 것이므로 절대 금해야 한다고 역설했다. 부흥집회 때마다 그랬고, 또 믿음의 신도들이 모이는 곳이면 어디든 찾아가 신사참배의 부당성에 대해 설교했다. 그런 아버지를 가만히 놔둘 그들이 아니었다.

불어오는 바람에 가냘픈 몸을 내맡긴 채 시름 없이 한들거리고 있는 코스모스 사이로 여수경찰서 소속 형사 두 명이 바삐 걸어왔다. 그들은 집에 당도하자마자 다짜고짜 아버지를 찾았다.

"손 목사 집에 있나?"

무례하기 짝이 없는 불청객의 목소리에 놀란 어머니가 떨리는 마음을 진정시키며 물었다.

"누구신지요?"

"우리는 여수경찰서에서 온 형사다. 손 목사를 연행하러 왔다."

아버지는 그때 애양원교회에서 삼일밤 예배를 드리고 난 후 당회가 열리고 있었기에 거기에 참석하느라 아직 귀가하지 않은 상태였고 어머니만 일찍 돌아와 있었다.

안 계신다고 대답하자 그들은 마루에 걸터앉아 사방을 둘러보았다. 거만하고 위압적인 눈빛이었다. 식구들은 무슨 일 때문에 그러는지 대충 짐작하면서도 불안한 마음을 억누를 수 없었다. 가족은 물론 애양원의 기둥인 아버지가 아닌가. 그런 아버지가 잡혀가면 우리 가족과 애양원은 어찌될 것인가.

하필 그때 아버지가 대문을 열고 들어섰다. 형사 두 명이 총알같이 튀어나가 아버지를 낚아채더니 밖으로 끌고 나갔다. 아버지는 이미 사태를 짐작한 듯 조용히 그들을 따라나섰다. 왜 그러느냐는 항변의 말 한 마디도, 잡혀가지 않으려는 저항의 몸짓도 없었다. 잠깐 뒤를 돌아보며 사색이 되어 서있는 어머니에게 "걱정 말고 기도나 해주구려." 했을 뿐이다.

이 짧은 이별의 말을 던지고 떠난 아버지는 그날부터 해방될 때까지 무려 만 5년을 형무소에서 보냈다. 나중에 전해 들은 아버지의 죄목은 신사참배를 거부한 것과 사람들을 선동했다는 것이었다. 그 따위 죄목을 두려워할 아버지가 아니었다. 진정으로 두려워해야 할 죄는 하나님의 계명을 어기는 것이었다.

잡혀간 아버지는 10개월이 다되도록 아무런 소식이 없었다. 기다리면 풀려나올 수 있는 건지, 아니면 기소당하여 복역을 하게 되는 건지 도대체 감을 잡을 수가 없었다. 답답한 시간이 자꾸만 흘러갔다. 애양원 식구들과 우리 남매들의 불안한 마음도 마음이지만 어머니의 심정 또한 말이 아니었다. 졸지에 가장을 잃어버렸으니 일이 손에 잡힐 리 없었다. 그렇다고 우리에게 달리 무슨 방도가 있는 것도 아니었다. 그저 매일 아버지가 무사히 돌아오기만을 기도할 따름이었다.

하루가 1년처럼 길게만 느껴지는 나날이었다. 잡혀가면 온갖 고초를 다 겪는다는데 경찰서에서 고문은 안 받는지, 몸은 건강한지, 앞으로 얼마나 더 지나야 나올 수 있는 건지 궁금한 게 한두 가지가 아니었다.

아버지의 신변을 염려하는 마음도 컸지만 그보다 더 어머니의 마음을 강하게 지배했던 것은, 경찰의 고문과 회유에 못 이겨 혹시라도 아버지가 신앙의 절개를 꺾는 건 아닐까 하는 우려였다. 경찰서에 끌려가 곤욕을 치른 후 신사참배를 하고 풀려난 목사들의 이야기를 들은 기억이 많았기에, 그럴 분이 아니라고 믿으면서도 만의 하나 그런 나약한 결정을 하게 될지 모른다고 생각한 것이다. 어느날 어머니는 답답한 마음을 이기지 못하고 젖먹이를 들쳐 업고 여수행 기차를 탔다.

여수에 도착한 어머니는 안면이 있는 곳이면 어디든 찾아다니며 아버지의 석방유무를 알려고 사방팔방으로 수소문했다. 그러던 중 어머니가 알고 있는 분을 통해 유치장에서 밥해 주고 심부름하는 이를 알게 되었다. 어머니는 그를 찾아가 아버지에 대해 간곡하게 물었다. 그러자 그 사람이 "손 목사는 재판 마치고 어쩌면 오늘 내일로 여수경찰서를 떠난다고 들었습니다." 하고 귀띔해 주었다.

그리하여 그 다음날 아버지가 여수경찰서를 떠난다는 사실을 알게 되었다. 다음날 일찍 어머니는 우리 형제를 모두 데리고 기차를 타고 여수에 도착했다. 우리는 여수경찰서 앞으로 가서 무작정 기다렸다.

10개월간 얼굴도 못 본 아버지를 만나 볼 수 있을지 모른다는 기대감으로 우리 형제의 가슴은 마냥 설레었다. 경찰서 문이 열리는 순간 아버지를 가장 먼저 발견한 사람은 큰오빠였다.

"저기 아버지가 오신다!"

다들 큰오빠가 가리키는 곳을 바라보았다. 정말 거기에 아버지가 서있었다. 그런데 뭔가 이상했다. 머리를 빡빡 깎은 상태로 형사들의 감시를 받으며 걸어나오는 아버지는 척 보기에도 풀려나오는 사람의 분위기가 아니었다. 억장이 무너지는 심정이었지만, 어머니는 형사들이 다른 사람과 이야기하는 틈을 타 얼른 아버지 곁으로 다가갔다.

"어디로 가십니까?"

"광주로….."

채 대답을 다 듣지도 않고 어머니는 숨겨 가지고 온 성경책을 펼쳤다. 반갑다고 인사나 나누고 안부나 물을 때가 아니라는 생각에 어머니의 마음은 조급하기만 했다. 어머니는 성경 한 구절을 손으로 가리키며 울음 섞인 목소리로 속삭였다.

"여보! 여기 이 말씀 아시지요? 신사참배에 응하면 내 남편이 아닙니다. 영혼 구원도 못 받습니다."

"염려 마오. 걱정 말고 기도나 해주구려."

아버지 역시 초췌한 얼굴로 대답했다. 형사가 걸어와 아버지를 데리고 갔다. 잠깐 동안의 상면 그리고 또다시 긴 이별…. 아버지는 광주로 가는 기차에 올랐다. 그때 어머니가 아버지께 펼쳐 보인 말씀이다. "네가 죽도록 충성하라 그리하면 내가 생명의 면류관을 네게 주리라"(계 2:10).

그때는 내 나이가 어리고 생각이 짧아 그 상황의 의미를 확실하게 깨달을 수 없었지만, 어른이 되어 그때 일을 찬찬히 되짚어 볼 때마다 어머니에 대한 존경심이 들곤 한다. 어머니는 보통의 아내들처럼 남편의 육신의 삶을 염려하지 않았다. 어머니가 가장 많이 걱정한 것은 아버지가 당할 고초가 아니라 혹시 아버지가 마음이 약해져서 우상숭배하는 죄를 범하게 되지나 않을까 하는 것이었다.

아버지가 맨처음 여수경찰서로 끌려갔을 때가 아버지 나이 39세였다. 그곳에서 10개월간 미결수로 있으면서 여러 차례 불려나가 심문을 받았다. 금성구웅(金城久雄) 형사, 가루베(輕邊) 형사, 또 어떤 때는 요다(依田) 검사에게 거의 비슷한 내용의 모진 심문을 수없이 받아야 했다.

깊어가는 여수경찰서의 밤…. 가끔 유치장 쇠문 닫히는 소리가 "꽝꽝" 하고 밤의 적막을 깨트린다. 그들은 밤새도록 아버지를 협박하고 회유하고 뺨을 때리기도 했다. 아버지는 평소 공석이나 사석에서는 전도할 기회가 많았으나 경찰서 형무소 관리들에게는 전도할 기회가 없었다. 감옥의 고통 속에서도 마음 문이 열리지 않는 불신자들을 전도한다는 심정으로 그들에게 성서관, 심판관, 세계관, 국가관, 말세관, 재림관 등을 설명했다. 여기서는 지면상 간단히 쓴다 [자세한 것은 『손양원 목사 옥중 목회』(보이스사)에 기록되었다].

"…이봐, 손 목사. 그래 다른 목사들은 물론 신학교수, 신학박사들까지 모두 신사참배를 하고 노회장, 총회장도 다 국민의식으로 시인하는데 당신만 왜 그리 독특하게 예수를 믿소?"

"본시 기독교는 지식적 종교가 아니고 신앙적 종교이며, 감정적 종교가 아니고 체험적 종교입니다. 그러므로 학사, 박사가 믿지 못하는 진리를 무식한 노인들이 믿을 수 있고, 무식한 자들이 체험하는 사실을 박사, 학사가 이해 못하는 경우가 있습니다. 그렇게 지식적 세계와 신앙적 세계는 통하는 점도 있으나 통하지 않는 점도 있습니다. 그래서 기독교는 자연적 종교라는 것입니다."

"손 목사, 당신 보아하니 다루기가 좀 곤란한 사람 같은데 신사참배하기 전에는 햇빛 보기가 힘들 것이오. 그리 아시오!"

"내 몸은 비록 형무소에 감금되어 있으나 내 신앙은 감금치 못할 것이다!"

그들은 기독교 신앙에 대해, 특히 말세론이나 일본의 천황숭배에 대해 많은 질문을 던졌다. 그러나 아버지의 대답은 언제나 변함없이 명쾌했다. 그들의 질문은 하나하나가 올가미였다. 그러나 아버지는 그 올가미에 두려움 없이 목을 디밀었다.

어느날인가는 가루베 형사가 성경에 대해 또 물어왔다. 아버지는 창세기부터 요한계시록까지 66권의 성경에 대해 설명했다. 성경은 예수 그리스도의 강림을 예언한 책이고, 예수 그리스도가 강림하여 그 예언을 증명한 책이며, 하나님의 뜻에 따라 사람이 살아갈 도리와 내세의 부활을 밝힌 책이라고 알아듣기 쉽게 설명했다. 하나님은 예수의 아버지 되는 신이시며, 예수는 그분의 아들 되는 신이어서,

하나님과 예수님과 성령은 일체가 되며, 그것을 기독교에서는 삼위일체라 부른다는 설명도 해주었다.

"…그렇다면 기독교 신자들이 말하는 하나님은 어떤 것이냐?"

가루베는 표정을 바꾸지 않은 채 싸늘하게 질문을 이어갔다. 아버지는 차근차근 하나님을 증거하기 시작했다.

"하나님을 가리켜 이렇게 말합니다. 하나님은 사랑이십니다. 하나님은 의이십니다. 하나님은 빛이십니다. 하나님은 영이십니다. 하나님은 만물의 창조주십니다. 하나님은 주재자십니다. 하나님은 말세에 천하 만민의 심판자십니다."

"그게 다 무슨 뜻인가?"

"하나씩 설명해 보겠습니다. 첫째, 하나님은 사랑이시라 함은 죄로 말미암아 죽을 수밖에 없는 인간을 위해 독생자 예수를 현 세상에 내려보내 십자가에 달리게 하심을 말합니다. 예수님은 인간이 받을 죄값을 대신하여 십자가에 못 박히신 것입니다. 둘째, 하나님은 의이시라 함은 모든 사람의 의와 불의를 밝혀 의에 대해서는 상을 주고 불의에 대해서는 벌을 줌을 이르는 말입니다. 의란 바른 것을 말하는데 그 기준은 모두 성경에 근거합니다. 성경에 기록된 하나님의 말씀은 모두 의입니다."

"그러면 교육칙어(教育則語)는 의인가 불의인가?"

가루베가 아버지의 설명을 중도에서 자르며 끼어들었다.

"교육칙어라도 성경의 취지에 일치하면 의로운 것이로되 그렇지 으면 불의입니다."

가루베는 책상을 꽝 소리나게 치며 버럭 화를 냈다.

"이런 괘씸한…."

그러거나 말거나 아버지는 하던 말을 계속해나갔다.

"셋째, 하나님은 빛이시라 함은 죄를 깨닫지 못하는 인간에게 죄를 자각하게 하고 나아가 심판의 날에 가게 될 천국과 지옥에 대해 가르치는 것을 말합니다. 그래서 진정한 신이 무엇인가를 명확히 알려 깨닫게 하는 것입니다. 넷째, 하나님은 영이시라 함은 눈으로는 볼 수 없으나 인간의 심중에 계시는 무소부재 전지전능하신 하나님이라는 뜻입니다. 하나님은 안 계신 곳이 없고 못하실 일이 없다는 말입니다. 다섯째, 하나님은 만물의 창조주시라 함은 천지만물은 모두 다 하나님이 지으신 것이라는 의미입니다. 창세기 1장 1절에 '태초에 하나님이 천지를 창조하시니라'고 기록되어 있습니다."

"하나님이 만물을 창조하셨다고 했는데, 그렇다면 우리나라도 그렇다는 말이냐?"

"물론입니다. 일본은 물론 세계 각국은 전부 하나님이 만드셨고, 하나님의 뜻대로 움직이고 발전하는 것입니다. 전세계와 인류는 오직 하나님의 통치 아래 있기 때문입니다."

"예수쟁이치고 말 못하는 놈 없다더니만. 계속해 봐."

가루베는 치미는 화를 간신히 참고 있는 듯 신음소리와 함께 아버지의 말을 재촉했다.

"여섯째, 하나님은 주재자시라 함은 세상 모든 이치가, 사람의 나고 죽음도 하나님의 손안에 있다는 뜻입니다. 천황도 하나님으로부터 생명과 호흡, 국토와 국민을 통치할 지위와 권력을 받은 것에 불과합니다. 마지막으로, 하나님은 말세에 만민의 심판자시라 함은 천

년왕국이 지나고 무궁세계가 오면 불신자들은 준엄한 벌을 받아 지옥으로 추방되고 진실한 하나님의 신도만이 눈물도 괴로움도 병도 죽음도 없는 참 행복한 세계에 남게 됨을 말합니다. 세상의 종말에 대해서는 요한계시록에 자세히 기록되어 있습니다. 이상이 하나님에 대한 기독교의 대략적인 설명입니다."

한번은 요다 검사에게 불려가 신사참배 문제에 대해 집중적으로 심문을 받았다.

"그대는 1938년 구례에서 개최된 조선기독교 순천노회에서 신사참배를 하기로 결의한 사실을 알고 있는가?"

"알고 있습니다."

"순천선교회는 그 결의에 반대해 순천노회와 분리됐다고 하던데 그 일도 알고 있는가?"

"들어서 알고 있습니다."

"애양원교회도 그래서 순천노회에서 분리되었는가?"

"그렇습니다."

아버지는 사실을 있는 그대로 시인했다. 요다 검사는 전의를 다지는 듯 입술을 지그시 깨물고 나서 본격적으로 아버지의 신앙에 대해 파고들었다.

"그대는 신에 대해 어떤 생각을 가지고 있는가?"

아버지는 지체하지 않고 대답했다.

"내가 신이라고 생각하는 것은 하나님밖에는 없습니다. 하나님은 천지만물을 창조하시고 이를 주재하시며 절대불멸 전지전능하신 분입니다."

"하나님 외에 다른 신은 없는가?"

"다른 신도 있긴 합니다. 하지만 하나님보다 높은 지위의 신은 없습니다. 이는 구약성경에 기록되어 있습니다."

"좋다. 그렇다면 신사참배에 대해 그대가 품고 있는 생각을 말해 보라."

아버지는 기다렸다는 듯 애양원이나 초빙되어 간 다른 교회에서 늘 설교하던 말씀 그대로 신사참배의 부당성을 힘주어 강조했다.

"성경은 '하나님 외의 신에게 절하지 말라' '내 앞에서 우상에게 절하지 말라'고 말하고 있고, 신사의 신은 신이기는 하나 하나님은 아니며, 신의 형상을 만들어 모셨으니 분명한 우상이므로 참배해서는 안 됩니다. 우상숭배하고 예배하면 하나님이 그 예배를 받지 않으십니다."

"도대체 그렇게까지 반대해야 할 이유가 무엇이오?"

"첫째, 신사참배, 동방요배는 하나님이 금하신 계명이니 할 수 없습니다. 한 나라의 임금이 하는 명령도 거역할 수 없을진대 우주를 다스리는 하나님의 명령을 어찌 거역하겠습니까? 둘째, 우상에게 절하는 자는 구원을 얻지 못합니다. 우리가 예수 믿는 목적은 구원을 얻고자 함인데 하나님 계명을 어기고 어찌 구원을 바라겠습니까? 셋째, 국민된 도리로서 못하겠습니다. 세계 역사를 볼 때 우상숭배하는 나라는 망하고 예수 잘 믿는 나라는 축복받는 것을 뻔히 알면서 국민의 1인으로서 나라가 망하는 일을 할 수 없기 때문입니다."

"여보 손 목사, 우리 천황폐하께서는 현인신(賢人神)이다. 즉, 신의 아들이다. 나만 그런 것이 아니라 1억 국민이 다 그렇게 믿는데 어찌 손 목사만 이를 믿지 않는가?" 하며 검사는 아버지를 뚫어져라 쳐다보았다.

"1억 인이 그렇게 믿는다 해도 나는 그렇게 믿지 않소. 현인신이란 하나님 아들밖에는 있을 수 없소. 예수는 하나님 아들이요 천황은 한 인간의 아들입니다. 천황이 신의 아들이란 것을 증명해 주시오. 나도 예수가 하나님 아들 현인신이란 것을 말하겠소." 하며 아버지는 힘주어 말했다. 검사가 다시 물었다.

"손 목사가 말하시오, 무슨 증거로 그러는지…"

"첫째 증거로 이 땅에 탄생하실 예수에 대해서는 4천 년 전에 이미 예언되었고, 그 예언대로 탄생하셨습니다. 그러나 천황의 탄생은 언제 예언되어 있었습니까? 둘째, 예수는 성령으로 잉태되어 동정녀 몸에서 탄생하셨습니다. 천황은 우리와 같은 양부모 몸에서 탄생했습니다. 셋째, 예수는 33년간 지상에서 기사와 이적을 많이 행하셨는데 천황은 기사와 이적 등을 행했다는 말을 듣지 못했습니다. 넷째, 예수는 인생의 죄를 대신해서 십자가에 못 박혀 죽으셨는데 천황은 인생의 죄를 대속해서 십자가에 달리신 일이 없습니다. 다섯째, 예수는 죽은 후 3일 만에 살아나셨습니다. 역대 천황 중 그 누가 부활한 사실이 있습니까? 여섯째, 예수는 부활 후 그의 제자들과 함께 40일간 계시다가 승천하셨습니다. 이처럼 예언, 성취, 처녀 탄생, 기사, 이적, 속죄, 구원, 부활, 승천 같은 사실이 하나님의 아들임을 증명하지 않습니까? 천황이 신의 아들임을 나타내는 조건이 어디 있습니까?"

"하, 이거 안되겠네." 하며 검사는 어이 없다는 듯 그대로 돌아갔다. 이외에도 간수들과 문답한 조서가 많지만 다 소개할 수 없다.

이렇게 아버지는 여수경찰서에서 10개월간 시달리다 마침내 극도로 몸이 쇠약해져 생명이 위독할 지경까지 이르렀다. 검사 앞에 불려갈 때도 걸을 기력이 없어 들것에 실려 다녔다. 극도로 쇠약해진 건강을 이유로 보석을 신청할 기회가 있었으나, 이렇듯 강직하고 흔들리지 않는 신앙을 토대로 신념을 굽히지 않으니 일본 경찰이 아버지를 석방해 줄 리 없었다. 그리고 그들 마음은 더욱 강팍해졌다. 그 형사는 아버지를 기소할 목적으로 10개월간 아버지와 문답한 것을 500여 페이지의 조서(調書)로 작성하여 상부에 보고했다. 이로써 아버지는 미결수 생활을 마치고 광주구치소로 가게 되었다.

1941년 7월 21일 아버지는 여수경찰서에서 광주구치소로 옮겨가 그곳에서 재판을 받았다. 같은 해 11월 4일에 징역 1년 6개월의 형을 확정받고 그후 곧바로 광주형무소로 옮겨 복역하게 되었다.

피의자 심문 조서 제 一 회
— 피의자 대촌양원 인 —
우(右) 치안 유지법 위반죄 피의 사건에 대해서 소화 15년 10월 22일 여수경찰서 사법 경찰이 조선총독부 전라남도 형사 금성구웅의 입회 하에 피의자에 대해서 심문하기를 좌(左)와 여히함.

아버지는 여수경찰서에서 미결수로 있을 때도 때때로 끌려나가 동방요배, 신사참배, 정오묵도 등을 거부하느라 죽을 힘을 다했다.

그렇게 싸워 천신만고 끝에 이겨 왔는데, 앞으로 광주형무소로 가면 1년 반 동안 더 엄청난 고초를 당할 것이 불 보듯 뻔했다. 복역 죄수로서 이 일을 어떻게 이겨낼 것인가? 인간의 육신을 가진 아버지는 공포를 느끼지 않을 수 없었다. 이때부터 아버지는 하나님께 매달려 있는 힘을 다해 결사적으로 부르짖기 시작했다. "주님! 저도 인간입니다. 어떤 악형에 부딪힐지라도 싸워 이겨낼 수 있는 힘을 주소서. 주 위해 받는 아픔은 주 위해 사는 자의 면치 못할 일이오며, 내 몸의 석 되밖에 안되는 피는 주 위해 쏟고 2백 개의 뼈는 주 위해 다 부러뜨리면 내 할 일 다한 것이외다. 모든 근심 걱정은 내 알 바 아니오니 주님 이끄시는 대로 따르리이다. 오! 주여 힘과 용맹을 주소서!" 이렇게 7일간 기도하고 나니 마음은 강철같이 강해지고 더 큰 힘을 얻을 수 있었다. 그러고 나서 10여 일 후 곧바로 광주지방법원으로 기소되어 갔다. 광주형무소에서도 동방요배, 신사참배, 정오묵도 등이 꼬리를 물고 부딪혀 왔으나 그럴 때마다 주님께서 지신 십자가의 아픔을 생각하며 싸워나갔다. 물론 그러자니 많은 고초가 뒤따랐다. 그들은 고함치며 때리기도 하고 회유하기도 하며 갖은 방법을 동원해 신앙의 절개를 꺾으려고 했다. 이를 이겨내는 데는 그만큼 괴로움과 고통이 뒤따르지 않을 수 없었다. 어찌 글로 다 설명할 수 있겠는가.

아버지는 형기 만료일인 1943년 5월 17일에도 풀려 나오지 못하고 오히려 종신형을 선고받았다. 1년 6개월을 광주형무소에서 보냈지만 아버지 신앙에는 티끌 만한 변화도 없었기 때문이다.

    그래서 검사국에서는 아버지 신앙 문제를 놓고 재검토했다. '손 목사는 밖에 나가면 또 신사참배 반대운동을 할 것이 뻔하니 절대로 내보내면 안 되겠다'고 하여, '예방구금소로 보낸다'는 판결을 내렸다. 그렇게 옥고를 치르고도 전향을 거부하여 종신형 언도를 받은 것이다. 당시 상황은 아버지가 그해 6월 8일에 할아버지께 보낸 편지를 읽어보면 상세히 알 수 있다.

    손꼽아 기다리시던 5월 17일에 얼마나 놀라셨으며 근심하셨나이까? 불초 양원은 무슨 말로써 어떻게 위안을 드리리이까? 아무 도리 없사옵고 다만 아브라함과 욥같이 반석 같은 그 신앙으로 스스로 위안과 복을 받으시기를 바랄 뿐이옵니다.

    5월 20일에 예방구금소로 가야 된다는 언도를 받았습니다. 성경 말씀 그대로 변함없이 신앙한다고 해서 그렇게 되었습니다. 그래서 6월 20일에 항고서를 대구복심법원에 접수할 것입니다. 그리한 것은 불편이나 고통을 면해 보려는 생각에서가 아니고 대구 가서 그곳 간수들에게 성경 교리를 증거(전도)하려는 의도였습니다. 아마 이달 20일경이나 그 안으로 대구에 가면 8월중으로 끝이 나서 경성구금소로 갈 것입니다. 경성의 서대문형무소 안에 있는 예방구금소로 가게 됩니다.

    구금소에서는 편지나 면회는 매월 누구나 몇 번이고 자유롭게 할 수 있으며 그 안에서만은 자유롭게 생활한다 하니 염려하지 마시고, 만주에 있는 동생 집에 가실 때는 면회하여 주시기를 바랍니다.

아버지가 종신형을 선고받은 후 9월 9일에 적은 시다.

가을 까마귀 뭇 떼들은 때를 찾아 날아오고
삼월 삼일 왔던 제비 고향 강남 찾아가나
고향 떠난 옥중 고객 돌아갈 길 막연하다
아침 저녁 찬 바람 가을 소식 전해 주고
천고마비(天高馬肥) 금풍냉월(金風冷月)
낙엽 또한 귀근(歸根)하되
고향 떠난 삼년 너머 돌아갈 길 막연하다
우주 만유 모든 징조 인생 가을 전해 주고
억천만인 모든 죄악 심판주를 촉진하되
준비 없는 이내 몸은 천당고향 막연하다

광주형무소에 있을 때의 일이다. 만기가 가까워갈 무렵 형무소 측에서는 아버지의 신앙을 꺾기 위해 갖은 방법을 동원했으나 뜻대로 되지 않았다. 아버지는 할아버지에 대한 효성이 지극했다. 이것을 이용할 생각으로 어느날 소장이 만주에 있는 할아버지께 편지를 썼다.

"당신 아들이 지금 몸이 약해져 죽게 되었으니, 어서 고집 꺾고 신사참배하여 나오도록 편지 좀 하시오."라는 내용의 편지였다. 이 편지를 읽은 할아버지는 아버지에게 "옥중에서 죽으면 죽었지 신사참배하면 내 아들이 아니다."라고 정반대의 글을 썼다. 이 편지를 본 소장은 "요 괘씸한…." 하며 아버지에게 다가와 "당신 아버지에게서 편지가 왔는데, 가정이 풍비박산 났으니 고집 꺾고 어서 나와 가정을 회복시키라고 쓰여 있소." 하고 거짓말을 했다. 그러나 그런 술수에 넘어갈 아버지가 아니었다.

"내가 여기까지 온 것도 내 아버지의 가르침이었소. 내 아버지가 그런 말씀을 하실 리 없소. 어디 편지 좀 봅시다."

그러자 소장은 편지를 확 집어던지면서 "이런 독사 같은 아버지가 어디 있단 말인가. 그 아버지에 그 아들이구만." 하고 화를 벌컥 내며 나가버렸다.

이 이야기는 할아버지의 편지를 읽은 박상건(朴相健) 목사님(만주에서 할아버지 장례식을 인도한 목사)이 훗날 들려주었다.

여보, 내 눈이
점점 멀어가오
(황덕순 고모의 증언에 따름)

이젠 앙상하게 뼈만 남았다. 부족한 식사로 인해
영양실조에 걸려 점점 눈이 멀어갔다.
그 시절에 집으로 보낸 편지를 보면
고등학교 1, 2학년 학생이 쓴 것처럼
대문짝 만한 글자들이 이리 삐뚤 저리 삐뚤
중심이 잡혀 있지 않았다.

여수경찰서에서 시작된 아버지의 감옥생활은 광주구치소, 광주
형무소, 경성구치소를 전전하다 1943년 11월 청주구금소로 이어졌
다. 다섯 번씩이나 감옥에서 감옥으로 옮겨진 아버지는 해방되어 풀
려날 때까지 청주구금소에서 지냈다. 만 5년의 세월을 가족과 떨어
져 외롭고 고통스러운 옥살이를 한 것이다. 그 고통스러운 세월 속
에서 아버지는 많은 것을 경험하고 많은 것을 깨달았다. 하루라도
속히 나가는 것이 자유일 것 같으나 오히려 여기서도 배울 것이 있
으니 감사하다고 했다.

경성구금소에 있을 때의 일이다. 하루는 그곳 관리자가 와서 아
버지가 소지하고 있던 성경과 찬송을 모두 빼앗아버리고 불교 서적

을 한아름 들여다 아버지 앞에 놓았다. 읽고 심경의 변화를 일으키라는 뜻이었다. 이 역시 아버지의 사상을 전환시키려는 의도에서 계획된 일이다. 며칠 동안 아버지는 그 책들을 빠짐없이 다 읽었다. 읽은 후 감상문을 제출하라고 했는데, 아버지는 다음과 같이 감상문을 썼다.

하늘에 어찌 두 해가 있을 수 있고,
일국에 어찌 두 임금이 있을 수 있으랴.
우주의 주인공이 어떻게 둘 되겠으며,
십자가의 도 외에 구원이 또 어디 있으랴.
세상에는 주인도 많고 신도 많으나
여호와 이외에 다른 신 내게 없구나.
석가도 유명하고 공자도 대성이나 오직 내 구주는 홀로 예수뿐이니,
내 어찌 두 신을 섬길 수 있으며, 예수님 이외에 속죄자 어디 있으랴.
이 신을 위하여는 아까울 것 무엇이며, 이 주를 버리고서 내가 어디로 가랴.

그러고 나서 얼마 후 아버지 앞에 구금소장, 감찰과장, 보도과장 그리고 당시 불교계에서 으뜸간다는 일본 승려가 와서 앉았다. 교도관들이 아버지를 회유하기 위해 승려와 변론시키려는 것이었다.

두 사람 사이에 '기독교가 진리냐 불교가 진리냐'를 놓고 뜨거운 설전이 벌어졌다. 몇 시간 동안 한치의 양보도 없이 논리 싸움이 계속되었다. 원래 그 일본인 승려는 마음속으로 기독교를 저급한 종교

라고 얕잡아보고 있었다. 두 사람의 논쟁이 점점 열기를 띠기 시작했다. 그러나 시간이 지날수록 말문이 막히는 것은 오히려 승려 쪽이었다.

두 사람의 논쟁은 절정에 도달했다. 승려가 최후로 물었다.

"그러면 하나님을 본 사람이 있느냐?"

"하나님은 육안으로는 볼 수 없습니다. 일국의 왕도 보기가 황송하온데 어찌 하나님을 인간의 눈으로 볼 수 있단 말입니까?"

하나님을 보여달라고 떼쓰는 승려를 향해 아버지는 계속 말했다.

"그렇다면 당신이 주장하는 불교의 신을 내게 보여주시오. 그러면 내가 믿는 하나님을 보여주겠소."

아버지는 이 말로 일단락을 지어버렸다.

한낱 보잘것없는 죄수 따위에게 신앙 토론에서 밀리고 있다는 자각이 그 승려를 흥분시켰으리라. 일본인 승려는 벌떡 일어나더니 "네놈이 감히 나에게 이기려고 도전하느냐? 자, 이것이 불교의 신이다!" 하며 느닷없이 아버지의 뺨을 후려쳤다.

아버지는 흥분한 승려를 향해 조용히 말했다.

"대자대비하신 부처님의 신도는 나같이 처량한 죄수의 뺨을 때렸지만, 하나님의 충직한 아들인 나는 예수님의 가르침을 따르겠습니다. 예수님은 오른뺨을 치면 왼뺨도 돌려 대라고 말씀하셨습니다. 자, 이 뺨도 마저 치십시오."

"건방진 죄수 같으니…. 네가 감히 나를 이기려 한단 말이냐!"

일본 승려는 제정신이 아니었다. 그 승려는 아버지를 발로 걸어차고 주먹질을 하기도 하면서 길길이 날뛰며 달려들었다. 놀란 간수들이 승려를 데리고 나갔기에 망정이지 그렇지 않았더라면 참 망측한 일이 벌어졌을 것이다.

변론에 이기지 못한 승려가 폭력으로 이기려 했으니 사실은 그가 진 것이다. 이 광경을 본 후부터 승려에게 일주일에 두 번씩 청해 듣던 강연도 중단되었다.

청주구금소에 있을 때의 일이다. 그곳 사상전환을 시키는 기관에서 기독교 지식이 있는 자를 외부에서 초빙해 와 아버지를 설득하려고 대화를 나누게 했다. 그 사람은 기독교 계통의 대학을 나왔고 과거에는 기독신자였다. 그는 한 달 내로 손 목사를 굴복시킬 수 있다고 호언장담했던 사람이다. 그가 아버지 앞에 나타났다.

"손 목사, 지금 조선 교회는 극도로 수난기를 맞았습니다. 이 난관에 목자가 양떼를 지켜야 되지 않습니까? 이런 곳에 처박혀 있는 것은 마치 베드로가 로마에 있다가 네로 황제의 박해로 인해 로마를 탈퇴하는 것과 같지 않습니까?"

이 말에 아버지는 하도 기가 막혀서 "예. 지금 조선 교회는 당신 말대로 어려운 수난기를 맞았습니다. 마음 놓고 진리를 전할 수 없거니와 진리를 바로 전하다가는 모두 나처럼 투옥되고 말지요. 이 기막힌 현실에서 나 잘살자고 양떼들에게 독초를 먹여 독살시킬 바에야 차라리 진리를 따르다가 투옥되어 있는 모습을 보여주는 것이 위대한 무언의 설교가 될 것입니다. 진흙구더기 속에서 연꽃이 향기를 드러내듯 진리를 보여줘야 할 때입니다."라고 대답했다.

"…우리 일본 정부가 당신이 믿는 기독교를 믿지 말라는 것은 결코 아니오. 기독교를 믿되 일본주의적 기독교(일본신 천황)를 믿으라는 말이오. 그러면 우리 정부에서 당신이 잘살 수 있도록 협력해 줄 것이오."

"기독교는 본시 일본주의적 종교가 아니고 신본주의적 종교인데, 만일 기독교를 일본적으로 믿는다면 그것은 기독교가 아닐 것입니다. 천지만물의 주인이신 하나님을 그보다 작은 일본신 아래에 끌어다 넣을 수 있겠습니까? 그것은 마치 항아리 속에 그릇을 넣을 수 있을지언정 그릇 속에 항아리를 넣을 수 없는 이치와 같습니다."

이렇게 아버지는 어떠한 질문에도 자신의 소신을 피력하는 데 거침이 없었다. 신사참배에 대해서도 여러 번 심문이 있었으나, 그때마다 평소 품고 있던 생각을 당당하게 밝혔다. 하루라도 빨리 지옥 같은 구금생활을 벗어나야겠다는 생각 따위는 애초부터 하지 않았다. 형편이 어떻든 오직 하나님 말씀을 증거하고 전파하는 데 전력을 기울일 뿐이었다.

그날 이후 아버지에게는 식사량을 반으로 줄이는 감식의 벌이 내려졌다. 사상을 전향할 기회를 충분히 주었는데도 계속 고집을 부린 데다, 같은 방에 갇혀 있는 죄수들을 전도한다는 이유로 내려진 형벌이다. 가뜩이나 적은 양의 식사인데 그것을 또 반으로 줄였으니 먹어도 먹은 것 같지 않았다. 수저를 놓자마자 바로 또 배가 고파왔다. 감식형으로 줄어든 밥은 꼭 곶감만 했다. 그 밥은 살기에도 어중간하고 죽기에도 어중간한 양이었다.

아버지는 날이 갈수록 쇠약해졌다. 한창 먹을 나이인데 그토록 적은 밥을 먹고 나면 더 배가 고파서 견딜수가 없었다. 점점 앙상하

게 뼈만 남아갔다. 부족한 식사로 인해 영양실조에 걸려 눈도 점점
멀어갔다. 그 시절에 집으로 보낸 편지를 보면 고등학교 1, 2학년 학
생이 쓴 것처럼 대문짝 만한 글자들이 이리 삐뚤 저리 삐뚤 중심이
잡혀 있지 않았다. 신앙의 누이인 황덕순 고모에게 쓴 편지에는 "덕
순아, 내 눈이 점점 멀어간다."라고 적혀 있다.

그때 황 고모는 피복 공장에 다니며 일했는데, 그 편지를 받고 간
유 영양제를 큰 것으로 두 통을 사서 보내드렸다. 아버지는 그중 한
통을 어머니에게 보내고, 나머지 한 통만 자신이 드셨다. 다행히 아
버지는 그 간유를 복용하고 차츰 눈이 회복되었다.

감옥생활은 언제나 춥고 배고프고 고독할 수밖에 없다. 아무리
오랜 세월이 흘러도 결코 적응할 수 없는 곳이 감옥일 것이다. 온기
없는 썰렁한 방, 박탈당한 자유의 갈구, 바깥 세상에 대한 그리움 등
으로 그곳에 갇힌 사람들은 조금씩 무기력하고 나약한 인간으로 변
해갔다.

그러나 신앙으로 무장
한 아버지만은 예외였다.
겉사람은 후패(朽敗)하나
속사람은 날로 새로워진
다. 아버지는 언제나 활기
찬 목소리로 찬송을 부르
고, 죄수건 간수건 가리지
않고 만나는 사람들에게
하나님의 말씀을 전했다.

손양원 목사님과 그 옆에 황덕순 고모

그런 간수들 중에도 아버지를 동정하고 마음속으로 존경하는 조선인 간수가 한 사람 있었다. 아버지의 굽힘 없는 신앙의 지조를 높이 사 여러모로 편의를 봐주려고 애썼던 사람이다.

이 조선인 간수는 아버지를 동정하여 상부에 선의로 거짓 보고를 한 적도 있다. 아버지를 위해 '요즘 손 목사는 신사참배도 잘하고 성적도 대단히 우수하다'고 요다 검사에게 아버지를 변호해 주었다. 이 간수가 여러 궁리 끝에 하루는 아버지에게 다가와 아버지의 처지를 동정하며 간곡히 설득했다.

"손 목사, 당신은 세상에서 보기 드문 참으로 훌륭한 사람이오. 밖에 나가서 더욱더 보람 있는 일을 해야지 언제까지 감옥에 갇혀 있기만 할 셈이오. 죄라고 해야 신사참배를 거부한 것뿐이잖소. 그러니 우리 이렇게 합시다. 신사참배는 안해도 좋으니 그냥 여기에 신사참배했다는 지장만 찍으시오. 지금이라도 당장 내보내주겠소."

그가 내민 서류는 신사참배는 국민의식이므로 거부하지 않고 참배하겠다는 일종의 서약서였다.

"그건 안됩니다. 당신의 생각은 고마우나 이것은 내게 매우 중대한 문제입니다. 어떻게 안한 일을 했다고 할 수 있으며, 앞으로 하지 않을 일을 하겠다고 거짓말할 수 있습니까?" 하고 아버지는 일언지하에 거절했다.

감옥에는 도둑질하다 잡혀온 이도 있고 치고 받고 싸우다 잡혀온 이들도 있지만, 나라의 독립을 위해 일본에 저항하다 잡혀온 독립투사와 애국지사들도 함께 수용되어 있었다. 그들은 밤 12시가 되면 어김없이 끌려나갔다. 그리고 조금 있으면 찢어지는 듯한 비명소리와 고문하는 자의 악에 받친 목소리가 함께 들려왔다.

"같이 모의한 놈들을 대라!"

"……."

"그놈들 지금 어디 숨어서 독립운동을 하고 있는지 네놈은 알고 있지? 어서 그곳을 대! 이 자식, 정말 못 불겠어?"

고문하는 자의 목소리는 살기등등했지만 독립투사의 입에서는 괴로운 신음소리만 흘러나올 뿐이었다. 홀로 고통을 감당하다 견디지 못하면 죽을지언정 결코 동지를 팔 수는 없다는 생각이었으리라. 그러면 그들은 손톱 사이를 대쪽으로 만든 날카로운 침으로 찔러댔다. 그래도 입을 열지 않으면 거꾸로 매달아 고춧가루물을 코에 들이붓기도 하고 전기고문을 하기도 했다. 계속되는 고문에 더는 견딜 수 없다고 여겨지면 입을 열어 자백하는 대신 혀를 깨무는 쪽을 택했다. 혀가 잘려 땅바닥에 툭 떨어졌다. 자백하여 이 고통에서 벗어나고 싶다는 간절한 유혹을 그런 식으로 물리친 것이다. 잘린 혀로는 말할 수 없을 터이므로….

아버지는 이런 애국지사들의 꿋꿋한 나라 사랑의 일념을 곁에서 지켜보며 더욱 강건한 믿음을 다짐했다. '보라, 저들은 나라를 위해서도 목숨을 아까워하지 않는데, 하물며 하나님을 위해서 이 한 목숨 못 바칠 까닭이 무엇이냐. 이 정도 고난을 어찌 힘들다 하겠는가.'

아버지의 신앙은 독립투사들의 나라 사랑하는 마음에서 더욱 큰 힘을 얻게 되었다. 또 잔인하기 이를 데 없는 고문을 직접 보고 들으면서 일본의 패망이 멀지 않았음을 확신할 수 있었다. 일본은 망하게 되어 있었다. 우상을 숭배하는 나라를 멸망시키지 않으실 하나님이 아니다. 사람으로서 차마 못할 짓을 거리낌없이 자행하는 이들을 벌하지 않으실 하나님이 아니다.

아버지는 다섯 번이나 감옥에서 감옥으로 옮겨다녔는데, 그중 가장 고생이 심했던 곳이 바로 청주구금소다. 그곳에서 아버지는 눈만 뜨면 밤낮을 가리지 않고 함께 갇혀 있는 죄수들에게 말씀을 전했다. 하루이틀도 아니고, 결국 그 전도소리가 시끄럽다는 이유로 구금소 측에서 아버지를 독방에 가두었다.

외로움은 둘째 치고 뼈마디까지 얼어붙을 듯한 추위를 이겨낼 길이 없었다. 영하 10도를 밑도는 추운 겨울이 계속되었다. 두터운 이불이 있을 리 없으니 참으로 견디기 힘든 때였다.

독방에 갇힌 아버지에게 그 고통은 더할 수밖에 없었다. 옆사람의 온기라도 느낄 수 있다면 추위를 이겨내기가 한결 수월했을 것이다. 계속되는 추위로 아버지는 동상에 걸려 손발이 얼고 또 얼고 또 얼었다. 이것이 계속 반복되다 나중에는 열 손톱 열 발톱이 모두 얼어 짓물러 터져버렸다.

청주구금소 독방에서 쓴 시

빈 방 홀로 지키니 고적감이 밀려오누나 　　　　獨守空房 孤寂感

성삼위 함께하여 네 식구 되었도다 　　　　　三位同居 四食口

온갖 고난이여, 올 테면 다 오너라 　　　　　多種苦難 階來襲

괴로움 중에 진리를 모두 체험하리라 　　　　苦中眞理 階體得

본가를 멀리 떠나 옥중에 들어오니	遠離本家 入獄中
밤 깊고 옥 깊고 마음 가득 수심도 깊다	夜深獄深 滿愁深
밤 깊고 옥 깊고 마음 가득 수심도 깊으나	夜深獄深 人愁深
주와 함께 동거하니 기쁨이 충만하도다	與主同居 恒喜滿

옥중 고생 4년은 길고 긴 날이나	獄苦四年 果多日
주와 함께 동락하니 하루와 같도다	與主同樂 如一日
지난 4년 편안히 보호해 주신 주는	過去四年 安保主
미래에도 그리하실 줄 확신하노라	未來確信 赤然主

편지를 쓰고 시를 짓는다고 해서 온기 없는 방이 따뜻해질 리 없다. 아버지의 온몸은 덜덜 떨렸다. 이러한 강추위는 있는 힘을 다해 몸을 얼음덩이로 만들려는 것 같다. 독방 한 구석에서 아버지의 몸은 쭈그리고 앉으면 일어설 수도 누울 수도 없게 꽁꽁 얼어붙었다. 사람의 육체는 환경에 따라 움츠러들기도 하고 심하면 동작을 멈춰 버리기도 한다. 물론 동작이 멈추면 그 사람의 생명도 다하게 될 것이다.

그날 밤은 유난히 추위가 기승을 부렸다. 영양실조에 독감까지 걸린 아버지는 온몸에서 불덩이처럼 열이 났고 두통도 심해졌다. 그 추위 속에서 비몽사몽 헤매다 스르르 의식을 잃었다. 새벽에 아버지 방에 들른 간수는 뻣뻣하게 굳어 있는 아버지의 몸을 보고 얼어 죽은 줄 알고 곧바로 어느 음침한 병실로 옮겼다. 숨을 쉬는 것 같지도 않은 것이 꼭 죽은 사람 같았기 때문이다.

이튿날 아침, 아버지는 정신을 차리고 주위를 둘러보고는 음침한 병실임을 알았다. '하나님이 날 살리셨구나!' 선뜻 그런 생각이 들면서 엎어진 채 입에서는 절로 "내 주를 가까이하려 함은 십자가 짐 같은 고생이나…" 하는 찬송가가 흘러나왔다. 간수가 오더니 "흥! 이놈 죽은 줄 알았는데 다시 살아났구만!" 하며 시끄럽다고 야단을 치고는 찬물을 끼얹었었지만, 감사에 넘쳐 저절로 흘러나오는 찬송을 뉘라서 막을 수 있으랴. 이러한 모진 겨울을 보내고 봄이 되면, 아버지의 양 귀에서는 진물이 줄줄 흘러내렸다. 감옥은 다시 없는 연단소인 것 같다. 이런 옥고의 연단이 없었다면 훗날 어떻게 죽음을 불사할 믿음이 생겼을까 싶다.

그런 와중에도 한 달에 한 번씩 도착하는 아버지의 편지는 우리에게 커다란 위안이 되었다. 어떤 때는 동인 오빠에게, 또 어떤 때는 할아버지나 어머니에게 보내온 편지를 온 식구가 돌려 읽으며, 더욱 강건해지는 아버지의 신앙심을 확인하곤 했다.

아버지의 편지가 올 때쯤이면 할아버지는 예감으로 미리 아는지 돌담 밑에 웅크리고 앉아 우체부가 오기만을 기다렸다. 우체부가 편지를 건네주면 할아버지는 손에 편지를 쥐고 총총걸음으로 집으로 들어왔다. 편지를 개봉하는 할아버지의 손은 언제나 떨렸고, 그 입에서는 "우리 양원이, 우리 양원이" 하는 소리가 끊임없이 흘러나왔다. 편지를 다 읽은 할아버지는 두 다리를 쭉 뻗은 채로 "아이고, 양원아! 불쌍한 내아들아!" 하며 통곡을 터뜨렸다.

동인, 동신 보아라.

…지식에 대하여는 비록 학교에 안 다녀도 얼마든지 배울 수 있느니라. 지식은 사물의 이치를 아는 것인즉 무슨 일에서든지 배울 수 있는 것이다…. 세계 대부흥사 무디 선생도 양화공장 직공이었고, 웅덩이에 내어버린 요셉이 애굽의 총리대신이 될 줄이야! 나일강 갈대밭 속에 내어버린 모세가 이스라엘의 구주가 될 줄이야! 통 만드는 공장에 있는 너희의 장래도 어떻게 될지 그 누가 알겠느냐? 그러므로 항상 근신하고 수양에만 노력하여 학식과 덕행에 많이 힘써야 한다. 분투와 건강한 뜻을 세우고 필사의 노력으로 끝까지 인내하여라. 옛날 요셉과 함께하시던 하나님께서 너희와 함께하시리니 믿고 의지하여 지덕의 완성에 나아가라.

1942. 12. 10

그래서 두 오빠는 공장을 갔다오면 틈틈이 책을 읽었고, 우리 동생들에게는 한글을 가르쳐주었다. 또 아버지는 우리 키가 얼마나 자랐는지 궁금하니 우리 모두의 키를 재어 보내달라고 편지하곤 했다. 그럴 때는 큰오빠가 우리 동생들을 벽에 세워놓고 키를 재고는 그것을 적어 아버지께 편지로 보냈다.

다음은 아버지가 어머니께 보낸 편지다.

동인 모친에게
…이상하기도 합니다. 그동안 달마다 한 번도 어기지 않던 당신의 면회가 이렇게 늦는 걸 보니 아마도 집안에 무슨 변이 생긴 것 같습

니다. 누가 아픈지요? 무슨 별일이 있는지요? 하여튼 면회를 못 오게 될 사정이면 편지라도 해주셔야 한 가지만을 위해서 기도할 터인데 편지마저 없으니 무슨 일인가 하여 별별 생각이 다 듭니다. 속히 소식 주시기를 간절히 바랍니다. 밤마다 꿈속에서 보는 당신은 마음과 몸에 근심과 불안이 가득해 보였는데, 아마 근심 걱정에 눌려 병이 된 모양 같습니다. 그러나 근심과 걱정은 절대로 할 필요가 없습니다.

걱정이란 병 중의 병이요, 죄 중의 큰 죄가 되는 것이외다. 우리가 보통 생각할 때는 머리가 아프니 배가 아프니 손이니 발이니 하여 병인 줄 아나, 근심이 병인 줄 아는 자 적고 도적질이나 살인이나 간음은 죄인 줄 아나 걱정이 죄가 되는 줄 아는 자는 별로 보지 못했습니다.

모든 죄 중에 제일 큰 죄가 불신의 죄가 아닐까요? 믿음 없는 것보다 큰 죄는 없는 듯합니다. 모든 염려를 주께 맡기면 주께서 권고해 주신다고 했는데 맡기지 않고 마음에 가지고 있으면 불순종이 아니겠습니까? 육신의 생각은 근심을 이루고 근심이 맺혀 병이 되는 것이요, 영적인 생각은 자족하는 마음을 생기게 하고 자족할 줄 아는 것은 일대 거부가 되는 것이올시다. 걱정은 병 중의 큰 병이요 죄 중의 큰 죄가 되는 것이요, 자족은 부자보다 나은 만족한 생활자외다.

내가 항상 말하거니와 고난은 참으로 큰 복이외다. 꿀같이 달게 받으사이다. 참고 견디기만 하면 이보다 더 큰 복은 없는 법이외다.

부자나 학자나 모든 성인군자도 다 고난의 산물이 아닐까요? 고난은 성공의 어머니가 아닐까요? 고난은 복을 거두는 씨가 아닐까요?

고난 중에는 자기 과거의 죄를 다 깨닫게 되어 사죄의 은혜도 받고, 세상의 벗이 되어 죄 중에 빠진 자에게는 채찍이 되어 하나님에게로 점점 더 가까이 나아가게 됩니다.

육체적 염려와 생각의 염려는 우리의 신앙 생명이 자라지 못하게 하는 걱정의 돌짝밭이요, 염려의 가시덤불이외다. 그래서 이 걱정 근심이 우리가 받은 구원의 즐거움을 빼앗고 장래 하늘 영광을 못 보게 눈을 가리는 것이외다.

옛날 이스라엘은 몰록에게 장자를 바침으로도 기뻐하였거든 하물며 아브라함이 독자를 하나님께 바친 즐거움이리오. 그러므로 아브라함은 믿음의 선조가 되었고 오늘날 우리의 본이 되었나이다.

당신은 나를 위하여는 조금도 염려하지 말아주소서. 한 덩어리 주먹밥, 한 잔의 소금국물의 맛이야말로 신선의 요리요, 천사의 떡 맛이외다. 당신은 엄동설한의 고생을 염려하나 공중의 새를 먹이시는 하나님, 들의 백합화를 곱게 입히시는 우리 아버지께서 당신의 아들이요 일꾼인 나를 먹이지 않으시겠습니까? 하나님은 나의 식사량을 본래 적게 하셨으니 이 밥으로도 내게는 만족이요, 나의 키를 적게 하심으로 옷과 이불은 나의 발등을 덮으니 이만하면 만족이 아닐까요? 새를 먹이시고 들의 백합화를 곱게 입히시거늘, 하물며 사랑하는 자녀이며 일하는 일꾼을 밥 아니 먹이시겠습니까?

그러므로 주께서는, 적게 믿는 자들아 왜 의심하느냐며 꾸지람을 하십니다. 염려할 것은 다만 우리에게 이러한 믿음이 없는 것을 탄식할 뿐이오니 그래서 기도하는 것이외다. 안심하소서….

1942. 10. 14

그 당시 아버지가 감옥에서 쓴 편지에는 항상 '만족하라' '인내하라' '감사하라' 등의 말이 빠지지 않았다.

목자 잃은 양 떼

"…네가 한 달에 23원을 벌어서 20원을
집에 보낸다니 너는 어떻게 먹고 입고 하느냐.
너무 무리한 경제를 하지 말도록 해라. 너는 지금
한창 잘 먹고 발육할 시기이니 양껏 배불리 잘 먹어야
건강한 몸이 된다. 지혜롭게 하도록 하여라…."

아버지는 연행되어 갔고, 이 무렵 일본은 미국인 선교사들을 강제 출국시키는 바람에 애양원 지도자 월슨 박사와 원가리 선교사도 미국으로 울며 떠났다. 애양원은 더 이상 기도소리가 들리고 아름답고 평화로운 그런 곳이 아니었다. 새로 부임한 '안토'(安藤)라는 일본 원장은 오자마자 우리에게 목사 사택을 비우라고 재촉했다. 사상범의 가족을 더 이상 사택에 머물게 할 수 없다는 것이다.

어디로든 떠나야 했다. 마땅히 갈 곳은 없었지만 있으라고 붙잡아도 일본 원장 밑에서 매일 신사참배를 하며 붙어 있을 수는 없는 노릇이었다.

그때 내 나이가 여덟 살이었던 것 같다. 나는 징징 울고 다녔다.

그러면 큰오빠가 "희야, 와 우노? 작은오빠가 때리더나?" 하고 물었다. 그러면 나는 고개만 저었다. "그럼 동장이와 싸웠나?" 나는 또 고개를 저었다. "그럼 와 우노?" "나쁜 사람들이 울 아부지 잡아갔다." 그럴 땐 큰오빠가 나를 꼭 끌어안고는 "울지마, 하나님이 아부지 곧 보내주실 거야." 하고 말하곤 했다.

우리 가족은 1941년 봄에 애양원을 떠나 광주로 갔다. 떠날 때 애양원 교우들이 안토 원장 몰래 당회를 열어 7백 원의 돈을 우리 가족에게 건네주었다. 광주형무소에 아버지가 수감되어 계셨고, 한 달에 한 번씩 면회할 수 있었으므로 아버지 곁으로 이주하기로 결심한 것이다.

그러나 그 한 번의 면회조차도 우리에게는 사치였다. 그 보다 더 급한 일은 이제 누구든 일자리를 얻어 생활을 꾸려나가야 하는 것인데 취직하기가 쉽지 않았다. 겨우 오빠들이 찾아낸 일자리는 박신출 집사님(훗날 삼각산제일기도원 원장)이 경영하는 나무통을 만드는 통 공장이었다. 그 통 공장은 광주가 아니라 부산에 있었다.

오빠들은 부산에 있는 박신출 집사님 집에서 밥을 먹으며 공장에 다녔다. 한 달 일하고 급여(23원)를 받으면 3원만 오빠들 용돈으로 쓰고 나머지를 모두 광주 집으로 송금했다. 그러나 그 돈으로는 입에 풀칠하기도 힘들었다.

당시 아버지가 큰오빠에게 보낸 편지에는 이렇게 쓰여 있었다 (1942년 8월 13일에 보낸 편지). "…네가 한 달에 23원을 벌어서 20원을 집에 보낸다니 너는 어떻게 먹고 입고 하느냐. 너무 무리한 경제를 하지 말도록 해라. 너는 지금 한창 잘 먹고 발육할 시기이니 양껏

두 오빠가 생계 유지를 위해 다닌 통 공장(가운뎃줄에 앉아있는 사람 중 맨 좌측이 박신출 집사)

배불리 잘 먹어야 건강한 몸이 된다. 지혜롭게 하도록 하여라…."

그런 사정을 알아챈 박 집사님이 우리 가족 모두 부산으로 내려와 함께 생활하는 것이 어떻겠냐고 제안했다. 그렇게 하면 한집에서 살기 때문에 여러모로 편리하다는 것이다. 우리는 그분의 권유에 따르기로 했다. 그래서 부산 범냇골 산꼭대기 판잣집으로 이사했다. 이 집도 박신출 집사님이 무료로 제공한 집이다.

새로 이사한 집은 누우면 밤하늘의 별이 보일 정도로 허술한 집이었다. 여름이면 빈대가 어찌나 많이 기어나오는지 잠을 설치기 일쑤였다. 비라도 오는 날이면 나와 동생은 아랫목으로 피하고 두 오빠는 번갈아 빗물을 받아내야 했다. 그럴 때면 어머니는 "박 집사야, 기왕 우리를 도울 거면 비 새는 것 좀 고쳐주소." 하셨다.

두 오빠는 우리 일곱 식구를 먹여 살리느라고 참 열심히 일했다.

밤일이 있는 날이면 콩깻묵으로 만든 죽을 공장까지 싸가곤 했다. 집으로 돌아올 때는 나무통을 만들 때 생기는 톱밥을 큰 자루에 넣어서 등에 메고 돌계단을 힘겹게 걸어 올라왔다. 그것은 좋은 땔감이 되었다.

통 공장에서는 주기철 목사님의 셋째 아들 주영해 오빠도 함께 일했다. 주영해 오빠에게는 우리집이 유일한 위안처였다. 부산에 아는 사람이 아무도 없는 영해 오빠는 의논할 일이 생기거나 외로울 때면 언제나 우리집을 찾아왔다.

어머니는 부산 다대포 바다에 나가 미역 등의 해초류를 뜯어서 머리에 이고 행상을 했다. 또 가끔 산에 가서 쑥이나 냉이 같은 산나물을 캐어 해질 무렵이 되어서야 돌아오곤 했다. 그것은 우리의 허기진 배를 채워주며 모자라는 영양분도 어느 정도 공급해 주었다.

그때 나는 동네 아래 '곱추 샘'이라는 곳에서 물을 길어 나르는 일이 주임무였다. 큰오빠가 만들어준 작은 물동이에 물을 가득 채워 바가지를 동동 띄우고는 머리에 이었다. 그래야 물이 출렁거려도 잘 넘치지 않았다. 그런데 어린 마음에 한 가지 기분이 상했던 것은, 가끔 지나가는 어른이 내 머리 위에서 그 바가지로 물을 떠 마시는 것이었다. 어린 꼬마가 고생하며 길어오는 물을, 염치도 없이 길거리에 힘들게 서있게 하고는 떠마시다니, 남은 힘들어 죽겠는데…. 나는 부아가 치밀어올라 그 다음부터는 동이에서 바가지를 없애버렸다.

어머니는 내가 어른이 되고 나서 가끔 내 작은 키를 보며 한숨을 쉬곤 했다. 그때 물동이를 이고 다니는 바람에 내 키가 자라지 못했다고 생각한 까닭이다. 어쩌면 그 말이 맞는지도 모른다. 그때가 한창 자랄 나이였는데, 먹는 것도 부실한데다 매일 그 무거운 물동이가 머리를 눌렀으니 어떻게 키가 자랄 수 있었겠는가.

그 시절 내게는 이름보다 더 자주 불리던 별명이 있었다. 매일 물을 길어 나르는 모습에서 연유됐겠지만, 사람들은 나를 손동희라 부르지 않고 '물동이'라 불렀다. "물동이야, 물동이야!" 하던 동네 사람들의 목소리가 지금도 귓가에 들리는 듯하다.

그렇게 힘들고 가난한 생활이었지만, 서로 위하며 옥중에 있는 아버지를 염려하는 마음에는 변함이 없었다. 고난 가운데서 우리의 믿음은 더욱 강해졌고 사랑 또한 더욱 깊어졌다. 당시 큰오빠는 동생들에게 한글을 가르쳤다. 그때 내 나이가 열한 살쯤 되었던 것 같다. 큰오빠가 가르쳐준 서툰 한글로 나는 감옥에 계신 아버지께 편

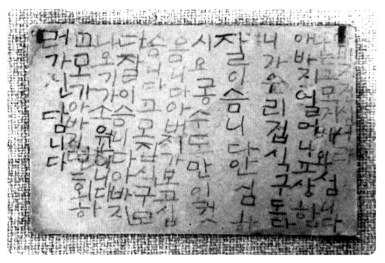

열한 살 때 아버지께 쓴 편지

지를 보냈다.

어느 무더운 여름날의 일이다. 나는 밖에서 놀다가 들어오는 길이었는데, 어머니와 큰오빠가 옥신각신 말다툼하는 소리가 들려왔다. 한 번도 그런 일이 없었기에 의아한 생각이 들어 귀를 기울여 보았다. 가만히 들어 보니 큰오빠는 빈대 자국으로 더러워진 벽지를 뜯어내고 새 벽지로 도배하려 했고, 어머니는 그런 오빠에게 화를 내고 있었다.

"네 아버지는 감옥에 갇혀 온갖 고생을 다하는데 이까짓 빈대 자국이 무슨 대수란 말이냐. 감옥에도 벽지가 있더냐?"

어머니는 깨끗한 벽지로 도배하는 것이 감옥에서 고생하는 아버지에게 미안하고 송구스러운 마음이 들었던 모양이다. 그러나 큰오빠는 형편이 나쁠수록 남에게 궁색해 보이지 않게 밝고 깨끗하게 살아야 한다고 생각한 것이다.

"생각해 보세요, 어머니. 아버지가 어느 쪽을 원하시겠어요? 잘 정리되고 다듬어진 방이겠어요, 지저분하고 냄새나는 방이겠어요? 설마 아버지께서 '내가 이렇게 고생하는데 너희는 벽지 타령이나 한단 말이냐' 하고 말씀하시겠어요?"

"그래도 그게 아니다. 아버지 마음이야 어떻든 밖에 남은 사람은 갇힌 사람의 고충을 이해하고 함께할 줄 알아야 한다."

누가 옳고 누가 그르다고 말할 수 있겠는가. 어머니의 마음 씀씀이도 나름 일리가 있고, 오빠의 생각에도 틀린 데가 없었다. 두 사람의 의견은 모두 아버지를 사랑하고 가족을 사랑하는 마음에 그 뿌리를 두고 있었다.

그러나 그날의 실랑이 결과는 어머니의 승리로 끝났다. 오빠는 한 장 발랐던 벽지마저 뜯어내고 빈대 자국 투성이의 벽을 그대로 두었다. 따지고 보면 어머니의 심정은 그만두고라도 새 벽지로 도배한다는 것 자체가 그때 우리집 형편으로는 사치였는지 모른다.

우리 가족은 주일이면 하루 종일 금식했다. 어린 막내까지도 예외가 아니었다. 그리고 어머니 친구 분들과 뜻이 맞는 몇 명의 동지들이 좁은 우리집 방에 모여서 예배를 드렸다. 기독교 신앙은 고난을 통해서 더욱 단련된다는 아버지의 말씀을 마음 깊이 새기며 아버지가 없는 동안에도 신앙생활을 게을리하지 않았다.

두 오빠는 통 공장에 다니면서 공장 직공들에게 전도했다. 신사참배에 동조하는 교회는 나갈 수 없고, 집도 비좁아서 여럿이 모일 수 없었으므로, 여름이면 산에 올라가 맑은 공기를 마음껏 마시며 성경을 가르치고 예배를 드렸다. 처음에는 거들떠보지도 않던 직공들이 오빠들의 열의에 감동하여 하나 둘씩 하나님 품에 안기기 시작했다.

그런 처지의 우리에게도 기쁜 날은 있었다. 가난과 고생 속에서도 기쁜 성탄은 누추한 통 공장까지 찾아왔다. 어딘들 성탄의 기쁨이 미치지 않는 곳이 있으랴. 예수님이 태어나신 곳 역시 누추한 마구간이 아니던가. 누추한 통 공장이면 어떻겠는가.

우리 가족은 성탄축하 예배를 드리기 위해 크리스마스 전야에 어머니 손을 잡고 돌층계 비탈길을 내려가 통 공장으로 향했다. 공장

안에서는 주영해 오빠와 두 오빠가 "그 맑고 환한 밤중에"라는 찬송을 3부 합창으로 연습하고 있었다. 20여 명쯤 되는 공장 직공들에게 들려주기 위해서였다.

날이 어찌나 춥던지 찬송을 연습할 때면 입에서 김이 하얗게 뿜어져 나왔다. 그러나 거기 모인 사람들은 연신 손을 호호 불어대면서도 모두 기쁨에 들떠 있었다. 구주가 이 땅에 오신 날인데, 가슴 가득 차오르는 환희만으로도 추위쯤은 이겨낼 수 있었다.

한가운데 모닥불을 피워놓고 얼굴을 맞대고 웃어가며 나무토막을 두드려 박자를 맞추면서 신나게 화음을 맞췄다. 때 묻은 작업복, 마르고 핏기 없는 얼굴들…. 그러나 그 속에서는 진주처럼 빛나는 천상의 소리가 흘러나왔다. 오빠들은 어릴적부터 음악을 좋아했고 노래도 썩 잘 불렀다.

나는 흡사 어린 예수가 눈앞에 있는 듯한 황홀한 분위기 속에서 문득 아버지를 생각했다. 자유를 박탈당하고 추위와 싸우며 쓸쓸히 성탄절을 맞고 있을 아버지. 이렇게 즐거운 날에 함께할 사람이 없어 홀로 하나님께 찬양드리고 계실 것이다.

고난을 오히려 감사하고 기뻐하는 아버지, 비록 좁고 어두운 감옥 안이지만 하늘 문을 활짝 열고 맑고 환한 성탄절을 보내고 계실 것이다.

쫓겨난 일곱 명의
천사들
(황덕순 고모의 증언에 따름)

그러자 그동안 황 고모의 전도를 통해 하나님의 아들로
새롭게 태어난 왕초는 즉석에서 거지패들을 집합시킨 후,
구걸해 온 곡식 중에서 십일조를 떼어
손양원 목사 가족을 돌보자고 제안했다.

아버지가 끌려간 뒤 애양원 지도자 윌슨 박사와 원가리 선교사마
저 미일전쟁이라 미국으로 떠났고, 우리 가족마저 쫓기듯 떠나와 애
양원은 그야말로 목자 잃은 양 떼 같았다. 구심점이 없으므로 예전
의 화합된 모습을 찾아볼 수 없었고, 신앙의 인도자가 없기에 우왕
좌왕 방황할 수밖에 없었다. 게다가 새로 부임한 일본인 안토 원장
은 흡사 목자 없는 틈을 타 양 떼들의 생명을 노리는 늑대와 같았다.
어수선하고 무질서한 날들이 이어졌다.

안토 원장은 무엇보다 신사참배를 가장 독려했다. 여태껏 무풍지
대로 남아있던 애양원에도 신사참배의 몹쓸 바람이 불어닥친 것이
다. 아버지에게서 신사참배가 죄라는 것을 설교를 통해 누누이 들어

온 애양원 식구들인지라 그의 신사참배 강요는 견디기 힘든 고문이요 참기 어려운 모욕이었다.

대부분의 사람들은 자신의 신앙을 사수하기 위해 이 탄압에서 벗어날 수 있는 방법을 모색하기도 하고 밤을 새워 기도하기도 했다. 그러나 그런 가운데서도 간교한 자들은 안토 원장과 한통속이 되어 같은 동족이고 같은 환자인 믿음의 식구들을 괴롭혔다.

그중 한 명이 바로 권상집이다. 이유 없이 아버지를 미워하고, 아버지의 설교가 자신을 향한 힐난으로 들린다며 말씀 듣기를 거부하며, 종래에는 아버지를 강대상에서 끌어내려고 음모를 꾸몄던 그 사람. 그러나 바로 그 음모의 순간에 기적처럼 말씀의 은혜를 받고 비 오듯 회개의 눈물을 흘렸던 그가 바로 권상집이다.

거듭난 것으로 알았는데 "제 버릇 개 못 준다"는 말처럼 새로 태어나고자 했으나 의지가 부족해서 다시 유혹에 굴복하고 만 것일까. 그는 안토 원장에게 아부하며 충성을 맹세했다. 그는 원장을 대신하여 환우들에게 신사참배 안 하면 애양원에서 나가라는 말과 함께 폭언도 서슴지 않았다. 애양원은 권상집의 세상이 되었고, 그는 활개치며 애양원을 휘두르기 시작했다.

권상집 역시 나병을 앓고 있던 환자였다. 그런데 함께 아파하고 서로 위로해야 할 그가 다른 이들보다 더욱 악랄하게 애양원 식구들을 다그쳤던 것이다. 나환자들은 원장보다 그를 더 무서워했다. 그런 만큼 증오 역시 원장을 향한 것보다 권상집을 향해 훨씬 더 강했다. 결국 권상집은 8.15해방이 되자마자 도망쳤다. 그러나 나환자들은 도망치는 그를 뒤쫓아가 잡아와서 미리 준비한 큰 자루에 넣었다. 그러고는 돌을 던졌다. 그가 그렇게 핍박하고 괴롭히던 나환자들에 의해 푸대자루에 갇힌 채 그는 돌에 맞아 죽었다.

대다수 나환자들은 신앙의 자유를 잃어버리고 억압에 눌려 정면으로 대들지는 못했지만, 숨어서 예배 드리며 신앙의 불씨를 키워갔다. 이런 환경에서는 더 이상 신앙의 정절을 지킬 수 없다며 애양원을 떠나기로 결심한 나환자들도 있었다. 걸인으로 떠돌지언정 하나님께 죄가 되는 일을 매일 반복하며 살 수는 없다고 생각한 것이다. 애양원에 머물러 있으면 먹을 것과 입을 것, 그리고 잠자리는 걱정하지 않아도 된다. 그러나 그 대신 매일같이 신사참배를 해야 하니 하나님께 죄를 지어야 했다. 그들은 의식주를 해결하는 문제보다 그 점을 더 심각하게 받아들인 것이다.

사실 애양원을 떠나는 것은 문제가 없으나, 집집마다 돌아다니며 구걸하는 일이 걱정이었다. 나환자 거지들에게는 문을 잘 열어주지 않았기 때문에 보통 거지보다 구걸하기가 훨씬 어려웠다. 이곳저곳을 찾으며 머리를 맞대고 논의한 끝에 어쨌든 애양원을 떠나기로 결정했다.

황덕순 고모와 성점순, 김주심, 김수남, 심무연, 그리고 신길수 내외 이렇게 일곱 명의 나환자들은 이미 1백여 명의 나환자들이 천막을 치고 걸인 행각을 하며 살고 있던 진주 남강다리 밑을 무작정 찾아 들어갔다. 지금은 아니지만 일제시대에는 나환자 거지떼들이 남강다리 밑에서 집단을 이루어 살고 있었다. 그들은 그곳으로 찾아갔다. 신길수 내외를 제외한 나머지 다섯 사람은 그때 모두 처녀의 몸이었다.

나환자들로 구성된 그곳 거지들의 세계는 극히 폐쇄적이고 배타적이었다. 누구도 함부로 그들의 영역에 침범할 수 없었다. 만약 다른 소속의 거지가 그들의 행동구역 내에서 구걸하다 들키면 그 사람은 목숨을 부지하기가 어려웠다. 그들은 나름대로 엄격한 규율 아래서 조직적이고 질서 있는 생활을 하고 있었다. 그들은 외부인들에게 매우 적대적이었다.

그런 살벌한 곳에 애양원을 떠나온 일곱 명의 나환자들이 도착한 것이었다. 어떤 계획이나 누구의 보호도 없이, 단지 하나님에 대한 신앙을 지키겠다는 일념으로 애양원을 떠나온 사람들이었다. 그러나 그곳에는 그들보다 먼저 하나님이 와계셨다. 그곳의 왕초 경돌이의 마음을 부드럽게 녹인 분이 하나님 외에 누구겠는가.

애양원을 떠나온 사람들은 두려운 마음으로 왕초를 만나, 신사참배 문제로 인해 정든 애양원을 떠나올 수밖에 없었던 사정을 이야기했다. 그랬더니 뜻밖에도 경돌이라는 왕초가 정중하게 인사하며 잘왔다고 환영해 주는 것이었다. 아마 이 왕초는 같은 나환자라는 데서 유대감을 느꼈고, 또 평소에 애양원에 대해 좋은 감정을 가지고 있었기에 그들을 환영했던 것 같다.

기적 같은 일은 거기서 끝나지 않았다. 저간의 애양원 실정을 이야기하면서 황덕순 고모와 그 일행은 자연스럽게 하나님의 말씀을 전했고 찬송가도 가르쳤다. 하나님은 왕초의 마음을 움직이셨다. 마음에 감화받은 왕초는 거지들을 한곳에 집합시켜 무릎을 꿇게 한 후 단호한 어조로 명령을 내렸다.

"오늘부터 애양원에서 온 이 나환자들도 우리와 한패가 된다. 물론 이들에게 '거지표'도 나눠줄 것이다. 앞으로 이 사람들이 우리를 위해 예배도 드리고 전도도 할 터이니 이들의 말에 절대 복종하도록 하여라. 마지막으로 누구든지 이들에게 손을 대서는 안 된다. 만약 손을 대는 자가 있다면 결코 살아남지 못할 것이다."

그때 황덕순 고모의 나이는 25세였고, 함께 온 처녀들 역시 비슷한 또래였다. 그러니 마음에 두려움과 걱정이 없을 리 없었다. 여자를 오랫동안 가까이하지 못한 젊은 나환자들이 우글우글 모여 있는 곳이 아닌가. 왕초가 경고하긴 했지만 무슨 일이 일어날지 알 수 없는 노릇이었다. 그래서 일곱 명의 나환자들은 '거지표'를 받은 후 남강다리에서 조금 떨어진 수곡면에서 살다가 나중에 옥종면 북방리에 움막을 지어 이주했다. 이 움막은 애양원 나환자들이 준 돈으로 지은 것이다.

그들은 불안할 때면 늘 하나님께 기도했다. 하나님의 보살핌이 간절히 필요할 때였다. 하나님께서 억세고 포악한 왕초의 마음을 돌려놓았듯이 1백여 명 나환자 거지들의 마음 역시 주장하셨다. 그래서 그들은 아무런 불안도 느끼지 않고 매일매일을 보낼 수 있었다.

예배가 회를 거듭할수록 믿음을 갖는 이들이 늘어났다. 특히 왕초 경돌이는 예배 때마다 눈물을 줄줄 흘리며 "오 하나님, 애양원에서 일곱 명의 천사를 보내주셔서 감사합니다." 하고 기도했다. 하나님만 하실 수 있는 놀라운 능력의 역사였다.

어느날 황덕순 고모는 왕초에게 아버지 이야기를 숨김없이 털어놓았다. 오직 예수님만을 증거하며 신앙을 지키다가 일본 경찰에 붙잡혀 옥고를 치르고 있다는 것, 그 가족이 지금 굶주림에 시달리고 있다는 것, 어떻게든 도와주고 싶으나 그럴 방법이 없다는 것 등을 눈물과 함께 설명했다. 그러자 그동안 황 고모의 전도를 통해 하나님의 아들로 새롭게 태어난 왕초는 즉석에서 거지패들을 집합시킨 후, 구걸해 온 곡식 중에서 십일조를 떼어 손양원 목사 가족을 돌보자고 제안했다.

비록 다리 밑에서 남에게 구걸하여 목숨을 이어가는 비천한 신세들이지만, 왕초의 제안에 반대하는 사람은 한 명도 없었다. 반대는 커녕 모두 안타까운 마음으로 기쁘게 승낙했다. 자기들이 도움을 베풀 대상이 있다는 사실을 고마워하기까지 했다.

황 고모는 그렇게 해서 모아진 한두 말의 쌀을 머리에 이고 일본 경찰의 눈을 피해가며 부산 범냇골 우리 판잣집까지 가지고 왔다. 어떤 때는 물동이에다 쌀을 넣고 맨 위에 된장을 덮어서 마치 쌀이 아닌 된장처럼 보이게 하여 일경의 눈을 피하기도 했다. 땀으로 범벅이 된 얼굴을 하고 우리 집으로 들어온 황 고모는 우리의 손을 꼬옥 잡으며 새삼 옛일이 생각나는지 눈시울을 붉히곤 했다.

그럴 때마다 어머니는 받아든 쌀자루를 품에 안고서 "이렇게 고마울 데가…." 하며 눈물을 흘렸다.

그때 황 고모가 이고 온 곡식들 중에는 남강다리 밑의 나환자 거지들이 모아준 것만 있었던 것은 아니다. 가끔 황 고모는 한밤중에 몰래 철조망을 뚫고 애양원에 들어가 집집마다 문을 두드리곤 했다. 그러면 다들 한 줌의 쌀이나마 성의껏 담아주었다. 애양원에 남아있던 믿음의 식구들이, 자신들도 배급받아 연명하기도 힘든 처지인데도 한 줌 두 줌 거둬 모아준 것도 있었다. 만약 그 현장을 원장 안토에게 들키기라도 하는 날에는 무슨 봉변을 당할지 알 수 없는 일이지만, 그 정도의 위험을 겁낼 황 고모가 아니었다. 황 고모는 그 당시 숨어 지내는 엘리야에게 떡과 고기를 가져다주던 까마귀 같은 존재였다. 그녀는 우리 일곱 식구의 생명의 은인이었다.

우리 어린 남매들은 황 고모만 집에 오면 그렇게 기쁠 수가 없었다. 매일 콩깻묵죽으로 끼니를 때우다가 모처럼 흰쌀밥을 먹을 수 있으니 기쁘지 않을 리 없고, 오랫동안 소식을 모르고 지내던 사람들의 근황을 알 수 있게 되니 그 또한 기쁘지 않을 수 없었다.

자연히 그런 날 밤에는 어머니를 비롯해 온 가족이 모두 졸린 줄도 모르고 밤이 새도록 황 고모와 이야기를 나누었다. 밤 깊도록 주고받는 대화 속에는 이 세상 어느 곳에서도 찾아보기 힘든 진실과 사랑이 담겨 있었다. 이것이 바로 예수의 가르침이 아니었을까? 무슨 할 말이 그리 많은지 대화는 끝도 없이 이어졌고, 그러다 보면 어느새 동창이 훤히 밝아오곤 했다.

훗날 해방이 되고 나서 이 기막힌 사실, 남강다리 밑의 나환자들이 우리 가정을 도왔다는 말을 들은 아버지는 그들을 찾아갔다. 작은오빠만을 먼저 만난 아버지가 오빠의 손을 잡고 남강다리 밑으로 간 것이다.

아버지의 이름을 귀에 못이 박히도록 들어왔던 터라 그곳 나환자들은 아버지를 대면하게 된 사실만으로도 기뻐 어쩔 줄 몰라했다. 아버지는 그들을 모아놓고 진심에서 우러나오는 감사의 말을 전하고, 그들의 신앙과 영혼을 위해 길고 간절한 기도를 드렸다.

예배는 기도와 찬송으로 이어졌고, 자연스럽게 다리 밑에서 부흥회가 열리게 되었다. 나환자들은 박수 치고 목청껏 찬송 부르고 감사의 기도를 드리며 은혜의 말씀을 가슴 가득히 받아들였다.

그들 중에는 나중에 장로가 된 사람도 있고 집사가 된 사람도 있다. 그후 애양원으로 찾아온 사람도 많다. 여기서 황 고모에 대해 잠깐 이야기해야겠다.

피를 나누었기에 고모가 된 것은 아니다. 아버지와 신앙으로 맺어진 누이였기에 우리 남매들에게 고모라 불린 분이다. 물론 애양원에 있는 여환자들 누구나 고모라고 부르긴 했지만, 황덕순 고모의 경우는 그 의미가 각별했다. 황 고모는 18세 되던 해에 애양원에 왔다. 황 고모는 그때 애양원 성가대 반주자였다. 음악뿐 아니라 문학적인 재능도 탁월한 분이었다.

지금은 돌아가신 황 고모는 평생을 독신으로 늙으신 분이다. 성격이 대쪽같이 곧고 불처럼 뜨거워 흡사 여장부의 모습인데, 불의 앞에서는 절대로 굽힌 적이 없고, 하나님 앞에서는 한 번도 교만한 적이 없다. 순교도 불사할 참 신앙의 소유자다.

내가 이 책을 쓰는 동안 거의 모든 자료를 황덕순 고모에게서 제공받았다. 우리 집안 일을 나보다 더 잘 알고 있는 분이다.

주여,
어느 때까지니이까

어머니는 면회 갈 때마다 꼭 성경 한 구절씩을
외워 가서 아버지께 읽어 드렸다.
"만일 당신이 신사참배 하면 내 남편이 아닙니다."
이렇게 어머니는 감옥에 있는 아버지에게
힘을 불어넣어 주었다.

신사참배에 앞장섰던 목사들 중 김길창 목사는 할아버지가 친자식처럼 아끼고 사랑했을 뿐 아니라 아버지와도 한 고향에서 같이 자란 아주 절친한 사이다. 그런데 할아버지의 믿음을 보고 배우고 자란 그가 엉뚱한 설교를 하고 다녔다.

"내가 신사참배할 때 무엇을 보았는지 아십니까? 신사 뒤에서 예수님이 대신 절을 받으시는 환상이었습니다. 그러므로 신사참배할 때는 코가 땅에 닿도록 최상의 경의를 표해 절을 해야 합니다. 로마서 13장 1-2절에 '각 사람은 위에 있는 권세들에게 복종하라 권세는 하나님께로부터 나지 않음이 없나니 모든 권세는 다 하나님께서 정하신 바라'고 되어 있습니다 … 또 하나님께서 일본을 이토록 축복하시고 일본에게 권세를 주시어 지금 세계와 싸워 이기고 있습니다. 여기 있는 성도들은 이 권세에 굴복해야 합니다. 옥중 성도들을 위해 기도하지 마십시오. 그들은 어리석고 미련하기 짝이 없는 외골수입니다…"라고 역설했다.

천년만년 일본의 지배가 계속되리라고 판단한 것일까? 그래서 그는 일본의 비위를 맞추며 제 일신만 호의호식하면 된다고 생각한 것일까? 그렇더라도 불의한 것을 용납하실 하나님이 아니라는 것 정도는 배워서 알 텐데 어찌 그럴 수 있었을까? 하나님의 존재마저 망각할 정도로 일본의 힘이 막강하다고 여긴 것일까? 그 목사만이 아니라 신사참배에 참여한 많은 목사들이 이런 식의 해괴한 궤변(詭辯)으로 순진한 교인들을 미혹했다. 그러고는 훗날 해방이 되자 그들은 또 다른 궤변을 늘어놓았다.

"목사들은 하나 둘 감옥으로 끌려가고 이 나라의 모든 교회가 문을 닫아야 할 판국이던 것을 우리가 신사참배까지 해가며 교회를 살려냈고, 일제의 탄압에도 불구하고 지금까지 교회를 이끌어왔다. 이러한 우리에게 신사참배 앞잡이라고 매도하는 것은 당치 않다."

그래도 그들에게 변명할 말이 남아있었던 모양이다. 위선자들이 아닐 수 없다.

어느날 그 김길창 목사가 우리집에 찾아왔다. 누우면 별이 다 올려다 보이는 초라한 우리집에 발을 들여 놓았다. 그는 돈이 든 흰 봉투를 어머니에게 내밀었다. 옛정을 생각하여 일시적이나마 동정심이 생겨서 선심을 쓰노라는 태도였다.

그런 불의한 돈을 받을 어머니가 아니었다. 굶어 죽으면 죽었지 그 따위 얄팍한 동정에 혹할 어머니가 아니었다. 때묻고 흠집 난 선심은 이미 선심이 아니다. 어머니는 분노로 몸을 떨며 돈 봉투를 내동댕이쳤다.

"목사님! 우린 그런 돈 아니라도 굶어 죽지 않으니 목사님이나 그 돈 가지고 가서 잘 잡숫고 잘 사십시오."

그러고 나서 어머니는 나를 붙들고 서럽게 울기 시작했다. 나 역시 왜 그리 슬픈지 목까지 차오르는 설움을 토해 놓으며 어머니와 함께 한없이 울었다. 무안해진 김 목사는 아무 말도 하지 못하고 한참을 서 있다가 고개를 숙인 채 그냥 돌아갔다.

설움 중의 가장 큰 설움은 배고픈 설움이라고들 한다. 그러나 그 시절 진정한 설움은 따로 있었다. 배고픔보다도 못 입는 것보다도 내가 느낀 가장 큰 설움은 학교에 다니는 아이들이 나하고는 놀아주지 않는다는 사실이었다.

줄넘기나 돌차기 놀이를 할 때면 그들은 언제나 자기네들끼리만 어울려 놀았다. 나는 언제나 먼발치에서 그들이 노는 모습을 구경하기만 했다. 학교 다니는 그들이 부러웠고, 함께 어울려 노는 그들이 부러웠다. 매번 나를 끼워주지 않고 마주쳐도 다정하게 아는 체 하지 않는 그들이 야속했다.

너무나 속이 상한 나머지 뻔히 거절당할 줄 알면서 어머니에게 학교에 보내달라고 졸라댄 적도 있다.

"엄마, 나 좀 제발 학교에 보내주세요."

"안 돼. 학교에 가면 우상에게 절해야 한단다."

"절 안 하면 되잖아요."

"너도 잘 알잖니. 오빠들을 보렴. 큰오빠는 신사참배 거부로 소학교 3학년 때 퇴학당했다가 나중에 창신학교로 전학가서 간신히 소학교를 졸업했지만, 작은오빠는 신사참배 거부로 3학년 때 결국 퇴학당하지 않았니?"

늘 똑같은 대답이었다. 다른 집 아이들은 다 잘 다니는 학교를 유독 우리집에서만 왜 안 보내주는지, 어떤 때는 그런 대답을 하는 엄마가 미워지기도 했다.

어쨌거나 엄마가 한사코 안 된다고 했지만 나는 학교에 다니고 싶은 욕망을 억누를 길이 없었다. 그래서 하루는 등교하는 아이들을 따라 무작정 학교로 들어갔다. 학교가 어떤 곳인지, 무엇을 배우는 곳인지 궁금해서 도저히 견딜 수 없었다. 아이들은 운동장에 줄을 서서 아침조회를 마치고 차례대로 교실로 들어갔다.

나는 나도 모르게 그들의 뒤를 살금살금 따라갔다. 그러나 교실 안까지 들어갈 수는 없었다. 안에서 재잘대는 아이들의 목소리가 새어나왔다. 나는 복도에 서서 까치발을 하고 창문 틈으로 교실 안을 들여다보았다. 아이들은 다들 행복해 보였다. 하나같이 맑고 티 없는 표정들이었다. 남자아이들은 왕자 같았고, 여자아이들은 공주 같았다.

나는 정신없이 그들의 모습을 훔쳐보면서 나른한 공상 속으로 빠져들었다. 공상 속의 나는 행복한 공주가 되어 아이들과 어울려 함께 웃고 떠들며 마냥 즐거워했고, 아무도 나를 싫어하지 않고 따돌리지 않았다. 나는 그들의 더할 수 없이 친한 친구였다. 한참 공상에 빠져 있을 때였다. 누군가가 내 엉덩이를 발로 세차게 걷어찼다.

"아얏!"

나는 순간적으로 전해지는 통증에 비명을 지르며 돌아보았다. 학교 선생으로 보이는 키 큰 남자가 나를 내려다보고 있었다.

"넌 뭐냐? 웬 거지가 여기 들어온 거야?"

졸지에 거지가 되어버린 나는 걷어채인 엉덩이가 아픈 줄도 모르고 죽어라 도망쳤다. 집에 와서 살펴보니 엉덩이에 시퍼렇게 멍이 들어 있었다.

이런 일들이 모두 힘이 없어 나라를 빼앗긴 탓이고, 신사참배라는 우상숭배를 강요하는 일본의 폭압 탓이고, 그 일로 아버지가 감옥에 가신 탓이라고 생각하면, 어린 마음에도 슬픔이 북받쳐 오르곤 했다.

어머니에게도 남에게 털어놓지 못한 씁쓸한 일들이 많았다. 한번은 동네 개울가에 나가 빨래하고 돌아오는 길이었는데, 얼마나 배가 고픈지 뱃가죽과 등이 맞닿은 것 같았다. 따뜻한 밥 한 그릇이 그렇게 먹고 싶을 수가 없었다. 콩깻묵죽으로 연명하는 날들이었으니 언제나 흰 쌀밥이 눈에 아른거리는 건 당연했다.

그런데 조금 걷다 보니 마침 십자가가 어머니의 눈에 띄었다. 틀림없는 교회의 십자가였다. 순간 어머니는, 그래도 교회에 가면 배고픈 사람에게 밥 한 술은 먹여 보내겠지 싶어 그쪽으로 걸음을 옮겼다.

누군가가 교회 뜰을 길쭉한 싸리비로 쓸고 있었다. 어머니는 그 사람에게 다가가 말을 건넸다.

"죄송하지만 식은 밥이라도 좀 구할 수 있을까요?"

그러나 그 사람은 어머니의 말은 들은 체도 하지 않고 일부러 흙먼지를 어머니 쪽으로 날려보내며 더욱 거칠게 비질을 했다. 쓰레기와 함께 어머니를 밖으로 내몰려는 태도였다. 무안해진 어머니는 그냥 돌아서려다가 이왕 내친걸음이라 날아오는 먼지를 피해 사택 안으로 들어갔다.

그때 "아이고, 사모님!" 하며 누군가 달려나왔다. 그 여자는 과거에 안면이 있던 사람으로, 바로 그 교회의 사모였다. 당황한 어머니는 그 경황 중에도 창피한 생각이 들어, 빨래하고 오다가 교회가 보이기에 그냥 한번 들러보았노라고 얼버무렸다.

어머니는 그 사모의 안내를 받아 방으로 들어갔다. 방안에는 김이 무럭무럭 나는 밥상이 차려져 있었다. 어머니 입에서는 군침이 절로 넘어갔다. '같이 밥 한 술 먹자고 해볼까?' 하는 생각과 '굶어 죽으면 죽었지 그렇게 할 순 없다'는 생각이 마음속에서 수도 없이 교차했다.

불행인지 다행인지 그 사모는 식사했냐고 묻거나 함께 식사하자는 말을 하지 않았다. 마음 한구석에는 식사를 권하지 않는 그 사모가 그렇게 서운할 수가 없었다. 그때는 물에 불은 누룽지 한 그릇이라도 먹었으면 소원이 없을 정도로 배가 고팠다. 그때가 해방되기 4개월 전이었다.

해방이 되고 난 후 그 사모가 우리집을 찾아와서 그때 일에 대해 어머니께 사과했다.

"사모님, 그때는 제가 잘못했습니다. 사모님이 배가 고파 들어오신 줄 뻔히 알면서 일부러 모른 척했습니다."

어머니의 체면을 위해 모른 체한 것인지, 한 그릇의 쌀밥이 아까워 모른 체한 것인지는 알 수 없으나, 그때 일을 사죄한다며 자기 집에 정식으로 어머니를 초대하여 극진히 대접한 적이 있다. 어머니는 세월이 지나도 그때 일을 잊을 수 없다고 했다.

이런 일도 있었다. 어머니가 도시락을 싸들고 논둑에 나가 쑥을 캘 때의 일이다. 한나절을 쑥을 캐고 도시락을 먹은 후 해가 저물 때까지 또 쑥을 캐는데, 갑자기 빨래를 하고 돌아오던 먼젓번처럼 허기증이 도지는 것이었다. 도시락까지 먹었지만 워낙 부실한 음식이라 창자가 달라붙는 듯한 허기는 가시지 않았고, 걷기도 힘들 지경이었다.

어머니는 한참을 언덕에 엎드려 하나님께 기도 드렸다. 얼마간 시간이 지난 후 눈을 떠보니 이게 웬일인가. 딸기밭도 아닌데, 조금 전까지만 해도 보이지 않던 딸기가 눈앞에 지천으로 널려 있는 게 아닌가. 그것도 붉고 탐스러운 딸기가…. 하나님이 광야에서 굶어 죽게 된 이스라엘 백성을 위해 만나를 예비하셨듯 어머니를 위해 먹음직스러운 딸기를 준비해 주셨다고밖에 설명할 수 없는 일이었다. 어머니는 그 딸기를 배가 부르도록 실컷 따먹고 빈 도시락에 가득 채워 집으로 돌아왔다.

어머니의 일생은 한 마디로 희생과 인내의 삶이었다. 평생을 헐벗고 굶주리며 지냈지만 언제나 자신보다 남을 먼저 생각하며 사셨다. 감당하기 어려운 시련과 싸우면서 결코 좌절하지 않았고, 주어진 운명에 대해 원망하지도 않았다.

당시 어머니는 한 달에 한 번씩 아버지를 면회할 수 있었다. 어머니는 면회 갈 때마다 꼭 성경 한 구절씩을 외워 가서 아버지께 읽어드렸다.

"만일 당신이 신사참배 하면 내 남편이 아닙니다."

이렇게 어머니는 감옥에 있는 아버지에게 힘을 불어넣어 주었다.

어머니는 자주 부산 기장에 있는 장부자 집에 가서 일을 해주곤 했다. 세 살바기 동림이를 데리고 다니며 남의 집에 가서 하루 종일 일해 주고 돌아오는 날, 치마폭에 싸온 음식을 우리 앞에 내놓으며 하던 말을 나는 지금도 생생히 기억하고 있다.

"나 먹으라고 내놓은 것인데 너희 생각에 목에 넘어가야지. 그래서 주인 몰래 싸가지고 왔다. 많이들 먹어라."

어머니는 영양 상태가 좋지 않아서 가끔 부엌에서 일하다 빈혈증상으로 쓰러지기도 했다. 그런데도 당신의 몫으로 나온 음식을 먹지 않고 우리 남매들을 위해서 싸오곤 했다. 언제 끝날지 모르는 시련을 안고 이토록 우리는 해마다 가난해야만 했다.

이 무슨
청천벽력인가

이 무슨 청천벽력이란 말인가.
종신형이라니! 어머니와 어린 우리를 위로하고
달래는 큰오빠의 눈에도 눈물이 가득 고였다.
"아버지 바보야! 고개 한 번 숙이면 되는 걸 정말 바보야!"

아버지를 만날 수 있는 날이 드디어 돌아왔다. 1943년 5월 17일! 고난 속에서도 세월은 흐르기 마련이다. 여수경찰서에 검속된 날이 1940년 9월 25일이고 광주형무소에서 1년 6개월 형을 선고받고 수감된 날은 1941년 11월 17일이므로 그날이 손꼽아 기다리던 아버지의 만기 출소일이었다. 집 떠나신 지 거의 3년이 다 되어가고 있었다. 그래서 1943년 2월 13일에 황덕순 고모께 쓴 편지에는 다음과 같이 쓰여 있었다.

네가 4월경에 면회온다고 했는데 5월 17일이 출소일이니 한 달만 더 기다리면 5월 17일 옥문 전에서 반갑게 만나게 될텐데 공연히 시간과 돈을 낭비해서 되겠나….

이날을 어느 명절에 비할 수 있겠는가. 얼마 만에 보는 남편이며 아버지인가. 또 얼마 만에 보는 아들인가. 달력에 표시해 놓고 달력만 바라보며 손꼽아 기다린 날이 아닌가! 애양원 식구들도 모두 함께 손꼽아 기다려온 날이다.

엄마는 당시(36세) 잠도 자는 둥 마는 둥 새벽부터 일어나 목욕하고 머리를 매만지며 부산하게 움직였다. 그동안 남편 없이 험한 세파를 헤쳐오면서 겪었던 설움과 고초야 이루 말할 수 없지만, 이제 남편이 돌아와 함께 사는데 그까짓 과거의 고생이 무슨 소용이란 말인가. 엄마의 들뜬 마음속에 자리한 뿌듯한 행복감을 눈치챌 수 있을 것 같았다. 엄마는 우리 다섯 남매에게도 미리 빨아두었던 깨끗한 옷으로 갈아입히고 아버지가 갈아입을 새 옷과 신발도 정성스레 준비했다.

울음 섞인 목소리로 할렐루야 찬송을 부르다가 웃다가 하며 어쩔 줄 몰라했다. 어찌 보면 반쯤 정신 나간 사람처럼 보이기도 했다. 우리 남매들의 기쁨 역시 엄마에 못지 않았다. 영원히 올 것 같지 않던 그날이 왔고, 다시는 못 볼 것 같던 아버지를 이제 곧 만나볼 수 있게 되었으니 어찌 기쁘지 않겠는가. 그대로 하늘을 날 것만 같은 기분이었다.

우리 형제들은 손에 손을 잡고 아빠가 갇혀 있는, 그러나 곧 풀려나올 광주형무소로 향했다. 다른 때는 쳐다보기만 해도 무시무시하게 여겨지던 높다란 담장도 그날은 오히려 친숙하게 느껴졌다.

우리는 형무소 정문 앞에 쭈그리고 앉아 제각각 아버지를 만나는 달콤한 상상 속에 빠져들었다. 나를 끌어안고 수염난 뺨으로 내 볼을 비비는 아버지. 눈을 동그랗게 뜨고 "우리 동희가 벌써 이렇게 컸나?" 하는 아버지….

그러나 굳게 닫힌 철문은 좀처럼 열리지 않았다. 배도 고프고 목도 말랐다. 엄마가 어디선가 먹을 것을 사왔다. 정문 앞에 쭈그려 앉은 우리는 지나가는 사람들의 시선에도 아랑곳하지 않고 아버지를 만난다는 희망에 찬 마음으로 그 음식을 맛있게 먹었다. 아무것도 부끄럽지도 부럽지도 않았다. 말로 표현할 수 없는 달콤한 기다림과 설레임으로 가슴이 두근거렸다.

어느새 정오가 지나 있었다. 그런데도 아버지는 모습을 드러내지 않았다. 어쩐 일일까? 우리는 슬금슬금 초조감이 스며들기 시작했다. 기대감 사이로 끼어드는 알지 못할 불안감이 엄습했다. 그런 심리가 누군가의 입에서 우려의 말을 뱉어내게 했으리라.

"엄마, 오늘 아버지 못 나오시는 것 아닐까요?"

"그럴 리 없다. 형기가 만료되면 당연히 나오는 거란다. 조금만 참고 기다리자. 틀림없이 나오실 거야."

말은 그렇게 하면서도 엄마 역시 불안한 마음을 감추지 못했다. 한 곳에 가만히 앉아있질 못하고 이곳저곳을 서성이는 모습에는 초조한 기색이 역력했다.

이제나저제나 하며 기다리는 우리의 마음을 비웃기라도 하듯 붉은 해가 서산으로 넘어갔다. 사방은 어두워지고 있었다. 더는 앉아서 기다리지 못하겠는지 엄마가 담당자를 만나겠다며 형무소 안으로 들어갔다.

그러고도 거의 한 시간이 지나서야 사무실 쪽문이 열렸다. 그곳에서 창백한 얼굴로 엄마가 걸어나왔다. 아버지의 모습은 어디에도 보이지 않았다. 거의 쓰러질 것처럼 비틀거리며 고개를 양옆으로 저으면서 나오는 엄마를 큰오빠가 달려가 부축했다. 우리는 긴장된 눈빛으로 엄마의 입이 열리기만을 기다렸다.

그러나 이미 우리의 가슴은 무너져 내리고 있었다. 엄마의 넋이 나간 듯한 모습은 백 마디의 말보다 더 확실한 말이었다. 우리는 이미 사태가 어떠한지 짐작할 수 있었다. 그래도 혹시나 하는 생각에 다들 섣부른 판단을 자제하고 있었다.

이윽고 엄마는 길바닥에 털썩 주저앉더니 파랗게 질린 얼굴을 좌우로 마구 흔들며 흐느끼기 시작했다. 꼭 감은 어머니의 눈에서는 쉴새없이 눈물이 흘러내렸다. 아버지는 출옥하지 못하는 것이었다.

그때의 그 비통한 심정을 어떻게 글로 다 표현할 수 있으랴. 뉘라서 어머니의 그 절망적인 마음을 이해할 수 있겠는가. 기대가 무너지고 난 가슴 속에 하얗게 쌓이는 그 허망함을 무엇으로 위로할 수 있겠는가.

우리의 그 간절한 갈구에도 불구하고 아버지는 나올 수가 없었다. 하늘이 무너져내리는 듯한 실망감에 다들 어머니처럼 길바닥에 주저앉아버렸다. 이윽고 목이 멘 어머니가 무겁게 말문을 열었다.

"아버지는 오늘 종신형을 선고받았단다."

이 무슨 청천벽력이란 말인가. 종신형이라니! 아버지가 무슨 큰 죄를 지었다고 살아서는 감옥 밖의 세상을 볼 수 없게 한단 말인가.

그토록 학수고대하며 형이 만기되는 순간만을 기다려왔는데 이 무슨 날벼락이란 말인가. 가슴 속에 차곡차곡 쌓아올린 소망의 탑이 일시에 와르르 무너지고 말았다. 종신형! 이것은 살아서는 이제 아버지를 만날 수 없다는 말이었다.

어머니와 어린 우리를 위로하고 달래는 큰오빠의 눈에도 눈물이 가득 고였다. "아버지 바보야! 고개 한 번 숙이면 되는 걸 정말 바보야!" 고인 눈물은 뺨을 타고 주르르 흘러내렸다. "울지 마!" 하면서 울었고 "걱정 마!" 하면서 울었다. 아무도 막을 수 없는 눈물의 홍수였다.

집으로 돌아오는 우리의 걸음걸이는 패잔병과 다를 바 없었다. 희망을 잃어버린 채 온통 캄캄한 절망만 한 움큼 안고 돌아오는 우리의 걸음에 힘이 있을 리 없었다.

범냇골 산꼭대기 다 찌그러진 판잣집에 도착한 우리 가족은 또다시 서로 부둥켜 안고는 터져나오는 눈물을 흘렸다. 지금까지는 고생하면서도 아버지가 나오실 날을 손꼽아 기다리는 기대와 희망이라도 있었지만, 앞으로 살아갈 날들에는 그나마 그런 기대도 품을 수 없는 막막함뿐이었다. 이제 달력에는 아버지의 출옥일을 표시할 수 없었다. 아버지의 손을 잡고 뛰논다는 것은 이제 상상도 할 수 없는 일이 되고 말았다.

앞에서도 밝힌 바 있지만 아버지는 형기를 다 복역하고도 신앙의 지조를 무너뜨리지 않아 종신형을 선고받았던 것이다. 다음은 일본 재판부의 당시 종신형 결정문인데, 이것은 해방 후 안용준 목사가 광주지방검찰청장 원택연(元澤淵) 장로께 부탁해 광주형무소에서 찾아낸 조서원문(調書原文)이다. 이외에도 많은 조서문들이 있지만 다 소개할 수는 없다.

소화 18년 예구항(豫拘抗) 제1호

결 정

본적 : 경상남도 함안군 칠원면 구성리 685번지

주거 : 부산 범일정 1474번지

광주형무소 재감중

목사 성손(姓孫) 대촌양원(大村良源)

당 42세

우자(右者)에 대한 광주지방법원 소화 18년 예구 제2호 예방 구금 청구 사건에 관하여 소화 18년 5월 20일 동원에서 한 결정에 대하여 항고인(피청구인)이 항고한 것을 당원은 조선총독부 검사 근등춘의(近藤春義)의 의견을 듣고 결정하기를 좌(左)와 같이 함.

주 문(主文)

본 건 항고는 이를 기각함.

이 유

본건 기록을 사열한 즉 항고인은 기독교의 목사로서 기독신관에 입각한 국가관에 의하여 여호와 신은 천지만물을 창조하고 주재섭리하는 지상의 유일 절대전지 신으로서, 황송하옵게도 천조대신께서도 그의 지배를 받고 있다고 여기고 또 신사참배는 우상숭배인고로 할 수 없는 일이며, 장래에는 아국까지도 포함하여 현존 세계 각 국가의 통치 조직은 필연적으로 멸망하고, 재림할 예수를 만왕의 왕으로 하는 영원한 이상 왕국이 실현된다고 망신(妄信)하고 여사한 이상 왕국의 실현을 기구하여 그 반국가사상을 다수 교도에게 선전 고취하여 우리 국민의 국체의식을 마비 동요시켜 이로써 국체 변혁을 촉진 달성시키기를 기도하고 이를 선동하였기 때문에 소화 16년 11월 4일 광주지방법원에서 치안유지법 위반죄에 의한 징역 1년 6개월에 처하여 소화 18년 5월 16일에는 이 형기가 종결하게 되나 수형중에도 우리 존엄한 국체에 대하여 아직도 각성함에 이르지 못하여 의연히 과거대로 기독교리에 의한 반국가적 궤격 사상을 고집하여 포기하지 않으므로 바로 사회에 석방할 때에는 다시 치안유지법 제1장에 제시한 죄를 범할 우려가 현저하다고 인정되어 치안유지법 제39조 제1항에 의하여 항고인을 예방 구금에 처함이 적당하다고 할 수 있으며 이와 같은 취지에서 나온 원 결정 역시 적당하므로 본건 항고는 기각을 면치 못하게 되고 형사소송법 제166조 제1항 후란에 의하여 주문과 같이 결정함.

소화 18년 9월 16일

대구 복심법원 형사 제1부

재판장 조선총독부 판사 고도행열랑(高島幸悦郞) 인

유동정행(有動政行) 인

축원소웅(筑原素雄) 인

우등본야(右謄本也)

소화 18년 9월 20일

대구 복심법원 형사부

조선 총독부 재판소 서기 유전계(有田計)

종신형 결정서를 정신없이 읽고 난 후 아버지의 두 눈에서는 눈물이 주루룩 흘러내렸다.

종신형을 선고받은 후 쓴 시

나를 치는 모진 질고여

너의 강한 세력으로 나를 쳐보라

모진 질고의 내면에 묻혀 있는

신애(神愛)의 진리를 맛보리라

당시 아버지가 보낸 편지에는 종신형을 선고받은 후의 심경이 잘 표현되어 있다. 그것은 걱정과 근심이 아니라 기쁨과 감사였다. 아버지는 광주형무소에서 1년 6개월을 복역하는 동안 온갖 방법의 회유와 협박에도 불구하고, 모든 시련을 하나님의 크신 사랑이라 여기며 동방요배와 신사참배를 끝까지 거부했다. 그렇게 꿋꿋이 신앙을 사수한 아버지는 종신형 선고 역시 하나님의 사랑이라고 생각했다.

풍비박산 난 가족

생각하면 기가 막힌 일이 아닐 수 없다.
일곱이나 되는 식구들이 고아 아닌 고아가 되어
아무 대책도 없이 뿔뿔이 흩어져야 했으니
그 저미는 가슴이 오죽했겠는가. 우리는 식음을
전폐했다. 초조한 시간이 자꾸만 흘러갔다.

아버지가 종신형을 받은 직후에 보인 반응은 "네, 좋습니다. 나는 감옥에 있어도 예수와 함께 살 것이고, 밖에 나가도 예수와 함께 살 것인즉 예수와 함께라면 어디든 상관없습니다. 나를 감옥에 가둠은 나에게 유익이요, 하나님의 축복입니다. 될 대로 될 것이오니 주께 영광 되는 일이라면 따르리이다."였다. '기독교 신앙이란 고난을 통해서 더욱 단련된다'는 아버지의 신앙관을 잘 보여준 것이다.

또 아버지는 "일본은 망한다. 이래도 망하고 저래도 망한다. 과거 역사를 보면 우상숭배하는 나라는 다 망했다."라고 말했다. 세상에서는 더할 수 없이 불행하다고 여기는 일 속에서도 아버지는 '만족한 생활자'로 살면서 하나님의 축복과 은혜와 섭리를 발견했다.

아버지가 종신형을 선고받은 후, 1944년 1월 큰오빠의 나이 19세때 청주구금소에 갇혀 있는 아버지를 면회 갔다. 그동안 편지로만 소식을 주고받았을 뿐, 오빠가 면회를 간 것은 그때가 처음이었다.

문득 아버지의 모습이 못 견디게 보고 싶어 만사를 제쳐놓고 달려간 것이다. 설레임으로 두근거리는 가슴을 애써 진정시키며 면회를 신청하는데 보도과장이 오빠를 불렀다.

그는 얼굴에 미소를 띠며 은근한 목소리로 느닷없이 물었다.

"신사참배 하겠나?"

큰오빠는 고개를 세차게 저으며 못하겠다고 대답했다. 보도과장은 오빠의 반응에 별로 화를 내는 것 같지도 않았다. 그는 장황한 설득의 말을 늘어놓았다. 말하는 도중 그의 얼굴에는 시종 미소가 떠나지 않았다. 그러나 어쩐지 그의 얼굴에선 차디찬 뱀과 같은 섬뜩함이 느껴져 오빠는 그의 얼굴을 애써 외면했다.

"젊은 사람의 사고방식이 그렇게 꽉 막혀서야… 네 아버지야 구식 사람이라 그렇다 치고, 지금 조선 교회 지도자들을 보아라. 아무렴 그들이 네 아버지보다 학식이 없겠느냐, 신앙이 부족하겠느냐? 그들과 네 아버지의 차이가 무엇인 줄 아느냐? 그들은 현실을 바로 볼 줄 아는 현명한 이들이다. 생각해 보아라. 신사참배가 어찌 종교의식이란 말이냐? 만약 종교의식이라면 왜 내무부 종교국에서 지휘 감독하지 않고 문교부에서 주관하겠느냐?"

보도과장은 계속 오빠를 설득했다.

"이것만 보아도 신사참배는 국민의식이라는 걸 알 수 있다. 국민의식을 거역한다는 건 그 마음속에 일본을 미워하고 조선을 독립시키려는 민족의식이 숨어있기 때문이다. 그것은 내선일체의 참뜻을 깨닫지 못하는 어리석음의 소치가 아니고 무엇이냐? 시국을 인식하지 못하고 종교의 가면 아래 민족운동을 하는 자는 결코 용서할 수 없다. 그들은 종교인이기 이전에 사상범인 까닭이다. 너야 네 아버지에게서 잘못 교육받은 허물밖에 더 있겠느냐. 깊이 생각할 필요도 없는 일이다. 신사에 절 한 번 하는데 깊이 생각할 무슨 이유가 있겠느냐? 깊이 생각한다는 것 자체에 문제가 내포되어 있다고 보아야 할 것이다. 고개만 숙이는 단순한 행동에 불과하다고 생각해라. 자, 한번 해보아라."

보도과장은 오빠를 얼르고 달래며 온갖 방법을 다 동원했다. 오빠는 대답하지 않았다. 그 궤변 속에 도사린 음모를 여지없이 부서버리고 싶었지만 큰소리 내봐야 이로울 게 없다고 판단했다. 무엇보다도 그날은 아버지를 만나야 했다. 그러기 위해서는 그저 묵묵히 그의 말을 들어주는 게 나을 것 같았다. 그 자리가 사상 논쟁이나 신앙 논쟁을 하는 자리는 아니지 않은가. 오빠는 그렇게 생각했다. 아버지를 만나기 위해서인데 이 정도 말도 못 참아낸다면 그야말로 말도 안 되는 일이다.

오빠는 보도과장을 너무 과소평가했고, 그 뱀 같은 보도과장은 오빠의 속마음까지 읽고 있었는지 모른다. 오빠의 간절한 소망을 간파하고 그것이 오빠의 약점이라는 사실까지도 알고 있었을 것이 분명했다. 그는 여전히 사람 좋아 보이는 얼굴로 아무런 대답 없는 오빠를 향해 말했다.

"허참, 사람 말을 그리 못 알아듣나. 딱 한 번만 해보라는데도. 정 그렇다면 나도 아버지 면회 못 시켜주겠으니 그리 알아. 오는 정이 있어야 가는 정이 있는 것 아니겠나?"

그 말은 오빠에게 청천벽력이었다. 벼르고 벼르다 찾아온 천리 길이었다. 그날이 아니면 또 언제 뵈러 올 수 있을지 기약조차 할 수 없었다. 다음에 또 시간을 내어 찾아온다고 해도 이 보도과장이 버티고 있는 한 아무 조건 없이 면회시켜 줄 리 만무했다.

오빠의 마음속으로는 수없이 많은 생각이 스쳐 지나갔다. 누군가가 귀에 대고 속삭였다. 어쩔 것인가. 아버지를 만나기 위해 딱 한 번 불의를 범할 것인가, 비록 먼 길을 왔지만 깨끗이 되돌아갈 것인가. 아버지를 만나자니 신앙의 양심이 허락지 않고, 돌아서자니 아버지의 얼굴이 삼삼했다. 우상숭배는 하나님이 제일로 싫어하는 금기 사항이 아닌가. 그러나 옥에 갇히고 나서 한 번도 뵙지 못한 아버지였다. 오빠는 아버지가 너무도 보고 싶었다.

결국 아버지를 면회하고 가야 한다는 생각이 이겼다. 오빠는 혼자말로 중얼거렸다. '형식일 뿐이다. 하나님은 중심을 보시는 분이니 내 마음을 이해해 주실 것이다.'

보도과장을 따라 신사가 있는 곳으로 간 오빠는 보도과장이 딴전을 피우는 동안 어물어물 고개도 숙이지 않고 돌아서 나왔다. 그러나 보도과장은 그런 오빠의 행동을 못 보았는지, 아니면 실제 행동보다 참배했다는 기록을 남기는 것이 중요했기 때문인지, 아무 말 없이 사무실로 데리고 가서 그날 신사참배했다는 확인서에 지장을 찍으라고 했다. 그러면 바로 아버지를 면회할 수 있게 해준다는 것이었다. 오빠는 지장을 찍었다. 이 모든 것은 순식간에 일어난 일이었다.

그리하여 어렵게 어렵게 아버지를 면회할 수 있었다. 아버지는 창백하고 깡마른 모습이지만 형형한 눈빛만은 여전했다. 오랜 옥중 생활로 육신은 상할 대로 상했으나 그 영혼은 더욱 단단하고 견고해져 있었다. 큰오빠는 면회실에서 아버지를 보자마자 "아버지!" 하고 울부짖었다. 아버지는 그런 오빠에게 "울지 마라, 동인아. 우리가 이 땅에서 못 만나면 나중에 하나님 보좌 앞에서 만나면 되지 않겠느냐?" 하며 울고 있는 오빠에게 위로의 말을 해주었다.

무척이나 짧은 면회 시간이었다. 면회가 끝날 때 아버지는 미리 써두었던 편지를 오빠의 손에 몰래 쥐어주었다. 그 편지를 들고 오빠는 집으로 가는 기차를 탔다.

큰오빠는 돌아오는 기찻간에서 그 편지를 읽었다. 편지에는 동방요배와 신사참배는 하나님 앞에 죄가 되며 제1, 2계명을 범하는 것이니 어떠한 경우에도 절대로 하지 말 것, 주일을 거룩하게 지키고 가정예배와 새벽기도를 빼먹지 말 것, 성경 읽기에 힘쓰고 십일조를 실행할 것, 연로하신 할아버지를 잘 봉양하고 말씀에 복종할 것 등 당부의 말이 적혀 있었다.

오빠는 그 편지를 읽으며 손이 부들부들 떨렸다. 비로소 자신의 어리석음이 확연히 깨달아지면서 자기도 모르게 눈물이 주르르 흘러내렸다. 고생하는 이유가 바로 그 때문인데 그러한 아버지를 만나고자 아버지가 목숨 걸고 거부하는 신사참배를 하다니, 비록 형식적으로 어물어물 넘어가긴 했지만, 무슨 자랑이라고 그 사실에 지장을 찍어 남겼을까? 혹시라도 그 글을 아버지가 읽게 된다면 아버지의 마음은 또 얼마나 쓰리고 아플까? 갑자기 꿈을 깬 듯 오빠는 정신을 차렸다.

회한이 오빠의 가슴을 갈가리 찢어놓았다. 보도과장의 능글맞은 웃음이 떠오르고, 그에 겹쳐서 아버지의 비통해하는 모습이 떠올랐다. 오빠는 자신이 마귀의 시험에 빠졌으며 순간일망정 하나님 앞에 부끄러운 짓을 했다는 사실을 시인하지 않을 수 없다. 이제 어떻게 하나님을 대해야 할지 눈앞이 캄캄해오고 사지가 덜덜 떨렸다. 하나님의 음성이 번개처럼 오빠의 머리를 쳤다. 오, 하나님! 오빠는 눈을 감았다.

모든 것이 분명해졌다. 아무리 만나고 싶은 아버지라 하더라도 신사참배만은 거부했어야 했다. 그 일로 설사 아버지를 영원히 만날 수 없게 된다 하더라도 하나님의 계명만은 지켜야 했다. 그것이 하나님의 뜻일 뿐 아니라 아버지의 뜻이기도 했다. 그런데 오히려 하나님이 이해하시리라 생각했다니….

기차는 세차게 달렸다. 창 밖의 숲과 새들, 아름답게 보여야 할 삼라만상이 이제는 무서운 눈초리로 오빠 자신을 노려보는 듯했다. 오빠는 흐르는 눈물을 닦을 생각도 하지 않고 하나님께 참회의 기도를 드렸다.

"어리석고 어리석은 죄인입니다. 마귀의 시험에 들어 우상에게 절을 한 죄인입니다. 하나님께 불의를 저지르고 뻔뻔하게 하나님의 이해를 구한 죄인입니다. 그때 제 눈에 무엇이 씌었는지 알지 못했습니다. 눈이 밝아지게 도와주옵소서. 그때 무엇을 택해야 옳은지 알지 못했습니다. 바른 판단을 할 수 있게 도와주옵소서. 오직 하나님의 의와 뜻에 합당하고 하나님의 섭리에 합당하게 살 수 있도록 도와주시옵소서…."

오빠의 회개기도는 숫제 울음이었다. 때마침 그 곁을 지나가던 이동 경관이 다가와 무슨 연유로 그렇게 슬피 우냐고 물었다. 그리고 오빠 옆 좌석에 앉았다. 오빠는 청주구금소에 갇혀 있는 아버지를 면회하고 오는 길이라고 대답했다.

"그래? 그런데 아버지를 만났으면 만났지 울긴 왜 울어?"

흥미가 당긴다는 듯 일본인 경관이 오빠에게 물었다. 오빠는 또다시 흘러내리기 시작하는 눈물을 손등으로 훔치며 아버지가 감옥에 가게 된 이유는 신사참배 거부 때문이라고 숨김없이 털어놓고, 아버지를 면회하기 위해 신사참배에 응한 사실과 아버지의 신앙사상에 대해서까지 자세히 설명했다. 오빠는 당당하지 못할 이유가 없었다.

"거참, 지금이 어떤 시국인데 아직도 신사참배를 반대하는 사람이 있단 말인가. 감옥에 가도 싸지. 너도 시국을 똑바로 인식해야지 그렇지 않으면 네 아버지 꼴 난다."

일본 경관의 힐난에 가까운 대꾸였다. 오빠는 낮에 자신이 저지른 미욱하기 짝이 없는 죄를 회개하는 심정으로, 하나님이 자기 기도를 들으시고 이 기회를 만들어주셨거니 생각하고 단호한 어조로 말했다.

"신사참배는 죄입니다. 그것은 국민의식이 아니라 종교의식이며, 하나님 교리에 위배되므로 응하면 불경죄를 범하게 되는 것입니다. 아무리 일본에서 국민의식이라고 합리화해도 진실은 가려지지 않습니다."

오빠는 그제서야 막혔던 가슴이 뚫리는 듯한 시원함을 느꼈다. 진작 청주구금소 보도과장 앞에서 했어야 할 말이다. 두려움은 피하면 피할수록 커지는 법, 아버지가 그랬던 것처럼 겁내지 않고 당당히 죄악과 맞서는 것이 최상의 퇴치법이다. 그 사실을 오빠는 잠깐 동안 망각하고 말았던 것이다. 아버지를 뵙고 싶다는 욕망이 너무 앞서 오빠는 그만 그 교활한 보도과장에게 속고 만 것이다.

일본 경관은 이런 맹랑한 녀석을 봤나 하는 시선으로 한참 동안 오빠를 노려보더니 무슨 생각이 들었는지 집 주소와 이름과 나이를 물었다. 오빠에게는 이제 아무런 두려움도 없었다. 경찰에 잡혀간다 하더라도 두렵지 않았고 아버지처럼 감옥에 갇힌다 해도 두렵지 않았다. 오빠는 솔직하게 주소와 이름을 알려주었다. 일본 경관은 수첩에 받아 적은 후 아무런 말도 없이 그 자리를 떴다. 결국 그 일이 우리 가족을 뿔뿔이 흩어지게 만든 동기가 된 걸 그 당시엔 오빠도 미처 알지 못했다. 훗날 이 사실을 알게 된 아버지는 큰 상처를 입고 얼마 동안 집에 편지도 안 하고 금식기도만 하셨다.

큰오빠가 청주에 다녀오고 시간이 좀 흘렀는데 북부산경찰서에서 징병을 위한 신체검사 통지서가 날아왔다. 일본 경찰은 군대에 가면 매일 신사참배를 해야 하므로 골치 아프게 어린 녀석을 오라 가라 할 필요 없이 징병 통지서를 보내버리는 게 가장 편한 방법이라고 여긴 모양이다. 그 통지서는 우리 집안을 산산이 깨뜨리는 폭탄이 되어 떨어졌다.

징병에 끌려가면 언제 돌아올지 알 수 없었다. 살아 돌아온다는 보장도 없었다. 그러나 그보다 더 두려운 것은, 일본 경찰이 생각한 것처럼 일본 군인이 되면 동방요배나 신사참배를 거부할 길이 없다는 것이다. 백이면 백 꼭 아침마다 절을 해야 한다. 무슨 재주로 빠질 것인가. 명령에 죽고 명령에 사는 곳이 군대가 아닌가.

큰오빠는 신체검사에서 갑종을 받았다. 확실한 군입대 예정자가 된 것이다. 몸에 병이 없고 신체가 건강하니 당연한 결과지만, 당시에는 건강하다는 사실조차도 행복이 아니었다. 그렇지 않겠는가. 어디 한 군데 병신이 되는 게 낫지 멀쩡한 육신으로 군인이 되어 신사참배를 행하는 게 낫겠는가. 그래서 어머니는 날마다 어린 우리를 모아놓고 기도 드리곤 했다.

"하나님, 우리 동인이가 징병에 끌려가면 범죄케 될 터인데, 차라리 문둥병에라도 걸려 범죄할 기회를 면하게 하여 주옵소서."

근심과 걱정 속에 날이 지고 밝았다. 그 당시에 징병을 거부하면 바로 사형이었다. 실제로 큰오빠는 스스로 목숨을 끊을까도 생각했다. 그러나 그 역시 하나님께 죄가 되는 일이니 할 수 없고, 멀리 도망가버릴까 하는 마음도 있었다. 그러나 남아있는 가족들이 당할 괴로움을 생각하니 그럴 용기도 나지 않았다.

큰오빠는 결국 모든 것을 하나님께 맡기기로 하고 하나님의 응답을 듣기 위해 어머니, 할아버지와 함께 금식기도에 들어갔다. 작은오빠도 동참했다. 이들은 며칠 동안 밥을 굶은 채 참으로 간절히 기도에 매달렸다. 눈은 깊숙이 패어 들어갔고 양볼은 홀쭉해졌다. 기운이 다 빠져나간 육신은 흡사 무슨 허깨비 같았다. 그때의 모습을 묘사하려니 펜이 떨려서 쓰던 글이 멈춰진다. 그 가엾고 비참한 모습을 직접 보지 않은 사람은 알지 못하리라. 엄마와 큰오빠는 이러한 고통을 안고 오죽이나 괴로웠을까? 평소에 잘 먹고 잘 지낸 사람들이라면 또 모른다. 늘 부족한 식사였고 그나마 대부분의 끼니를 콩깻묵죽으로 때운 사람들이다. 그런데 거기다가 금식이라니….

그 고통 속에서 하나님께 어떤 응답을 받았을까? 어느날 큰오빠는 수척해질 대로 수척해진 몸이지만 결연한 어조로 자신의 결심을 털어놓았다.

"어머님, 저는 죽어도 군대에는 갈 수 없습니다. 하나님께 불경이 되고 아버님께 불효가 되는 신사참배를 저는 도저히 행할 수 없습니다. 그러니…."

이것이 바로 큰오빠의 회개의 열매가 아닌가 싶다. 거기까지 말한 후 오빠는 말을 더 잇지 못하고 고개만 푹 숙이고 있었다. 아무도 말을 꺼내지 않았다. 무거운 침묵만 흘렀다. 오직 오빠의 낮은 흐느낌의 소리만이 방안을 떠돌았다.

"어머님…."

"오냐, 네 결심을 말해 보아라."

어머니가 먼저 침묵을 깨고 오빠에게 물었다. 그러나 오빠는 한참 동안이나 대답하지 않았다.

"……."

"말을 해보아라. 이 애미에게 못할 말이 어디 있느냐?"

불안과 긴장의 시간이 마냥 흘러갔다. 몹시도 무겁게 가라앉은 분위기라 아무도 기침소리조차 내지 않았다. 모든 것을 눈치챈 어머니가 결국 말을 꺼냈다.

"알았다. 네 뜻은 식구들을 분산시키자는 것이겠지."

어머니 역시 오빠와 똑같은 결심을 하고 계셨던 모양이다. 하긴 함께 기도하고 함께 하나님께 매달렸으니 그 응답 역시 같은 내용일 것은 당연했다. 징병에도 끌려갈 수 없고 자해나 자살을 할 수도 없는 상황에서 선택의 길은 오직 하나뿐이었다. 우리 가족이 따로따로 어딘가 멀리 도망가 숨는 길밖에 다른 방법이 없었다. 아무리 찾아 보아도 이 방법이 최선이었다.

말로 표현하지 않아도 그런 의견들이 어머니와 오빠의 마음속을 오고갔던 모양이다. 결론은 산산조각 이별이었다. 고향 같고 낙원 같았던 애양원을 떠나 부산 범냇골 판잣집에 정착한 지 얼마 안 되어 또다시 떠나지 않으면 안 될 처지가 된 것이다. 아버지와 만나 함께 살 날만 소망하며 가난과 고통 속에서도 서로 의지하며 불평 없이 견뎌온 세월이었는데, 함께 살기는커녕 오히려 남아있는 가족마저 뿔뿔이 흩어지게 된 것이다. 아버지 없는 집이지만, 비록 곤궁하고 허접한 살림살이지만 나름대로 성실히 신앙을 지키며 부끄럽지 않게 살아온 가족인데, 이제 각각 이별을 하게 된 것이다.

언제까지 될지 아무도 기약할 수 없는 이별이었다. 어쩌면 영영 그렇게 헤어져 살게 될지도 모르는 일이다. 그러나 어머니는 다시 못 만난다 하더라도 큰오빠가 징병에 끌려가는 것보다는 백 배 낫다고 판단했다. 오빠 역시 마찬가지 생각이었다. 한 번은 속았지만 두 번 다시 안 속는다고 다짐하지 않았던가. 가족을 고생시키는 건 마음 아픈 일이지만 궁극적으로는 그 길이 오히려 가족을 위하는 길이라고 여긴 것이다.

그때 당시 어린 소녀에 불과했던 나는 그런 결정의 의미를 잘 이해하지 못했지만, 지금 와서 곰곰이 생각해 보면 오빠와 어머니의 그 결심은 아무나 흉내낼 수 없는 위대한 신앙의 산물이었다는 생각이 든다. 웬만큼 굳은 믿음이 없고서는 쉽게 내릴 수 없는 결정임이 분명했다.

큰오빠를 끌고 갈 징집 영장이 오늘 날아올지 내일 날아올지 모르는 판국이다. 이제 여유를 둘 시간이 없다. 기왕 결정한 마당에 서두르지 않으면 안 되었다. 어머니는 우리 가족이 피신할 수 있는 곳을 알아보고 형편에 따라 식구들을 나누었다.

할아버지는 만주 하얼빈에 사는 작은아버지 댁으로 가기로 했다. 아버지 바로 아래 작은아버지(손문준 목사)는 할아버지가 3.1만세운동의 주동자가 되어 감옥에서 형을 살 때, 그 아들마저 잡아들이려는 일경에 쫓기고 쫓겨 만주 하얼빈에 정착했다. 할아버지는 그 작은아버지 집으로 가기로 하고, 어머니와 막내는 부산 기장의 장부자 집으로, 작은오빠는 애양원에서 나온 일곱 명 나환자들이 모여 사는 옥종면 북방리 움막으로, 그리고 큰오빠는 남해 깊은 산골로 들어가 숨어버리기로 했다. 나와 내 밑의 동생은 부산 구포에 있는 '애린원'이라는 고아원으로 가기로 각각 결정된 것이다.

생각하면 기가 막힌 일이 아닐 수 없다. 일곱이나 되는 식구들이 고아 아닌 고아가 되어 아무 대책도 없이 뿔뿔이 흩어져야 했으니 그 저미는 가슴이 오죽했겠는가. 이제 우리 집안 공기는 어둠으로 가득 찼고, 움직이는 시계소리도 마치 우리를 재촉하는 것만 같았

다. 우리는 식음을 전폐했다. 초조한 시간은 자꾸만 흘러갔다. 그러
나 우리의 이별은 돌이킬 수 없는 엄연한 현실이었고, 슬픈 감상에
만 젖어 있기엔 시간이 너무 촉박했다. 이제 우리는 막다른 골목에
이르렀다.

엄마, 고아원에
안 갈래요!

마치 우리는 타야 할 차를 놓친 사람 모습으로 묵묵히
서있었고, 그 차는 내 모든 것을 싣고 정처없이 떠나버렸다.
나와 동장이는 한참 동안 오빠가 사라진 곳을 멍하니 바라보았다.
우리 두 어린 남매는 그렇게 의지할 곳 없는 세상에
던져졌다. 내 나이 12세, 동장의 나이 9세였다.

1944년 7월, 나와 동생은 고아원으로 가게 되는 날까지도 그 사실을 모르고 있었다. 미리부터 큰 슬픔에 잠기게 하고 싶지 않은 어머니의 애틋한 애정과 배려 때문이기도 했다.

떠나는 날 아침이 밝아서야 큰오빠의 입을 통해 그 사실을 알 수 있었다. 큰오빠는 뼈만 남은 초췌한 얼굴에 눈물이 흥건한 채로 내 머리를 가만히 쓰다듬더니 힘 없는 목소리로 말했다.

"미안하구나, 동희야. 당분간 동장이랑 둘이 고아원에서 지내야겠구나."

"오빠, 그게 무슨 말이야? 고아원이라니? 내가 거길 왜 가? 난 고아가 아니잖아."

나는 깜짝 놀라 소리쳤다. 고아원에 가야 한다니, 말도 안 되는 소리였다. 부모 형제가 멀쩡히 살아있는데 내가 왜 고아원으로 가야 한단 말인가.

"사정이 그렇게 됐구나. 우리 착한 동희는 엄마랑 오빠 맘 잘 알지, 그렇지? 나중에 하나님이 다 갚아주실 거야."

나는 그제서야 어렴풋이 가슴에 짚이는 구석이 있었다. 한없이 침울했던 분위기, 금식기도, 피신하기로 결심하던 날의 무겁던 침묵, 오빠들의 울음, 어머니의 한숨···. 그러나 고아원에 가야 한다는 사실만은 받아들일 수가 없었다.

"오빠, 나는 이대로가 좋아. 배 고파도 괜찮아. 그까짓 것 아무렇지도 않아. 엄마랑 오빠들이랑 같이 살 수 있으면 돼. 제발 부탁이야. 나더러 고아원에 가라고만 하지 말아줘."

개구쟁이 남동생도 어머니 품에 매달려 울먹였다.

"엄마, 나 속 썩이지 않을게, 응? 엄마, 이제 말 잘 들을게. 제발 부탁이야, 고아원에 보내지 마, 응?"

그러나 이미 던져진 주사위였으며, 시위를 떠난 화살이었다. 고심 끝에 택한 마지막 방법이고, 피할 수 없는 운명이었다. 이미 우리에게는 이 길밖에 선택의 여지가 없었다.

어머니는 아무 말 없이 그저 울기만 했다. 어머니의 심정인들 오죽 답답하고 쓰렸겠는가. 천갈래 만갈래 찢어지는 가슴이었을 것이다. 그러나 사랑하는 아이들을 뿔뿔이 흩어보내야 하는 어머니의 마음을 그때 나는 잘 이해할 수 없었다.

결국 어머니와 오빠들과 헤어지지 않으면 안 되었다. 나와 동생은 사랑하는 가족과 떨어져 죽어도 가기 싫은 고아원으로 가게 되었다. 비록 산꼭대기의 낡은 판잣집이지만, 정으로 똘똘 뭉쳐 화목하게 살아가던 식구들이었는데 이제는 각각 이별이다.

어머니는 성경과 찬송가를 꺼냈다. 반짝이는 석유 등잔불 밑에서 마지막으로 온 가족이 함께 가정예배를 드렸다. 다시 만날 기약이 없으니 비통함과 설움으로 목이 메고 눈물로 바다를 이룬 예배였다.

"어쩌면 우리는 이제 천국에 가서나 만날지 모른다."

어머니가 비장한 목소리로 짤막하게 말씀하신 뒤 다들 어머니를 따라 함께 찬송을 불렀다.

우리 다시 만날 때까지 하나님이 함께 계셔
간 데마다 보호하며 양식 주시기를 바라네
다시 만날 때 다시 만날 때 예수 앞에 만날 때
다시 만날 때 다시 만날 때 그때까지 계심 바라네

우리는 부둥켜안고 우느라 제대로 예배도 드릴 수 없었다. 범냇골 산꼭대기 판잣집에서 밤 깊도록 터져나온 울음소리는 슬픈 사연을 담고 한없이 퍼져 나갔지만, 누구 한 사람 들여다보고 위로해 주는 이가 없었다. 비록 가난하게 살았지만 엄마랑 오빠랑 정들었던 집이 아닌가. 왜 이렇게 우리에겐 불행만 겹쳐 올까. 힘들게 오르내리던 비탈길도, 그 무겁던 물동이도, 곱추 샘도 모두 추억으로 남겨두고 떠나야 한다. 다들 잘 있거라. 우리 남매는 떠난다.

다음날 일찍 큰오빠는 빌려온 큰 자전거 앞뒤에 나와 동장이를 태웠다. 우리는 사랑하는 어머니, 형제들과 작별하고 퉁퉁 부은 눈으로 이웃 사람들의 눈을 피해 새벽 안개를 헤치며 빠르게 비탈길을 내달렸다. 나는 오빠의 허리춤을 꼭 잡고는 자꾸 뒤를 돌아보았다. 마음이 허전하고 슬펐다. 터져나오는 눈물을 주체할 길이 없었다. 나는 연신 오빠의 등에 눈물을 닦았다. 그 와중에도 든든한 오빠의 체취가 코 끝에 감겨 그나마 설움을 덜어주었다.

찬 공기가 얼굴을 사정없이 훑고 지나갔다. 우리는 가는 도중에 아무 말도 하지 않았다. 점점 멀어져가는 엄마의 얼굴! 이제는 영원히 만날 수 없을지도 모른다는 생각에 우리는 모두 풀이 죽어 있었다. 이윽고 고아원에 도착했다.

큰오빠는 우리를 내려놓고 나서 고아원 대문에 얼굴을 묻었다. 오빠의 어깨가 들썩였다. 한참 후 오빠가 우리를 바라보며 말했다.

"나는 믿는다. 내 동생들은 인내심이 강하니까 부모님이랑 형들, 오빠들 생각나더라도 잘 참아낼 거야, 그렇지? 우리는 장한 아버지의 자식들이 아니냐."

그것이 마지막 이별의 말이었다. 우리는 고아원 안으로 들어갔다. 이 고아원은 부산 구포에 있는 애린원(愛隣院)으로 한정교(韓正敎) 목사님이 사랑과 봉사의 정신으로 1938년 5월 15일에 설립한 곳이다. 설립 당시 출옥 성도 조수옥 권사가 함께 도왔으며, 신사참배 거부로 일경에 쫓겨다니던 많은 지도자들이 10~15일씩 이곳에 숨어 지내곤 했다. 그러나 그곳은 어린 내가 정 붙일 만한 데가 하나도 없었다. 낯선 고아들만 왔다갔다 했다. 한정교 목사님께 우리를 부탁하고 난 후 오빠는 대문을 나섰다. 떨어지지 않는 발걸음을 억지로 돌렸고, 나와 동장이는 멀어져가는 오빠의 뒷모습을 하염없이 바라보았다. 오빠는 몇 발자국 가다가 뒤를 돌아보고 또 몇 발자국 가다 뒤를 돌아보더니 까만 점이 되어 사라졌다. 마치 우리는 타야 할 차를 놓친 사람 모습으로 묵묵히 서있었고, 그 차는 내 모든 것을 싣고 정처없이 떠나버렸다. 나와 동장이는 한참 동안 오빠가 사라진 곳을 멍하니 바라보았다. 허허벌판에 발가벗겨 내동댕이쳐진 외톨이 남매가 되고 말았다. 우리 두 어린 남매는 그렇게 의지할 곳 없는 벌판에 던져진 것이다. 내 나이 12세, 동장의 나이 9세였다.

나와 동장이는 그곳에서 해방될 때까지 살았다. 버젓이 부모가 살아있는데 이 무슨 기구한 운명일까. 고아원에 들어온 우리 남매는 제일 먼저 이름부터 바꾸었다. 그리고 평소에 친남매가 아닌 것처럼 행동하며 지냈다. 오빠가 군입대 기피자라는 걸 알고 있는 한정교 목사님이 그렇게 하는 게 좋겠다고 권유했기 때문에 나는 '희야'로 동장이는 '장은'으로 이름까지 고쳐 불렀다.

애린원에서는 감옥에서 순교한 유명한 주기철 목사님의 첫째아들 영진 오빠와 셋째아들 영해 오빠도 함께 생활했는데, 그 오빠들의 처지나 우리의 처지가 별 다를 게 없었다. 그 오빠들의 아버지는 신사참배 거부로 이미 감옥에서 순교하지 않았나. 도대체 그 무엇이 그분들로 하여금 어린 자식들마저 고아원에 내팽개쳐버리고 감옥에서 일본 제국주의에 맞설 수 있게 하는 것일까? 하나님께 죄 짓지 않기 위해 자식들을 희생시켜도 좋단 말인가?

그 시절 나는 내 곁에서 일어나는 그 모든 일들을 제대로 이해할 수 없었다. 도대체 하나님의 계명이 뭐길래 사랑하는 아버지는 감옥으로 가야 하며, 우리는 고아가 되어야 한단 말인가. 또 사랑하는 식구가 뿔뿔이 흩어져야 한단 말인가.

나는 부모님을 원망하기 시작했다. 나는 그분들을 이해할 수 없었다. 이해하기도 싫었다. 어째서 내 부모님은 별난 예수를 믿어 우리를 고아가 되게 하나.

그때부터 나는 조금씩 충동적이고 조급한 성격으로 변해 갔다. 속에서 끓어오르는 격정을 어떻게 다스릴 수가 없었다. 항상 내 마음속에는 손에 닿는 것이면 뭐든지 부숴버리고 싶은 욕망이 들끓었다.

그리고 나는 서서히 말을 잃어갔다. 누가 말을 시켜도 입을 꼭 다물고 대꾸하지 않았다. 말하기가 싫었다. 만사가 다 싫고 귀찮을 뿐이었다.

어떤 아이가 "너 벙어리 아니냐?" 했다가 또 "어디 아픈 것 아니냐?" 하고 물어오면 고개만 저었다. 저 애가 엄마 생각이 나서 저러나 보다 하고 조용히 쳐다보는 눈길들도 있었다. 내 쪽에서는 아이들의 그런 무관심이 훨씬 마음 편했다.

나는 하나님조차도 마음속으로 거부했다. '쳇, 하나님이 어디 있어? 다 헛소리야. 있다면 왜 부모 형제가 버젓이 살아있는데 고아를 만들어?'

그런 생각이 떠오를 때면 소리 없는 눈물이 뺨을 적시곤 했다. 운다고 해서 누구 하나 달래주는 사람이 있는 것도 아니다. 설명할 수 없는 야릇한 반항심이 내 마음을 지배했다. 그럴 때면 나는 세차게 고개를 저으며 혼자서 다짐했다. '아니야. 울면 안 돼. 울지 마, 동희야. 어차피 세상은 홀로 서는 거야. 이젠 동장이도 네가 돌봐주어야 하잖니. 힘을 내.'

동장이는 어렸다. 아직 현실을 똑바로 인식하지 못할 나이였다. 동장이는 툭하면 내 치맛자락을 붙들고 칭얼거렸다.

"누나, 엄마랑 형들은 다들 어디 간 거야? 왜 안 와? 보고 싶은데…."

"울지 마, 동장아. 누나가 있잖아. 누나가 뭐든 다 해줄게."

나는 하루에도 몇 번씩 그런 동장이를 품에 꼭 안고 달래주어야 했다.

애린원에 들어온 지 2주일쯤 지나자 범냇골 판잣집에 있던 우리 낡은 살림살이가 도착했다. 한정교 목사님이 가져오도록 주선한 모양이다. 식구들의 손때가 묻은 물건을 보자 불현듯 다 쓰러져가는 그 판잣집이 그리워졌다. 오빠들도 그립고 엄마도 그리웠다. 나는 너무도 보고 싶은 어머니 생각에 엄마의 손길이 닿은 장롱을 쓰다듬으며 혼자 울고 또 울었다. 어디 장롱뿐이겠는가. 잡다한 세간살이 하나하나마다 엄마의 손길이 안 닿은 것이 없다. 이 물건을 보아도 엄마가 연상되고 저 물건을 보아도 엄마의 따뜻한 미소가 떠올랐다. 원망의 마음보다 더 강하고 애절한 것은 그리움이다. 이 세상에서 어머니라는 단어보다 더 좋은 단어가 또 어디 있을까.

나는 우리가 쓰던 가재도구가 실려온 걸 보고 어머니와 오빠들이 피신했음을 알았다. 어디로 갔을까? 어머니와 오빠들은 지금 어느 곳으로 몸을 피한 것일까? 하루 일과가 끝나고 어스름한 저녁이 되면 나와 동생은 고아원 뒤편 언덕에서 몰래 만났다. 나는 낮에 먹을 것이 생기면 감추어 두었다가 동생에게 갖다주곤 했다. "나 엄마한테 데려다 줘!" 하며 울면서 칭얼거리는 동생을 달래고 위로해 주느라 어떤 때는 "어쩌면 내일 엄마가 올거야." 했다가 "내일은 틀림없이 오빠가 올거야." 하고 거짓말을 하기도 했다. 그러면 귀를 쫑긋 세우고 듣고 있던 동생은 제법 어른스럽게 물었다.

"누나, 지금 엄마랑 형들은 어디서 무얼 할까? 고생은 안 하실까?"

"다들 피신해 계신단다. 너는 그런 걱정 안 해도 돼."

"정말 내일은 오실까?"

"믿고 기다리는 거야. 바람처럼 오실테니 두고 보렴."

동생과 단둘이만 함께하는 그 시간은 즐거움은 없지만 고아원 생활 속에서 그나마 기다려지는 시간 중 하나였다.

한정교 목사님의 딸인 희선이와 영선이가 내겐 늘 부러움의 대상이었다. 희선이가 한참 재미있게 놀다가 무심코 엄마가 어쩌고 아빠가 어쩌고 하며 '엄마 아빠'라는 단어를 입에 담을 때면 내 가슴 속은 뭉클해졌다. '나도 어머니 아버지가 계시지만 너무 먼거리에 있어서 지금은 만나볼 수 없다. 엄마는 지금 무얼 하고 계실까?'

희선에게는 오빠가 둘 있었다. 희선이나 영선이가 '오빠' 하고 부를 때도 내 마음속에는 설움이 북받쳤다. 전에는 나 역시 '오빠' 하고 부를 수 있는 사람이 둘이나 있었지만 지금은 어디서 어떻게 지내는지…. 나는 울음을 참으려고 마른침을 삼켰다. 허공에라도 대고 한없이 불러보고 싶은 이름들이다. 그러나 내 곁에는 아무도 없다는 생각이 갑자기 마음을 휭하게 만든다.

애린원 고아원을 추억하자니 별로 기억하고 싶지 않지만 여지껏 잊혀지지 않는 얼굴 하나가 떠오른다. 이갑주라는 아이다. 키가 작고 좀 통통한 아이였는데, 성격이 괴팍하고 사나웠다. 특히 나를 못 살게 굴곤 했는데 지금도 그 까닭을 알 수가 없다.

내가 겁이 많다는 것을 알고는 느닷없이 얼굴을 일그러뜨리고 뒤에서 덮쳐 깜짝 놀라게 한 후 확 밀어뜨리는데, 그럴 때면 나는 저만치 나가떨어져서 터져나오려는 울음을 꾹 참고 대신 웃음으로 '아하하' 하고 바꾸어버렸다. 어떤 날은 "네 머리에 잠자리가 앉았다." 하고 소리치며 잠자리채로 머리를 후려치고 달아나기도 했다. 또 신발 한 짝을 감춰버려서 어른들께 꾸중을 듣게 했다. 나는 이 짓궂은 아이를 도저히 이겨낼 수가 없었고 이해할 수도 없었다. 그래서 항시 그 애가 어디쯤 있나 살피는 버릇이 생겼고, 가까운 곳에 있으면 슬금슬금 도망쳤다.

이제는 엷은 미소와 함께 아련한 그리움으로 떠오르지만 그때 그 아이의 이유 없는 괴롭힘은 슬프고 슬픈 마음에 또 하나의 그늘을 드리우게 했다. 애린원에서 우리는 매일 아침 예배를 드렸다. 먼저 주영해 오빠가 원생들에게 성경을 가르쳤고 원생들은 너나없이 고린도전서 13장 '사랑장'을 줄줄 외우면서 시작했다. 땡땡땡….

애린원의 식사시간은 늘 종소리와 함께 시작되었다. 식사는 세 끼 모두 강냉이 죽이다. 정부에서 배급해 주는 것인 듯했다. 넓은 교실 같은 방에 빙 둘러앉아 원생들이 강냉이 죽을 먹을 때면 언제나 한가운데 한정교 목사님이 앉아 고아들과 함께 강냉이 죽을 드셨다.

나는 그런 목사님이 한없이 좋았다. 어린 마음에도 참 훌륭한 분이라는 생각이 들었다. 진정으로 위하고 고아들을 보살피는 고아들의 아버지다.

나는 한 목사님을 마주할 때마다 그 온화하고 고요한 모습에서 아버지를 발견하곤 했다. 그분의 과묵하면서도 자상한 보살핌이 아버지를 연상시켰고 아버지를 그리워하게 만들었다.

한 목사님은 가끔 나를 찾으셨다. "희야, 너 동생 데리고 내 방에 들르거라." 하는 날엔 나는 동생을 데리고 목사님 방에 들어갔다. 그곳엔 고아원에서 기르는 염소에게서 짜낸 양유 두 컵과 고아원 뒷밭에서 손수 따온 토마토 썰은 것이 상 위에 올려져 있었다. 우리 남매를 위해 특별히 준비하신 것이다. 우리는 그것을 맛있게 먹었다. 나는 그때마다 감사하는 마음과 동시에 한편에서 피어나는 가족에 대한 그리움을 이겨내지 못했다. 익은 토마토 속에서 진한 아버지의 정이 느껴졌다. 우리는 토마토를 먹다가 울컥 목이 메었다. 목사님을 아빠라고 부르며 그 품에 안기고 싶은 충동이 일기도 했다. 동장이도 마찬가지였다. 그 따뜻한 가슴으로 단 1분만이라도 꼬옥 안아주었으면 하고 바란 적이 한두 번이 아니다.

나는 차츰 고아원 생활에 익숙해지기 시작했다. 처음 도착했을 때 가졌던 울분이나 원망의 감정도 많이 누그러졌다. 외톨이로만 지내며 아무에게도 열어놓지 않으려던 마음의 문도 활짝 열어놓게 되었다. 나는 조금씩 재잘거리기 좋아하는 보통의 소녀가 되어갔다.

그렇게 어느 정도 안정을 되찾을 무렵 뜻밖에 큰오빠가 애린원을 찾아왔다. 오빠는 그때 도망병이어서 이 산속 저 산속 옮겨 다니느라 얼굴이 새까맣게 타고 몸도 더 야위어 있었다. 입고 있는 옷마저 여기저기 해진 자국이 드러나 있는데다가 때가 잔뜩 끼어 있어 꼴이 말이 아니었다. 그래도 우리는 반갑고 기뻤다.

"동희야, 동장아. 오빠가 왔다." 하면서 내미는 오빠의 손에는 어디서 구했는지 과자봉지가 들려 있었다. 오빠는 과자를 꺼내어 나와 동장이의 손에 쥐어주더니, 격정을 참을 수 없는 듯 우리 둘을 부둥켜 안고 흐느끼기 시작했다.

"고생이 많지? 나 때문에 어린 너희까지 이 고생이구나."

오빠는 흐느낌 사이사이로 우리에게 말을 건넸다.

"괜찮아, 오빠. 오빠가 생각하는 만큼 힘들진 않아."

"내가 도망병이라 너희를 고아로 만들었으니…. 이 오빠가 밉지?"

"괜찮대도 자꾸 그러네. 주영해 오빠도 있어서 얼마나 마음 든든한데. 한 목사님도 우릴 굉장히 예뻐하셔."

오빠는 자신이 도망병이기 때문에 나와 동장이가 가족들과 헤어져 고아원 생활을 하게 되었다는 생각을 하며 못내 미안해했다. 엄격히 따져 본다면 그것은 큰오빠의 잘못이 아닌데도, 오빠로서는 어린 우리 남매에 대해 미안한 마음을 어찌할 수 없었던 모양이다.

그날 밤에 오빠는 30명 가량 되는 고아들 앞에서 성경 말씀을 전했다. 오빠가 현재 처한 상황과 유사한, 흡사 자신의 심정을 고백하는 것 같은 말씀이었다.

나는 선한 싸움을 싸우고 나의 달려갈 길을 마치고 믿음을 지켰으니

이제 후로는 나를 위하여 의의 면류관이 예비되었으므로 주 곧 의로
우신 재판장이 그 날에 내게 주실 것이니(딤후 4:7-8)

그날 밤 우리 세 남매는 오랜만에 함께 잤다. 잊을 수 없는 밤이었
다. 그러나 어김없이 날은 밝았고, 오히려 다른 날보다 훨씬 빨리 아
침이 되었다. 그러자 오빠는 또 우리 곁을 떠나갔다. 며칠 후에 꼭 다
시 오마 하는 약속과 아이들과 다투지 말고 잘 어울려 지내라는 당
부의 말을 남긴 채….

나중에 안 일이지만, 큰오빠는 도망병이라 산 속에 숨어 살며 나
무껍질과 산열매, 산나물 따위로 허기를 달랬다. 오빠는 산 속에 숨
어서 남해 등지로 도망다니는 중이었다. 어머니와 아주 가까이 지냈
던 믿음의 동지 한덕례 씨 집에도 얼마간 있었다.

그 집은 남해 내산이라는 마을에 있었는데, 뻔한 살림살이에 그
냥 얹혀서 밥술 얻어먹기가 미안했던 오빠는 여러 가지 잡일을 도맡
아 했다. 똥오줌 퍼서 똥장군을 짊어지고 다니며 밭에 거름 주는 일
도 했고, 청솔가지 꺾어 말리는 일, 낙엽을 긁어모아 방에 군불 때는
일도 했다. 한덕례 씨의 두 돌쯤 된 막내딸을 업어 재우는 일도 마다
하지 않았다.

온갖 궂은 일을 도맡아 하면서도 오빠의 입에서는 언제나 하나님
을 찬양하는 소리가 끊이지 않았다고 한다. 똥장군을 짊어지고 다닐
때도, 산에서 나무를 한 짐 지고 내려올 때도 찬송을 부르며 다녔다.
그 집 큰딸 안점순 씨가 후에 내게 들려준 이야기다.

어머니도 막내를 데리고 잠시 동안 그 집에 머물러 있었다. 마침

그 집에는 조그마한 '금식기도실'이라는 방이 마련되어 있었는데, 그곳에서 어머니와 큰오빠는 끊임없이 기도를 드렸다. 밤이 깊도록 어떤 날은 날이 새도록 그곳에서 기도소리가 새어 나오곤 했다.

작은오빠는 하동군 옥종면 북방리 인가도 없는 산 속에 얼기설기 지어진 나환자들의 움막에서 그들과 함께 생활했다. 그곳은 앞에서도 말했지만 신앙을 지키기 위해 신사참배를 거부하다 자의 반 타의 반으로 애양원에서 뛰쳐나온 일곱 명의 나환자들이 모여 하나님만 의지하며 사는 움막이다.

이 움막은 애양원에서 모아준 돈으로 지었는데, 우리 가족이 뿔뿔이 흩어지기 전에 나도 그곳에서 두 달 가량 산 적이 있다. 모두 구걸하러 다녔고, 그렇게 얻은 밥으로 먹고 살았다. 우리 가정이 흩어지던 날 황덕순 고모가 작은오빠를 자기가 사는 움막까지 데리고 갔는데, 나환자들은 마치 옥중에 있는 아버지를 대하듯 작은오빠를 반갑게 맞아주었다고 한다. 그들은 참으로 투철한 믿음의 전사들이다. 어려운 환경 가운데서도 매일 기도회를 열었고, 기도회가 끝나면 그냥 잠들지 않고 언제 꺼질지 모르는 등잔불 밑에서 성경을 읽기도 하고 하나님께 길고 긴 기도를 드리기도 했다. 밤을 새워 기도하는 이도 있었

신사참배 거부로 애양원에서 쫓겨난 나환자들이 기거하던 움막(하동군 옥종면 북방리 소재, 후에 손동신이 피신해 있었던 곳)

고, 성경 속의 진리를 캐는 이도 있었다.

비록 육신은 세상 사람들에게 따돌림받고 손가락질받는 나병에 걸린 환자들이었지만 그 신앙만은 여느 멀쩡한 사람이 따라오지 못할 만큼 강직한 신앙의 소유자들이었다.

모두가 아버지에게서 영향받은 신앙심이다. 형제보다 더 정성껏, 자식보다 더 극진히 나환자들을 돌보던 아버지였기에 그들 나환자들도 하나님 다음으로 아버지를 믿고 존경하고 의지했다. 지금은 환난 중에 있으나 반드시 그들 곁으로 돌아오리라 믿는 마음에는 조금의 흔들림도 없었다. 그런 손 목사님의 둘째아들이 왔으니 어찌 반가워하지 않겠는가.

그날 새벽이었다. 작은오빠와 같은 방에서 잠이 든 황 고모는 뭔가 이상한 예감에 깜짝 놀라 잠이 깨었다. 몇 시인지는 알 수 없으나 여전히 깜깜한 밤중이었다. 그런데 옆이 어쩐지 허전했다. 불을 켜고 보니 옆에서 곤히 잠들어 있어야 할 작은오빠가 보이지 않았다. 황 고모는 일어나 밖으로 나가 오빠를 찾았다.

별빛이 유난히 밝은 밤이었다. 작은오빠는 어디에도 없었다. 황 고모는 혹시나 하는 마음에 오빠의 이름을 부르며 집 뒷길을 통해 올라갈 수 있는 산길로 접어들었다. "동신아!" 하고 가만히 귀를 기울이고, 또 "동신아!" 하고 귀를 기울였다. 그때 이름 모를 풀벌레 소리에 섞여 웅얼웅얼하는 소리가 들려왔다. 그 소리는 수년 동안 충실히 기도생활을 해온 황 고모의 귀에 틀림없는 기도소리로 들렸다.

오빠가 기도를 드리기 위해 새벽에 일어나 산 속으로 들어갔다는 사실을 깨달은 황 고모는 방해하지 않으려고 소리 죽여 가까이 다가

갔다. 오빠는 울면서 기도하고 있었다.

"…아버지 하나님, 나약한 마음에 용기를 주옵소서. 믿음으로 받는 고난은 행복하다고 했습니다. 제게도 그런 담대함을 주옵소서. 아버지와 같은, 어머니와 같은, 동인 형과 같은 강하고 굽힘 없는 용기를 주옵소서. 지금은 온 가족이 뿔뿔이 흩어졌으나 이 또한 하나님의 크신 사랑이요, 축복인 줄 아나이다. 좌절하지 않고 견딜 수 있게 하나님께서 도와주옵소서. 나에게 주어진 십자가는 마다하지 않고 지겠나이다. 이제 저는 아버지가 돌보고 섬기던 나환자들과 함께 생활하게 되었습니다. 얼마 동안이 될지 알 수 없으나 저분들에게 폐가 되지 않고 오히려 신앙의 협력자가 될 수 있게 도와주옵소서. 저분들과 생활하다가 이 몸은 나병에 걸려 문둥이가 되어도 좋사오니 다만 저분들에게 조금이라도 도움이 될 수 있도록 강건한 믿음을 내려주옵소서…" 기도소리를 듣고 있던 황 고모는 가슴이 미어지는 듯했다. 그때 작은오빠의 나이 불과 15세였다.

작은오빠는 그날 이후로 자주 산 속에 들어가 통곡의 기도를 드렸다. 감옥에 있는 아버지의 건강과 빠른 석방을 위해, 고아가 된 동생들의 평안을 위해, 어머니와 만리 이역 땅으로 떠나신 할아버지의 안녕을 위해, 그리고 숨어 다니는 큰오빠를 위해.

모두 아침이면 이 거리 저 거리로 동냥을 나가는데 먼 곳까지 가기 때문에 한번 나가면 일주일 후에 돌아오기도 했다. 그때 작은오빠가 "고모! 나도 눈썹 깎고 동냥하러 따라갈래요." 하고 조르면, 황고모는 "아니다. 너까지 거지를 만들 수는 없다. 너는 집에 있거라." 하고 만류했다.

작은오빠는 일주일 동안 혼자 있으면서 뒷산에 가서 땔감으로 사용할 낙엽을 긁어모아 등에 짊어지고 오곤 했다. 어떤 때는 청솔가지를 꺾어 말렸다가 군불 때는 일을 했고, 또 집안 청소를 하면서 집안일을 도왔다.

원자탄이 일본을 내리쳤다

"어디 보자. 이놈들아, 귀여운 내 새끼들.
그동안 얼마나 고생이 많았느냐?"
아버지는 우리 남매를 한꺼번에 끌어안았다.
우리는 "아버지!" 한 마디 하고는 아버지의 품속에 안겼다.

무더운 날이었다. 고아원의 분위기가 이상했다. 사람들의 얼굴은
뭔가에 들떠 있는 느낌이었고, 돗자리가 깔린 나무 그늘 밑에서는
한정교 목사님을 가운데 모시고 몇몇 교우들이 요란스럽게 예배를
드리고 있었다. 내가 고아원에 온 이래로 그토록 떠들썩하고 기쁨이
넘치는 예배를 본 적이 없다.

하늘을 향해 할렐루야 하고 소리치다가, 우렁차게 찬송을 부르다
가, 울음 섞인 목소리로 기도 드리기도 했다. 그들의 표정은 한없이
진지한 가운데 감격으로 넘치고 있었다.

나는 직감적으로 무슨 일이 터졌다고 느꼈다. 그렇지 않고서야
저토록 열광적으로 예배를 드릴 리 만무했다. 무슨 일인가 생긴 게

분명했다. 그러나 13세의 어린 나로서는 그 일이 무엇인지 전혀 감을 잡을 수가 없었다. 좋은 일인지 나쁜 일인지, 우리 남매와 관련이 있는 일인지 아닌지 도무지 알 수가 없었다. 예배가 끝나기만을 기다릴 수밖에 다른 도리가 없었다. 나는 그 근처를 오가며 예배가 끝나기를 기다렸다.

이윽고 요란스러운 예배가 끝났다. 나를 발견한 한정교 목사님이 곧장 내게로 달려왔다. 그 얼굴이 어둡지 않을 뿐 아니라 오히려 웃음 띤 표정이어서 내 마음은 알 수 없는 기대로 설레고 있었다.

"희야."

내 눈을 빤히 쳐다보며 목사님이 내 손을 덥석 잡았다.

"네."

"그동안 정말 고생 많았다. 오늘로 너희 남매의 고생도 끝이다. 오늘 우리나라가 해방되었단다. 일본의 지배에서 벗어났단 말이다. 그러니 이제 곧 네 아버지도 감옥에서 풀려 나오실 게다."

"네? 해방이라구요?"

"그래, 해방이란다. 일본놈들이 원자탄을 맞고 손들었단다."

"아버지가 나오세요?"

"그래. 바로 그 말이다. 일본이 망했단 말이야."

천만 뜻밖의 말! 너무나 엄청난 말이었기에 나는 처음에는 무슨 말인지 도통 알아들을 수가 없었다. 꿈엔들 누가 감히 이날을 기대했으랴. 기쁜 소식인 것만은 분명한데 갑자기 멍해진 머릿속은 잘 정리가 되질 않았다. 언젠가 아버지가 출옥한다 하여 그 날짜에 맞춰 우리 식구들 모두 아버지 마중을 나갔다가 아버지가 종신형 선고

를 받는 바람에 허탕만 치고 울고 돌아온 일이 기억났다. 그때 길바
닥에 털썩 주저앉아 통곡하며 어머니가 말씀하지 않았던가. "이 땅
에서 이제 네 아버지를 만날 생각은 하지 말아라."라고.

그런데 지금 한 목사님의 말씀은 무엇인가. 아버지가 감옥에서
나오다니…. 살아서는 만날 수 없다던 아버지가 우리 남매를 찾아오
다니…. 믿기지 않는 말이다. 일본이 망했다는 말도, 아버지가 감옥
에서 나온다는 말도, 우리 가족이 다시 모여 살 수 있다는 말도 모두
실감이 나지 않았다.

내 앞에 펼쳐진 삶은 이 고아원처럼 처량하고 우중충할 뿐이라고
체념하며 살았는데, 그게 아니라는 말이 아닌가. 찬란한 무지개빛
미래가 내 앞길에도 펼쳐진단 말인가. 아버지가 내 앞에 나타난다는
사실은 마치 죽은 사람이 살아 돌아온다는 말과 같았다. 그것은 분
명 기적이다. 기적이 아니고는 그럴 수가 없다. 그랬다. 어디 나 혼자
뿐이겠으며 비단 애린원뿐이겠는가. 온 나라 온 민족이 감격으로 넘
치는 날이 아닌가!

1945년 8월 15일 정오. 서울 종로의 보신각 종이 33번 울리던 그
날, 이 땅은 말 그대로 감격과 울음의 도가니였다. 36년 동안이나 벙
어리에 귀머거리가 되어 살아야 했던 민족이요, 내 나라 내 땅을 억
울하게 빼앗기고 일본의 온갖 핍박과 압제를 묵묵히 감수해야 했던
설움 많은 백성이 아니었나! 끊임없이 조국의 광복을 위해 투쟁하
고 인내하던 불굴의 겨레가 아니던가. 다들 수 년만에 되찾은 자유
를 만끽하며 물밀듯이 거리로 뛰쳐나와 껑충껑충 뛰었다. 남녀노소

구분없이 모두 태극기를 들고 "만세! 만세! 조선 독립 만세!"를 목이 터지도록 외치고 다녔다.

그중에도 해방의 감회가 남다른 이들이 있었다. 오직 나라의 독립을 위해 자신의 목숨을 초개같이 여긴 애국지사들과 신앙의 지조를 지키기 위해 죽음도 불사한 옥중 성도들, 또 그들의 크고 높은 뜻을 이해하고 돕고 격려한 그 가족들이다. 이 민족의 광복은 바로 자유 아니면 죽음을 달라고 외치던 그들의 공이다. 하나님께서 옥중 성도들의 간절한 눈물의 기도를 들어주신 것이다. 마치 430년간 부르짖던 이스라엘 민족의 눈물의 기도에 하나님이 응답하셨듯이. 이로써 하나님은 언제까지나 침묵하고만 계시지 않는다는 사실을 만천하에 확인시켰다.

온 길거리마다 목청껏 외치는 "조선 독립 만세!" 소리가 하늘을 찌를 듯 전국 방방곡곡에 울려 퍼졌다. 삼천리 반도 금수강산에 해방의 물결이 일렁거렸다. 그 물결은 아버지가 갇혀 있던 형무소에도 예외 없이 밀어닥쳤다.

해방을 맞은 것은 8월 15일이었으나, 실제 감옥 문이 열린 것은 그보다 이틀 뒤인 8월 17일 밤 11시였다. 당시 계속 전쟁에 패하기만 했던 일본은 패전 직전에 연합군이 조선에 진격해 올 것을 미리 예상했다. 그러면 감옥에 있는 신도들이 단합해서 이에 협력할 것이라고 믿고 이를 두려워하여, 8월 17일에 감옥에 있는 신도들을 모조리 살해할 것을 계획한 후 죽창과 칼로써 살해할 20평짜리 살인굴을 마련하여 만반의 준비를 갖추고 있었던 것이다. 그런데 불과 이틀을 남겨놓고 조국이 해방되었으니 이야말로 하나님의 놀라운 섭리가 아니고 무엇이겠는가? 어쩌면 하나님께서 우리 아버지를 가족들과 만나게 하시려고 나라를 해방시켰는지도 모른다는 생각이 들었다.

아버지! 다시는 내 입으로 소리 내어 부를 수 없으리라 여긴 단어다. 내 부모 형제는 살아있지만, 너무도 멀리 있었다. 그때 나는 고아원 외의 생활은 상상하지 못했으며, 한평생 고아원에서 살다 그곳에서 생을 마칠 각오를 하고 있었다. 나는 의식적으로 아버지를 잊으려 애썼고, 실제로 조금씩 잊어가고 있었다. 그런데 영영 내 곁에서 떠나버렸다고 생각했던 아버지가 마치 부활하여 제자들을 찾아간 예수님처럼 나와 동장이를 찾아온다는 것이다. 그것은 말 그대로 감격이었다. 내게는 조국의 광복보다 더 감격스러운 일이었다. 오 하나님, 이것이 꿈인가요 현실인가요? 여지없이 짓밟힌 조국 위에 혀를 깨물며 숨겨간 저들의 원한을 하나님께서 풀어주셨다.

나는 그때까지 아무것도 모르고 있는 동장이를 불러 그 기쁜 소식을 전했다.

"동장아, 아버지가 감옥에서 나오신대. 이제 곧 우릴 데리러 오실 거야."

"누나, 그게 정말이야?"

나도 이렇게 가슴이 울렁거리고 흥분되는데 어린 동장이는 오죽하랴 싶었지만 의외로 담담한 말투였다. 너무 갑작스럽고 또 전혀 예기치 않은 일이라 잘 실감나지 않는 모양이었다. 기뻐한다기보다는 어리둥절해하는 표정이었다. 몇 분 지나지 않아 동장이는 내 손을 꼭 쥐며 울먹이는 목소리로 물었다.

"그러면 우리는 이제부터 고아원에서 안 살아도 되는 거야? 아빠랑 엄마랑 형들이랑 다 같이 살 수 있는 거야? 응?"

"그래. 어른들이 그렇게 말씀하니 맞을 거야. 믿고 기다려 보자."

"그게 정말이지? 거짓말 아니지? 옛날처럼, 응?"

"그렇대두."

"그게 사실이지? 날 놀리는 건 설마 아니겠지?"

동장이와 마찬가지로 나 역시 기대와 흥분 속에서 긴가민가하고 있었다. 늘 불행과 함께 살면서 불행에 익숙해져버린 내 마음 한 구석에는 이런 큰 축복이 내려질 리 없다는 방정맞은 생각이 자리하고 있었다.

그런데 실제로 아버지는 부활하듯 우리 앞에 나타났다. 어느 황혼 녘, 거지 중의 상거지 형상을 하고 아버지가 고아원에 간신히 찾아온 것이다. 아버지의 행색은 차마 똑바로 쳐다보기가 민망할 정도로 초라했다. 수염은 자랄 대로 자라 턱 밑까지 길게 흘러내렸고, 얼굴빛은 폐결핵 말기 환자처럼 핏기 하나 없이 창백했으며, 눈은 십리는 들어간 듯 퀭하니 뚫려 있었다. 뼈와 가죽만 남은 몸은 흡사 송장이 서 있는 것만 같았다. 문자 그대로 피골이 상접한 모습이었다. 신발은 다 떨어진 슬리퍼였고, 옷은 푸른 죄수복 그대로였다. 그러나 움푹 패여 쑥 들어간 두 눈에서는 형언키 어려운 빛이 번득이고 있었다.

8월 17일, 감옥 문을 나서는 아버지에게는 아무도 마중나간 사람이 없었다. 다른 사람들은 그 가족들이 갈아입을 옷과 신발을 가지고 출옥 마중을 나갔지만, 우리 식구들은 뿔뿔이 흩어져 도망다니고 숨어 지내는 바람에 해방의 소식조차 즉시 전해 듣지 못했다. 어머니는 어머니대로, 두 오빠는 두 오빠대로, 산 속이나 인적이 뜸한 곳만을 전전하다 보니 세상 돌아가는 일에 무지할 수밖에 없었다. 2주일이 지난 다음에야 해방된 사실을 알았다. 그러니 누가 아버지를 마중할 수 있었겠는가. 누가 갈아입을 옷과 신발을 챙겨줄 수 있었겠는가. 다만 하나님의 말 없는 마중을 받았을 뿐이다.

아버지는 고아원에서 푸른 죄수복과 슬리퍼를 벗어버리고 몸에 맞는 옷으로 갈아입고 신도 갈아신었다. 그러나 아버지를 위해 준비해둔 옷이 있을 리 없었으니 기껏 골라 입었어도 몸에 맞을 턱이 없다. 뼈와 가죽만 남은 몸에 헐렁한 옷을 걸치고 서있는 모습은 들판에 세워둔 허수아비 같았다. 고아원 원생들이 이상하게 생긴 사람이 왔다며 우르르 아버지 곁으로 몰려들었다. 길을 지나가는 사람들도 잠시 걸음을 멈추고 흡사 동물원에 데려다놓은 희귀한 동물을 구경하듯 아버지를 쳐다보았다.

이렇게 보잘것없고 누추한 아버지지만 아무래도 좋았다. 남들의 눈에야 어떻게 비치든 우리에게는 더없이 소중한 아버지였다. 내 작은 가슴은 해후의 기쁨으로 덜덜 떨리다 못해 활활 불이 붙는 것 같았다. 황홀한 꿈속 같은 만남, 극적이고 극적인 해후가 아닌가.

"어디 보자. 이놈들아, 귀여운 내 새끼들. 그동안 얼마나 고생이 많았느냐?"

아버지는 우리 남매를 한꺼번에 끌어안았다. 우리는 "아버지!" 한 마디 하고는 아버지의 품속에 안겼다. 나와 동장이는 아버지의 체취를 깊이 들이마시며 그 품에 안겨 그동안 쌓였던 설움을 모두 토해

놓았다. 아, 이것이 꿈이 아니라 현실이구나! 아버지의 눈에도 엷은 물기가 어렸다. 이렇게 좋은 날이 또 있을까?

그러나 온 국민이 다 기쁨으로 맞아들인 그날, 주체 못할 기쁨 속에서 아픈 가슴을 달래야 하는 사람이 있었다. 바로 주기철 목사님의 아들 영해 오빠였다. 이 기쁜 날에도 영해 오빠를 찾아오는 사람은 아무도 없었다.

얼마 지나지 않아 아버지 앞에 가쁜 숨을 몰아쉬며 달려온 영해 오빠는 "목사님!" 하고 한 마디 불러놓고는 더 말을 잇지 못한 채 아버지를 끌어안고 울음을 터뜨렸다. 설움에 복받친 영해 오빠는 주위의 시선도 아랑곳하지 않고 엉엉 목놓아 울었다.

"제가 주기철 목사님의 아들 주영해입니다. 흐윽 흐으흑…."

"아, 네가 바로 감옥에서 순교하신 주기철 목사님의 아들이란 말이냐? 내가 가장 존경하던 주기철 형님 아들을 보니 마치 기철 형님을 본 듯하구나."

아버지 역시 그렇게 말해 놓고 나서 그 불쌍한 아들을 어떻게 위로해야 좋을지 막막하기만 했는지 더 말을 잇지 못하고 그저 서로 안고 흐느끼기만 했다. 아버지보다 다섯 살 위인 주기철 목사님을 아버지는 평소에 형님이라고 부르면서 존경해 왔다. 아버지는 영해 오빠를 만나자 주 목사님 생각에 눈시울을 적셨다. 그 순간 넋을 잃고 울던 영해 오빠가 갑자기 주먹으로 눈물을 쓰윽 닦더니 구석에서 도끼를 찾아 들고 고아원 밖으로 뛰쳐나갔다. 그 광경을 지켜보고 있던 원생들이 우르르 영해 오빠 뒤를 따라갔다. 일그러질 대로 일그러진 얼굴을 하고 손에는 도끼를 감아쥐고 뛰쳐나갔으니 일이 나도 단단히 났다고 여길 수밖에 없었다.

"영해 형이 도끼 들고 달려간다."

"무슨 일이냐? 영해 형이 왜 저리 실성한 듯 뛰어가냐?"

원생들은 제각각 소리소리 지르며 영해 오빠의 뒤를 쫓아갔다. 영해 오빠는 큰 공원 쪽을 향해 달려갔다. 그 공원에는 일본인들이 만들어 둔 신사 우상이 세워져 있었다. 공원을 오고가는 사람들에게 절을 하라고 세워 놓은 신사 우상이었다. 영해 오빠는 눈물 범벅이 된 얼굴로 도끼를 치켜들어 그 우상을 단번에 부숴버렸다. 그러고는 뒤도 돌아보지 않고 어디론가 사라져버렸다.

자기 아버지 주기철 목사님은 해방의 기쁨도 맛보지 못하고, 이 좋은 날 이 밝은 산하도 보지 못한 채 다시는 돌아올 수 없는 세상으로 가버렸으니, 그때 영해 오빠의 가슴은 얼마나 미어졌을 것인가. 억울하고 분해서 도저히 묵묵히 참고 있을 수 없는 심정이었을 것이다. 무엇이든 박살을 내고 싶었으리라. 그런 분노가 신사 우상을 부수게 했으리라.

평소에 좀처럼 화내지 않던 영해 오빠였는데, 하나님의 말씀에 합당한 행동만을 해온 얌전한 오빠였는데, 그날만은 가만히 참고 있을 수 없었던 모양이다. 그토록 온화하고 매사에 긍정적인 영해 오빠라 해도 다들 기뻐 날뛰는 그날의 그 들뜬 분위기를 소화하기는 힘들었을 것이다. 충분히 이해할 수 있는 일이다.

생각해 보면 영해 오빠는 우리 가족과 참으로 깊은 인연을 맺은 사이였다. 두 오빠가 부산 통 공장에서 일할 때도 함께 있었다. 그 시절 영해 오빠에게는 우리집이 이 세상에 단 하나뿐인 마음의 안식처였다. 우리 가족과 고락을 함께하며 어둡고 험한 세월을 같이 건너 온 오빠다. 주기철 목사님의 순교(1944년 4월 21일) 소식을 울분에 가 득 차 가장 먼저 우리집에 전했던 오빠다.

어느날 가정예배를 드리고 났는데 영해 오빠가 오더니 "사모님, 아버지가 오늘 감옥에서 순교하셨어요." 하며 흐느껴 울었다. 이 말 에 놀란 우리 가족도 모두 눈물 바다를 이루었다. 그때 눈물 범벅이 된 영해 오빠의 얼굴은 아직도 기억에 생생하다. 할아버지는 즉시 주기철 목사의 순교 소식을 옥중의 아버지께 편지로 알렸는데(1944 년 5월 3일) 그때 아버지의 답장에는 이런 말이 있었다.

…그런데 나를 유독히 사랑하시던 '주기 형님'의 부음(訃音)을 듣는 순간 나로서는 천지가 황혼하고 수족이 떨립니다. 노모님과 사모에 게 조문과 위안을 간절히 부탁하나이다. 그런데 병명은 무엇이며 별 세는 자택인지 큰댁인지요. 알려 주소 … 운운

'주기'형님 또는 '큰댁'이라는 단어는 모두 암호다. 그 이유는 당 시 감옥 안의 죄수와 서신을 왕래할 때는 친가족, 친척 외의 기사는 못 쓰도록 금지되어 있었기 때문이다. '주기'는 주기철을 뜻하며 '큰 댁'은 감옥을 뜻하는 말이었다.

남의 옷을 얻어 입고
설교하던 아버지

"회개하라!"
청천벽력과도 같은 음성이 터져나왔다.
교회 안은 일순간 찬물을 끼얹은 듯 잠잠해지더니
어느 순간 갑자기 이곳저곳에서 회개의 울음이
터져나오면서 통곡의 바다로 변해 버렸다.

그날 오후 늦게 누군가가 고아원으로 아버지를 찾아왔다.

"손양원 목사님이 감옥에서 출옥하셨다는 말을 듣고 찾아왔는데, 지금 여기 계십니까?"

"제가 손양원입니다."

아버지는 나와 동장이의 손을 잡고 손님을 맞았다.

"그러십니까. 처음 뵙겠습니다. 실은 부탁의 말씀을 드리려고 왔습니다. 저희 교회에서 오늘 밤에 광복 축하 예배를 드리려고 하는데 설교를 좀 해주실 수 있으신지요?"

"좋습니다. 얼마든지요."

아버지는 기꺼이 그분의 부탁을 받아들였다. 하나님의 말씀 전할 기회를 마다할 분이 아니었다. 우리는 아버지의 손을 한쪽씩 붙잡고 광복 축하 예배를 드린다는 교회로 갔다. 지금은 정확한 위치를 기억할 수 없으나 고아원에서 상당히 거리가 있었던 것 같다. 우리는 안내하는 분을 따라 교회 안으로 들어갔다. 모두 반갑게 맞아주었다.

이윽고 예배가 시작되었다. 아버지는 천천히 강대상 위로 올라갔다. 그리고 설교를 시작하려고 성경을 펼치는가 싶더니 웃음 띤 온화한 아버지의 얼굴이 갑자기 굳어졌다. 잔뜩 화가 난 표정이었다. 그때까지도 강대상 위에 신사 우상이 떡 버티고 있었던 것이다. 아버지는 그 우상을 뚫어져라 쳐다보았다. 해방이 되었는데도 광복의 자유를 누리지 못하고 옛 습관을 당연한 것으로 알고 있었기에, 이 우상을 버리지 않고 있었던 것이다. 아버지의 얼굴이 험하게 일그러졌다. 아버지는 좌우를 한번 휘둘러보고 나서 손으로 그 우상을 밀어뜨렸다. 와장창! 유난히 큰 소리를 내며 일제의 잔재가 바닥으로 떨어졌다. 모든 성도들의 눈이 휘둥그래졌다.

모여 앉은 사람들의 눈이 일제히 놀라움의 빛을 띠고 아버지를 주시했다. 여태껏 예배 드릴 때면 으레 그 우상에게 먼저 절해온 그들이다. 하나님보다 먼저 경배 드린 우상이었고, 그것을 당연하게 여겨온 그들이다. 그랬는데 누추하기 짝이 없는, 마치 허수아비처럼 생긴 목사가 그토록 대단한 우상을 그대로 내동댕이쳐 버렸으니 놀라지 않을 리 없었다. 우매하고 심약한 성도들이었다. 이 우상은 나무로 깎고 다듬어서 만든 작은 집 모양으로, 그 안에는 '천조대신'이라고 또렷하게 새긴 글자가 들어 있었다.

일제 시대에는 어느 교회를 막론하고 그 우상에 절하지 않고는 예배를 드릴 수가 없었다. 만약 이를 거부하면 아버지처럼 감옥으로 끌려가야 했다. 하나님의 율법보다 일본의 법을 더 무서워하던 시대였다.

그러나 이제 해방되지 않았는가. 그런데도 또 무엇이 두려워 그런 나쁜 구습을 버리지 못한단 말인가. 성경이 "그런즉 내 사랑하는 자들아 우상 숭배하는 일을 피하라"(고전 10:14)고 말하지 않던가.

물론 그들만을 탓할 수는 없었다. 그들에게 허물이 있다면 지도자와 목자를 잘못 만난 죄밖에 없었다. 교단지도자들이 평양 신사에 가서 참배까지 했으니 그들의 설교를 믿고 따르는 일반 신자들에게 무슨 허물을 씌울 수 있겠는가. 신사참배에 찬성하고 적극 실행한 목사들 중에는 제1, 2계명은 구약 시대의 것이므로 신약 시대인 지금에는 해당되지 않는다는 해괴망측한 망언을 늘어놓는 이들도 있었다.

언젠가 아버지는 말씀하셨다. 이렇게 범교회적으로 한국 교회가 타락하여 하나님께 죄를 지었기 때문에 그 죄의 결과로 하나님의 진노를 받아 해방 후 삼팔선이 그어졌노라고. 해방은 끝까지 신사참배를 거부하며 하나님의 계명을 지킨 순교자들과 옥중 성도의 공이요, 삼팔선은 일본의 앞잡이가 되어 선량한 성도들을 현혹하고 나쁜 길로 인도한 교회지도자들의 죄의 대가인지도 모른다고….

사실 강압과 고문의 일제 시대에 신사참배를 거부한다는 것은 지금 우리가 막연히 느끼는 것보다 훨씬 힘들고 어려운 일이었다. 그것은 바로 생명과 직결되는 사안이었다. 죽음도 두렵지 않은 투철한 신앙심이 뒷받침되어야만 가능한 일이었다.

　아버지의 설교는 그런 저간의 사정을 맹렬히 지적하면서 시작되었다. 아버지는 마치 하늘에서 터져나오는 뇌성과 같이 우렁찬 목소리로 성도들의 나약한 신앙을 꾸짖었다. 출옥 후 처음하는 설교였다. 그랬기에 5년간 차곡차곡 쌓인 한(恨)과 신앙의 지극한 열정이 그토록 당당한 외침으로 나타났으리라.

　"회개하라!"

　청천벽력과도 같은 음성이 터져나왔다. 아버지의 설교는 광야에서 외치는 세례 요한의 메시지 그대로였다. 성전을 어지럽히는 장사치들을 질타하던 예수님의 외침 그대로였다.

　교회 안은 일순간 찬물을 끼얹은 듯 잠잠해지더니 어느 순간 갑자기 이곳저곳에서 회개의 울음이 터져나오면서 통곡의 바다로 변해 버렸다. 가슴을 치며 껑충껑충 뛰는 이, 눈물 범벅이 되어 쉬지 않고 중얼중얼 기도하는 이, 옆 사람과 얼싸안고 교회당이 떠나가라 찬송 부르는 이….

　그야말로 하늘 문이 열리는 충만한 은혜의 시간이었다. 그 동안 참 말씀에 주려왔던 신도들은 실로 오랜만에 열린 하늘에서 쏟아져 내리는 생수 같은 말씀의 폭우에 온몸을 적시며 하나님의 진리의 말씀에 새롭게 눈을 뜨는 듯했다. 메마른 그들의 신앙은 아버지 설교의 양분을 흡수하고 비로소 소생하기 시작했다. 그들은 불과 몇 시간 전만 해도 반 거지 취급하며, 초라하고 어리숙하다 여기고 업신여긴 사람에게서 전율과도 같은 신앙의 충격을 받은 것이다.

지금 생각해도 신기한 것은, 어떻게 그토록 비쩍 마르고 야윈 몸에서 그렇게 크고 우렁찬 음성이 터져나올 수 있었나 하는 것이다. 그때 어린아이에 불과했던 나는 경이로움을 넘어 황홀한 심정으로 아버지를 우러러보았다. 아버지의 육신은 말라 비틀어진 가을 낙엽처럼 볼품없었지만, 그 영(靈)은 날로 풍성해져 하늘을 흔들고 땅을 진동시키는 빛의 사람이 되어 있었다.

그날 아버지의 설교 내용을 지금 자세히 기억할 수는 없으나 회개하라는 외침만은 가슴 깊이 박혀 여태껏 생생하게 떠오른다. 그 열정적인 몸짓과 함께.

그날의 일 가운데 또 한 가지 기억에 남는 것은 성도들이 끓여 내온 팥죽이다. 아버지는 설교 도중에 우연히 팥죽에 대한 이야기를 했다.

"…그날은 마침 동짓날이었습니다. 하긴 추위를 가릴 변변한 겨울옷 한 벌 없는 수인들의 처지에 동지라고 특별한 대우가 있을 리만무했습니다. 그저 얼음장처럼 차가운 마루 바닥에 앉아 신세 한탄을 하거나 이 춥고 견디기 힘든 겨울을 어떻게 무사히 지낼 수 있을까를 궁리할 따름이었습니다. 그런데 참 이상도 하지요. 분명히 그 감옥에는 팥죽 끓일 만한 일도 없고 팥죽을 먹을 만한 곳도 아닌데, 이상하게 팥죽 냄새가 코끝을 살짝 지나갔습니다. 난데없이 따끈따끈한 팥죽 한 그릇이 그렇게 먹고 싶을 수가 없었습니다. 주먹밥도 원 없이 못 먹는 실정에 팥죽이라니, 참 가당치 않은 욕심이었습니다. 팥죽에 든 새알 하나라도 먹었으면 소원이 없겠다…."

그런데 다음날 아침이었다. 은혜받은 성도들이 언제 어디서 끓였는지 여기저기서 팥죽을 가져와 팥죽 파티가 벌어진 것이다. 참 세상 인심이란 요지경이다. 전날만 해도 개밥 주듯이 찬밥 한 덩어리씩만 던져주던 성도들이 다음날 아침에는 아버지의 설교에 감동해 너도나도 팥죽을 끓여온 것이다. 덕분에 우리는 팥죽을 배불리 먹을 수 있었다. 그후 아버지는 여러 곳을 다니며 특별 설교를 했다.

동장이와 나는 고아원에 있었으므로 해방되고 바로 아버지를 만날 수 있었으나 다른 식구들은 그럴 수가 없었다. 다들 뿔뿔이 흩어져 있었고, 서로 소문을 따라 찾아다녔다.

그때 산 속 움막에서 나환자들과 함께 생활하고 있던 작은오빠는 황 고모에게 "나 부산 박신출(두 오빠가 다니던 통 공장 사장) 집사님 댁에 볼일이 있으니 잠시 다녀올게요." 하고 박신출 집사님 집으로 갔다가 그곳에서 비로소 해방된 사실을 알았다. 작은오빠는 해방되고 나서도 두 주 동안이나 해방이 된 줄 몰랐던 것이다.

마침 아버지는 아버지대로 감옥에 있을 때 편지를 주고받던 박신출 집사님 집으로 우리 가족의 소식을 물으러 갔다. 그리하여 그 박신출 집사님 집에서 작은오빠와 아버지가 우연히 상봉하게 되었고, 작은오빠가 그동안 우리집을 도와준 남강다리 밑의 나환자 거지 집단에 대한 이야기를 들려주자 아버지는 우선 그곳부터 들르자고 했다.

아버지는 그곳에서 나환자들을 모아놓고 진심에서 우러난 감사의 눈물을 흘린 후 남강다리 밑에서 부흥집회를 열었다. 집회를 마친 아버지는 황 고모를 만나기 위해 작은오빠와 함께 옥종면 북방리 움막으로 가서 그토록 만나고 싶던 황 고모와 겨우 해후했다. 세 사람은 이렇게 헤매 다닐 것이 아니라 우선 애양원으로 가서 거기서 아직 못 만난 가족들을 기다리자고 의견의 일치를 보았다.

아버지와 작은오빠, 황 고모, 이렇게 세 사람이 손잡고 애양원으로 돌아가는데, 어떻게 소문을 들었는지 애양원으로 접어드는 긴 둑길에 나환자들이 구름처럼 몰려나와 아버지를 맞이했다.

"와아! 손 목사님이 돌아오신다. 할렐루야!"

"보라. 우리의 목자가 환난을 이기고 돌아오신다."

"오! 목사님, 우리 목사님."

애양원의 모든 나환자들이 긴 둑길로 구름 떼처럼 몰려나와 고함을 지르고 함성을 올리며 아버지를 환영해 주었다. 아버지는 나환자들의 손을 일일이 잡기도 하고 얼싸안기도 하며 그동안의 안부를 물었다. 그리고 눈물을 흘리는 성도들의 눈물을 닦아주었다.

이때가 해방이 되고 한참 지났을 때다. 서로 찾아 헤매다가 어머니와 큰오빠가 있는 곳을 누군가 알려주어 애양원에서 사람을 보내 남해 산골에 숨어 지내던 어머니와 큰오빠, 동림이를 불러왔고, 큰오빠는 고아원에 있던 나와 동생을 데려가려고 왔다. 포악하던 일본 원장 안토는 쫓겨갔고, 전쟁중에 울며 떠나갔던 월슨 박사와 원가리 선교사도 돌아왔다. 어디 그뿐인가. 신앙의 자유를 찾아 떠났던 북방리 산 속 움막의 나환자들도 돌아왔고, 남강다리 밑에서 천막치고 살던 거지 나환자들도 돌아왔다. 험한 세월이었지만 하나님은 머리털 하나도 다치지 않게 보호해 주시다가 때가 되자 고스란히 보내주셨다.

드디어 온가족이 다시 한 자리에 모였다. 참으로 꿈만 같은 일이다. 이런 날이 오리라고 감히 상상이나 했겠는가. 하나님은 우리 가족을 버리지 않으셨다.

안타까운 것은 그런 큰 기쁨을 함께할 수 없는 분이 있다는 것이다. 75세의 고령에도 늘 옥중에 있는 아들을 염려하고 자식들의 장래와 굳건한 신앙을 위해 기도와 편지 쓰기를 쉬지 않던, 우리 믿음의 뿌리인 할아버지께서 하늘나라로 떠나신 것이다. 1945년 4월 13일, 해방을 불과 4개월 앞두고 이역 만리 하얼빈에서 눈을 감으셨다.

독수리처럼 강하고 비둘기처럼 온유한 할아버지는 그날도 여느 날처럼 점심식사 후 손자들과 함께 봄볕을 쐬셨다고 한다. 저녁이 되자 "이제부터 나는 기도할 테니 방에 불 좀 많이 때라." 하고는 방으로 들어가셨는데, 천장에 달려있는 줄을 붙잡고 기도하다가 그 자세 그대로 운명하셨다는 것이다. 할아버지는 하늘나라에 가기 직전까지도 기도하고 계셨다. 감옥에 있는 아버지와 고아가 된 우리, 또 흩어진 가족을 위해 기도하다가 그 자세 그대로 하늘나라에 가신 것이다.

예수님을 영접한 후 평생을 믿음을 지키며 살아온 할아버지다. 우리 가족의 믿음의 시초요 구심점이며 터전이었던 할아버지다. 우리 가족의 가슴은 천갈래 만갈래 찢어지는 듯했다. 어린 내 가슴이 그러한데, 두 오빠의 가슴이 그러한데, 효성이 지극하기로 소문난 아버지의 가슴은 오죽했으랴. 평소 살아계실 때 내 고향에 묻히고 싶다고 늘 말씀하셨기에 할아버지의 유골은 훗날 큰오빠가 만주에서 모셔와 칠원 선산에 묻었다.

산산조각 났던 우리 가족은 애양원을 떠난 지 만 5년 만에 그리운 옛집 애양원으로 돌아왔다. 아버지는 다시 목회를 하게 되었고 또다시 나환자들과 어울리기 시작했다. 누구 하나 간섭할 사람 없는 자유의 세계, 철창 속을 벗어난 새가 하늘을 나는 것처럼 기뻤다. 만물이 소생하듯 우리는 다시 소생했다.

봄이여 왜 벌써 떠나시려오

이 행복은 절정을 이루었지만
결코 길게 이어지지는 못했다.
심술쟁이 회오리바람이 서서히 다가오고 있었다.
큰 폭풍이 문 앞 가까이 다가오고 있었지만,
그 누가 그것을 알았으랴.

애양원의 여름은 활기에 넘쳤다. 늘 보던 바다였지만 해방 후에
보는 바다는 달라 보였다. 새롭게 단장한 듯 한없이 푸르고 맑았다.
불어오는 바람결에서도 알 수 없는 새로운 기운이 느껴졌다. 나환자
들의 흉한 걸음걸이도 눈에 거슬리지 않았다. 오히려 꼬부라진 손,
일그러진 얼굴들이 아름답기까지 했다. 하늘과 땅, 나뭇잎과 뒹구는
돌멩이, 어느 것 하나 사랑스럽지 않은 것이 없었다. 그 모든 것이 하
나님의 크신 은혜를 찬양하는 것처럼 보였다. 마른 나무에 새싹이
돋듯 우리는 다시 태어났다.

가끔 아버지가 설교 준비를 하다가 잠시 쉬려고 누울 때면 아버
지 옆에 달라붙은 나와 동장이는 아버지의 팔을 한쪽씩 나눠 베고는

서로 아버지 얼굴이 자기 쪽으로 오게 하려고 아버지 얼굴을 연신 돌려댔다. 그럴 때면 아버지는 내쪽에 한 번 동장이 쪽에 한 번 번갈아 가며 얼굴을 돌리다가 넌지시 묻곤 했다.

"동희야, 동장아."

"네."

"아버지가 감옥에 있을 때 할아버지는 뭘 하며 소일하셨니?"

누구보다도 효성이 지극했던 아버지는 할아버지의 마지막 가시는 길을 지켜보지 못한 자신에 대해 심한 죄책감을 느끼는 듯했다. 그래서 그런지 늘 할아버지에 대해 묻곤 했다. 그러면 우리는 서로 질세라 생각나는 대로 이것저것 앞다퉈 이야기했다.

"할아버지는요, 고기 잡숫고 싶다고 산고양이 잡으러 다니셨어요. 그런데 한 번도 못 잡아오셨어요. 대신 부잣집 쓰레기통을 뒤져서 고기 내장을 주워 와서는 어머니에게 국을 끓여달라고 하시곤 했어요. 할아버지는 아버지한테 편지가 오는 날이면 늘 우셨어요. 손을 부들부들 떨면서 겨우 봉투를 뜯으시고는 '양원아, 아이고 양원아!' 하고 엎드려 우셨어요. 편지를 다 읽고 나면 또 편지를 꽉 움켜쥐고 '양원아, 불쌍한 양원아!' 하시며 울기만 하셨어요."

우리는 정말이지 너무나 철이 없었다. 우리의 말을 들으면서 아버지의 가슴이 얼마나 미어질지 조금도 헤아릴 줄 몰랐다. 우리는 예사롭게 한 말이지만 그 말이 아버지에게는 예리한 칼날이 되어 가슴을 후벼파리라는 사실을 미처 깨닫지 못했다. 그렇게 가슴이 갈가리 찢어지는 듯한 상한 심령으로 못다한 효도를 갚으려고 했는지 모른다.

아버지는 양팔을 베고 있는 우리를 밀어내고 방바닥에 얼굴을 댄 채 어깨를 들먹이며 울었다. 그제서야 우리는 '아차, 우리가 아버지의 마음을 미처 헤아리지 못하고 쓸데없이 재잘거렸구나…' 하고 뉘우쳤다. 그러나 그 다음날 아버지가 또 넌지시 질문을 던져오면 우리는 질세라 앞다투어 똑같은 실수를 저지르곤 했다.

우리의 그런 철없는 대꾸와는 달리 어머니와 두 오빠는 그동안 우리 가족이 고생한 이야기는 일체 입 밖에 내놓지 않았다. 그동안 어떻게 지냈느냐고 아버지가 오빠들에게 물으면 "하나님이 보살펴 주셔서 5년간 아무 탈 없이 잘 지냈어요." 할 뿐이다. 아버지 마음 아플까봐 일부러 그 지긋지긋한 고생담은 털어놓지 않은 것이다. 그 점에 있어서는 아버지도 마찬가지였다.

"아버지, 주기철 목사님이나 한상동 목사님 같은 분들은 감옥에서 심한 고문을 당하셨다고 하던데 아버지는 어떠셨어요?" 하고 물으면 "나는 괜찮았단다. 감옥에서 아무 고생 없이 잘 쉬다 왔단다." 하실 뿐이다.

말한다고 알고 말하지 않는다고 모를 것인가. 말보다 더 귀한 것은 마음의 대화인데, 아버지나 어머니 그리고 두 오빠는 이미 마음으로 대화를 나누고 있었다. 그런 깊은 마음을 깨닫기에는 내 나이가 너무 어렸다.

아버지는 평소에도 늘 말씀하셨다. 기독교 신앙은 고난을 통해서만 단련된다고. 1943년 8월 18일에 아버지가 감옥에서 어머니에게 보낸 편지에는 이런 구절이 있다.

…여보, 나는 솔로몬의 부귀보다 욥의 고난이 더욱 귀하고, 솔로몬의 지혜보다 욥의 인내가 더욱 아름다워 보입니다. 그것은 솔로몬의 부귀와 지혜는 나중에 타락의 매개가 되었으나, 욥의 고난과 인내는 최후에 영화가 된 까닭이외다. 사람의 영화는 최후를 보아서 알 것이요, 참다운 지혜는 죄악을 떠남이겠나이다. 안심과 희락은 만병의 보약이오니, 모든 염려를 주께 맡기시고 부디 병석을 떠나소서…. 부귀영화의 뒤끝은 다시 섭섭하나 고난의 뒤는 위로와 기쁨의 다음 차례가 되는 법입니다. 하물며 주 안에서 고난은 진리가 아니리요….

고난을 오히려 신앙의 필요 조건으로 여기던 아버지였으니 감옥에서의 고충을 낱낱이 털어놓을 분이 아니었다.

우리는 해방이 되자 학교에 입학하게 되었다. 그렇게도 가고 싶던 학교, 그렇게도 부럽던 학생들이 아니었나. 그런데 이제 나도 학교를 다닐 수 있게 된 것이다. 하기 싫어서 안 한 공부가 아니다. 비록 가난하기 이를 데 없지만 돈이 없어서 못 다닌 것도 아니다. 머리가 나빠서도 아니고 품행이 방정하지 못해서도 아니다. 오직 하나, 하나님의 계명을 지키기 위해 학구열을 잠재운 것뿐이다. 단지 그 때문에 자진해서 학교 가기를 포기한 우리였다. 우리는 물 만난 고기처럼 펄쩍펄쩍 뛰며 기뻐 어쩔 줄 몰랐다. 그런데 애양원 근처에는 산간벽지라 학교가 없었다. 그래서 우리 남매는 애양원에서 50리 정도 떨어진 순천에 있는 학교를 다녀야 했는데, 고맙게도 애양원에서 순천에 우리의 거처를 마련해 주었다.

막상 학교에 들어가려고 하니 약간의 문제가 가로막고 있었다. 우리 나이가 너무 많다. 그동안 공백이 그 만큼 길었던 것이다. 큰오빠는 초등학교 3학년까지 다니다가 신사참배를 거부하여 퇴학당했는데, 나중에 창신학교로 전학하여 간신히 소학교를 졸업했다. 작은오빠 역시 초등학교 3학년 때 신사참배를 거부하여 퇴학당했다. 내 경우는 우상숭배의 죄를 염려한 어머니가 아예 학교에 보내지 않았다. 그러나 1학년부터 들어가 공부하기엔 너무 늦은 나이였다. 그렇다 보니 학교에 편입하기도 쉽지 않았다. 학교 측에서는 우리 나이가 너무 많다며 편입시켜주지 않았다. 다행히 아버지 친구 나덕환 목사님이 일일이 우리 형제들을 데리고 학교장에게 찾아가 그동안 학교에 못 다닌 이유를 자세히 설명하면서 사정사정해 우리는 간신히 학교에 입학하게 되었다.

큰오빠는 순천 사범학교(현재 순천 농업고등학교) 4학년으로, 작은오빠는 순천중학교 2학년으로, 나는 나이대로 하자면 6학년에 다녀야 했지만 학교라고는 문턱에도 가보지 못한 입장에서 그럴 수도 없는 일이라 초등학교 4학년으로, 동장이는 2학년으로 들어갔다. 우리 형제들은 늦게 학교에 들어갔기에 나이와 학년의 차이가 다른 학생들보다 훨씬 많았다. 순천에서 거처를 구하지 못한 처음 얼마 동안은 임시로 나덕환 목사님 집에서 신세를 지며 학교에 다녔다. 그러다가 대략 1개월 후쯤 우리가 살 집이 마련되어 그곳으로 옮겼다. 공부하는 우리 형제들은 순천에서 살고, 부모님은 애양원에 살고 이렇게 두 살림이 시작된 것이다. 물론 나는 토요일이면 애양원에 갔고, 방학 때도 애양원에서 지냈다.

당연한 일이지만, 두 오빠는 학교 공부를 따라가기가 무척 힘들었다. 그간 공장에만 다니느라 너무 오랜 기간 공부를 쉬었으므로 그것은 어쩔 수 없는 현상이었다. 오빠들은 밤 12시가 넘도록 열심히 공부에 매달렸다. 잠을 자다가 문득 깨어보면, 오빠들은 코피가 흐르는 코를 솜으로 틀어막고는 밤이 깊은 줄도 모르고 공부에 열중했다. 나덕환 목사님의 큰아들 제민 오빠가 작은오빠 공부에 많은 도움을 주기도 했다. 제민 오빠는 남들이 다 인정하는 수재였는데, 특히 작은오빠와 절친한 사이였다.

오빠들에 비해 나는 다른 아이들을 따라가는 일이 그렇게 힘들지는 않았다. 초등학교 과정이라 아무래도 따라가기가 더 쉬웠던 것 같다. 학교 한번 다녀보는 것을 그토록 소망해 왔던 터라, 힘들기는커녕 하루하루가 마냥 기쁘기만 했다. 공부뿐 아니라 학교생활 전부가 온통 신나는 일 투성이었다. 공부하는 시간, 교과를 배우는 시간이 그렇게 즐거울 수 없었다.

그러다 보니 자연히 성적이 쑥쑥 올랐고, 그 해 말에는 우리반에서 1등을 했다. 그래서 나는 5학년을 거치지 않고 바로 6학년으로 월반해 올라갔다. 지금은 없어졌지만 그때는 반에서 1, 2등 하는 학생은 월반할 수 있는 제도가 있었다. 그렇게 나는 초등학교를 2년 만에 졸업했다. 오빠들은 그런 나를 친구들에게 소개하며 "내 동생은 천재야." 하고 자랑을 늘어놓았다.

순천에서 우리는 나덕환 목사님이 담임으로 있는 승주교회(현 제일교회)에 다녔다. 나덕환 목사님의 아들이자 오빠들의 절친한 친구인 나제민 오빠가 친필로 쓴 글을 옮겨보았다.

…동인 형의 교회활동은 교회의 모든 면에서 두드러지게 나타났다. 특히 유년주일학교에서는 기둥이 되었고, 학생회와 찬양대 지휘에서 그러했다. 주일학교 선생 중에서도 가장 인기였던 이유는 유난히 목소리가 고왔던 까닭이다. "하늘에서 내려온 천사의 목소리 같다"는 평을 들었기 때문이다. 그 무렵 동인 형은 순천사범학교 오경심 선생에게 사사받고 있었다. 음악선생은 음악경연대회에는 으레 동인 형을 앞장세웠다. 그리고 동인 형은 언제나 최우수상을 가져왔다. 그래서 모든 음악행사(동요, 동화, 놀이 등)가 동인 형의 주도하에 이루어졌다. 어린이들에게 믿음의 조상들에 관한 일화를 동화로 잘 엮어서 들려주었다. 또 동인 형의 활동은 기독학생회에서도 최고에 달했다고 생각한다. 해방 후 맨 처음 동인 형이 순천 우리 교회에 온 지 몇 주 안 되어서 ① 승주교회 내의 기독학생들을 규합하기 시작했다. 그러고는 동인 형은 장로님들을 고문으로 모시고 와서 우리의 회의진행을 지켜보게 했고, 사업계획도 의논해 나갔다. 우리 교내 기도학생회를 조직한 다음 ② 순천사범학교(동인이 다닌 학교)의 기독학생들을 규합하여 기독학생회를 조직했는데, 여기에 동인 형이 회장으로 당선됐다. 그리고 ③ 순천중학, 여중학, 순천농업학교, 순천매산학교 등 순천에 있는 각 학교마다 기독학생회가 조직되어 '순천연합기독학생회'가 탄생됐다. 여기에 동인 형이 초대회장으로 당선됐다. 그리고 얼마 안 되어 ④ 전국에 걸쳐 '한국기독학생회'(Korean Christian Students Federation-K.C.S.F.)가 결성됐다는 통지서가 왔다. 이를 위해 준비위원장들은 자주 순천을 방문했고 함께 모임을 가졌다. 준비위원장은 신성국 목사(현 미국장로교 총무)와 김현자(현

YWCA이사, 전 국회의원)였다. K.C.S.F.가 탄생되어 1946년 하기 수양회가 서울에서 열렸고, 임원들은 순천에 내려오면 으레 여수 애양원을 방문했고, 그곳을 여행하는 동안 K.C.S.F.의 사업활동에 대해 회의를 벌이기도 했다. 우리 기독학생회 임원들은 잘도 뭉쳐 다녔다. 기독학생회 기금을 마련하기 위해 많은 교인들을 졸라댔다. 순천에 큰 병원을 경영하는 고문장로님들은 우리 기금모금 명단의 단골로 최상위에 계신 분들이다. 회비와 예배헌금으로 충당할 수 없으면 우리는 병원장로님들 집에 찾아가 우리 사업을 설명하는 데 열을 올렸다. 물론 동인 형이 언제나 앞장섰다. 우리 설명을 들은 장로님은 아무 말 안 하시고 비용을 듬뿍 주시는데, 그것은 우리가 부풀려 이야기한 금액을 능가해 3분의1을 더 주시는 것이다. 우리는 이런 기금을 모아서 K.C.S.F.를 잘 추진해 갔다. 이리하여 K.C.S.F.에 대한 관심은 초창기부터 매우 높았고, 또 우리 기독학생들의 전국기독학생운동에 대한 관심과 활동도 강렬했다.

동인 형은 독창을 부를 기회도 많았는데, 그럴 때면 특별히 "하늘 가는 밝은 길이"를 즐겨 불렀다. 생각해 보면 그때 이미 자신 앞에 예비된 길을, 그 죽음의 길을 미리 예감하고 있었는지도 모르겠다는 느낌이 든다.

당시 큰오빠의 인기는 대단했다. 그도 그럴 것이, 오빠는 기독학생회 회장이었으며 노래도 잘 불렀고 게다가 미남이었다. 성품도 강직하면서 부드러웠고 정의감에 불타면서도 자상했다.

그런 오빠였기에 오빠를 짝사랑하던 언니들도 상당히 많았다. 내

동인 오빠 같은 반 학우들. 죽기 3개월 전. ▼ 표시가 손동인

가 알고 있던 사람만도 여럿이다. 그 언니들은 나를 보면 마치 오빠를 대하듯 반갑게 맞아주며 선심을 베풀었고, 이것저것 오빠에 대해 묻곤 했다. 나는 큰오빠 덕분에 귀한 선물을 받기도 하고, 빵집이며 맛있는 음식점에 곧잘 초대받기도 했다.

큰오빠가 나를 사랑하는 마음은 참으로 각별했다. 간혹 작은오빠나 동장이와 말다툼을 할 때면 큰오빠는 언제나 내 편을 들어주었다. 큰오빠는 자신이 좋아하는 음악 공부를 내게도 권했다. 오빠는 내가 음악을 배울 수 있는 기회를 만들어주려고 무척이나 애썼다. 어느날인가는 웃음 띤 얼굴로 "동희야, 오빠가 너 피아노 배울 수 있게 해줄 테니 나중에 오빠가 노래할 때 꼭 반주해 주어야 한다. 알았지?" 하더니 며칠 지나지 않아 실제로 오빠는 '구자례'라는 피아니스트이자 여자선교사에게 나를 맡겨 피아노를 배우게 했다.

나는 행복에 취해 숨이 막힐 지경이다. 한평생 고아원에서 살 줄만 알았던 내가 아니었나. 또 한평생 도망병이라 산 속으로만 쫓겨다닐 줄 알았던 오빠들이 아니었나. 우리집에 천지개벽이 일어난 셈이다. 사람의 운명이 이렇게까지 바뀔 수 있는가. 평생 소원이었던 학교도 다닐 수 있게 된 데다가, 이젠 피아노까지 배우게 되었으니 마치 구름 위에 뜬 기분이었다. 그렇게 기쁘고 행복할 수가 없었다. 사람은 불행을 겪어야만 행복의 진가를 아는 법이다. 나는 너무 행복해서 차라리 불안할 지경이었다. 그것이 나와 피아노와의 첫 만남이었으며, 오빠의 마지막 선물이기도 했다.

여름방학이 되면 우리는 으레 애양원 집으로 향했다. 그동안 떨어져 지낸 부모님과 한자리에 앉아 엄마가 해준 맛난 음식을 먹으며 쌓인 이야기들을 털어놓고 정을 나누었다. 그리고 우리집 뒤 그 푸르고 맑은 바닷가에서 한여름을 보냈다. 특히 작은오빠는 가끔 어머니가 산기도를 가는 날에는 혹시 어머니가 안 깨워줄까봐 어머니가 주무실 때 옷고름을 자기 옷에 연결해서 어머니가 깰 때 같이 깨어 산기도를 따라다니기도 했다. 큰오빠는 공부에 지친 머리를 식힐 겸 가끔 낚시를 하러 나가곤 했는데 그럴 때면 언제나 나를 찾았다. 태양이 이글대는 한여름 낮이면 오빠는 나를 불렀다.

"우리 동희, 예쁜 동희, 날 따라와라."

"어디 가는데, 오빠?"

"낚시하러 간다. 따라오면 고기 잡아줄게."

큰오빠는 밀짚모자 쓰고 어깨에 낚싯대를 메고, 한 손엔 고추장 병을 들고 또 한 손으로는 내 손을 잡고 파도가 철썩이는 애양원 뒤

바닷가로 향했다. 오빠는 그 아름다운 목소리로, 마치 파도에게 들려주기라도 하듯 크게 노래를 부르며 발걸음을 옮겨 놓았다. 오빠의 노랫소리는 물결치는 소리와 어울려 맑고 경쾌하게 공중을 떠돌았다. 오빠의 노래를 들을 때마다 나는 그 목소리가 하나님이 주신 참 귀한 선물 중 하나라고 생각했다. 오빠의 노래 속에는 알 수 없는 이상한 힘이 있었다. 오빠의 노래는 저 끝없는 바다, 푸르디 푸른 바다, 깊이를 알 수 없는 바다처럼 깊고 무한하고 감동적이었다.

창공을 향해 치달리던 노래는 내 영혼 깊은 곳으로 흘러 들어와 내 마음판에 지울 수 없는 감동으로 새겨졌다. 나는 오빠의 손을 잡고 쫄랑쫄랑 따라가다가 오빠가 노래하면 나도 노래하고, 오빠가 뛰어가면 나도 따라 뛰고, 오빠가 모래밭에 넘어지면 나도 넘어지고, 웃음을 터뜨리면 따라서 까르르 웃음을 터뜨리곤 했다. 그렇게 바다로 가는 길은 언제나 행복했다. 우리는 거북바위 밑으로 갔다. 오빠는 낚시질한 고기를 회로 떠서 고추장에 찍어 먼저 내 입에 넣어 주었다.

몇 년이 지난 지금도 그때 거북바위 밑에서 큰오빠와 둘이 먹던 생선회 맛이 입 안에 감미롭게 감돈다. 이젠 가슴 아픈 추억이 되었지만 그 다정한 눈빛 속에 오갔던 숱한 이야기들은 영원히 내 가슴 속에서 진주처럼 빛나고 있다. 그때 그 노랫소리! 그 정겨운 이야기는 저 푸른 바닷속 깊은 데서 여전히 살아 숨쉬고 있으리라.

또 겨울방학 때도 큰오빠와의 추억은 언제나 즐겁고 행복한 것들뿐이다. 애양원 근처 '당머리'에는 빙판이 많았는데, 오빠는 늘 나를 데리고 썰매를 타러 다녔다. 썰매는 오빠가 못질해서 손수 만들었다.

"우리 동희, 예쁜 동희, 썰매 타러 가지 않을래?"

오빠가 부르면 나는 열일 제쳐놓고 뛰어갔다. 기온이 영하 10도 정도로 떨어지면 썰매 타기에 더없이 좋은 상태로 얼음이 단단하게 굳는다. 스케이트를 타는 아이들, 썰매를 타는 아이들로 만원을 이룬 빙판에서 나는 오빠가 태워주는 썰매에 올라타 씽씽 바람을 타고 달렸다. 그러면 비록 볼은 사과처럼 발갛게 얼어붙었지만 내 마음은 백설공주가 된 듯했다.

즐거운 시간은 흐르는 물처럼 빨리 지나가는 법이다. 썰매에서 내려 언 볼을 손으로 녹이려고 하면 오빠는 "춥지?" 하며 코트를 벗어 내 작은 몸에 입혀주었다. 그럴 때 나는 오빠의 따뜻한 마음을 그 코트에 묻어 있는 오빠의 체취에서 느끼곤 했다. 오빠는 따뜻한 손을 내밀어 호호 불어가며 내 손을 녹여주었다.

오빠의 코트를 입고 알맞게 훈훈해지면 슬슬 졸음이 몰려오기도 하고 배가 고프기도 했다. 이제 그만 돌아갔으면 할 때면 오빠는 어떻게 내 마음을 알았는지 내 손을 잡고 농부들이 군데군데 피워놓은 모닥불 곁으로 데리고 갔다. 농부들 사이로 비집고 들어가 나를 앉혀 놓고 오빠는 어딘가에서 생고구마를 구해와 먹음직스럽게 불에 구워서 군침 도는 고구마를 나에게 내밀었다. 나는 그 군고구마를 호호 불어가며 맛있게 먹었다.

내 몸에는 오빠의 사랑을 실감케 하는 표적이 하나 있다. 지금도 선명하게 남아있는 오른쪽 팔꿈치의 흉터 자국이다. 그때 나는 학교에서 돌아오는 길이었다. 길가에 있던 커다란 바위에 걸려 넘어졌는데 그만 팔꿈치가 바위에 부딪치고 말았다. 피가 줄줄 흘러내렸고 뼈가 부러졌는지 참을 수 없이 고통스러웠다. 그렇게 지독하고 숨이 턱턱 막히는 통증은 난생 처음이었다. 나는 한참 동안을 길가에 쪼그리고 앉아 있다가 간신히 집으로 들어갔다.

"오빠, 나 뼈가 부러진 것 같애."

나는 다친 팔을 다른 손으로 감싼 채 엉엉 울며 오빠에게 말했다. 오빠는 얼굴이 파랗게 질려 눈물을 찔끔거리는 나를 등에 업고 침을 맞히러 갔다. 그러나 침을 맞아도 통증은 사라지지 않았다. 잠이라도 들어버렸으면 좋겠는데, 아픔이 너무 심해 도무지 잠을 잘 수가 없었다. 큰오빠는 그런 나를 등에 업고 집 주위를 몇 바퀴나 돌았는지…. 나를 업은 채로 달래고 위로해 준 덕에 나는 간신히 잠을 잘

손동인 죽기 1개월 전, 같은 반 기독학생들과 함께

수 있었다. 지금도 오른쪽 팔꿈치에 난 그 흉터만 보면 큰오빠의 지극한 사랑이 생각나서 목이 멘다. 그 흉터는 지금까지도 잊을 수 없는, 아니 죽는 날까지 영원히 잊지 못할 하나의 표적이다.

큰오빠를 추억하자니 떠오르는 일이 또 한 가지 있다. 어느날인가 큰오빠가 다니던 순천 사범학교에 불이 나 건물이 몽땅 타버린 적이 있다. 학교를 걱정하는 학생들이 모여 불에 타 없어진 교사(校舍)의 복구를 위해 도울 방법이 없을까를 논의한 끝에 '학예회 순회 공연'을 개최하기로 했다. 거기서 나온 수익금으로 건물 개축에 조금이나마 보태기로 한 것이다.

학예회 프로그램은 연극, 중창, 독창 등으로 짜였는데 큰오빠가 독창을 맡았다. 오빠는 독창할 때마다 생계란을 먹는다. 나는 계란을 꼭 쥐고 있다가 오빠에게 건네주곤 했다. 오빠는 현제명 곡인 "오라" "나물 캐는 처녀" 등을 불렀고, 반주는 성악을 전공한 오경심 선생님이 맡았다.

우리 온 가족은 그 학예회를 관람하며 학생들과 오빠에게 힘껏 박수를 쳐주었다. 모두들 참 열심히 연기하고 노래했다. 그중에서도 큰오빠의 독창은 단연 돋보였다. 천사의 목소리 같다는 칭찬을 여러 사람에게서 들은 오빠의 노래 솜씨는 정말 놀라웠다. 지금도 그때 오빠가 부른 "오라" "나물 캐는 처녀"의 노랫소리가 들리는 듯하다.

젊은 꽃으로 갈 것을 알았을까? 동인 오빠의 25세의 삶, 동신 오빠의 19세의 삶! 그것은 진정 봄, 봄이었음에….

다음은 큰오빠가 죽기 4개월 전인 6월 19일 교내 기관지에 투고한 시다.

봄이여 왜 떠나시려오

봄이여 왜 떠나시려오
눈 위에 북풍 애연하게 귀, 코를 오려내고
 목은 바람눈에 벗기우고 매맞을 때에
그 어느 뉘 그대를 사모하지 않던가
봄이여 그런데 왜 벌써 떠나시려오
그대 기다리는 나의 심사는 하소연이 많았소
남산 밑에 만단설화하려 하였더니
봄이여 봄이여 왜 벌써 떠나시려오

희미한 등잔불 바늘로 돋우고
또닥또닥 빨간 조끼 누비시면서
정몽주, 이순신 이야기하시던
그 옛날, 고향 어머니 그립게만 하고
봄이여 봄이여 왜 벌써 떠나시려오

먼 산과 하늘 사이 아지랑이 뵐둥말둥
아지랑이 따다가 개나리를 피우려고
종달새 애처로이 지저귀며 올라가니
봄이여 이를 보고 어이 어이 떠나려오
이제 가면 언제나 다시 뵈올까요
태평양에 배 띄워 저어가면 뵈올까요

백두산 한라산봉 올라가면 만날까요

아니오, 낙원이나 올라가면 만날 수 있겠지요

참으로 즐겁고 축복받은 나날들이 꿈처럼 흘러가고 있었다. 돌이켜보면 그때야말로 내 생애 최고의 해요 최상의 낙원이었다. 이 행복은 절정을 이루었지만 결코 길게 이어지지는 못했다. 심술쟁이 회오리바람이 서서히 다가오고 있었다. 큰 폭풍이 문 앞 가까이 다가오고 있었지만, 그 누가 그것을 알았으랴.

제3장

순교하십시오

그런 정신으로

견디십시오

하나님은 그때
무얼하고 계셨나요

· ·

"흥, 당신, 알고나 있소?
오늘 당신 아들 두 놈이 다 총살당해 죽었단 말이오"
하고는 입가에 묘한 웃음을 띠며 사라졌다.
그 짧은 말은 엄청난 위력으로 어머니의 심장을 강타했다.

이제 영원히 잊혀지지 않는 그 기막힌 날의 기억을 더듬어야 할
차례가 되었다. 떨리는 내 손으로 도저히 쓸 수 없을 것 같은 심정이
지만, 눈물이 흐르면 눈물을 닦고, 가슴이 떨리면 가슴을 진정시키
고, 분노로 손이 말을 듣지 않으면 잠시 쓰던 손을 멈추고, 짧은 순
간에 포악한 광기에 희생당한 두 오빠의 삶과 죽음을 증언하려고 한
다. 16세의 어린 내 가슴을 갈기갈기 찢어놓은 대사건, 다시는 돌아
보고 싶지 않은 그날의 슬픈 사연, 그 광란의 시간을 되새겨야 할 차
례가 되었다.

그렇게도 많은 세월이 흘렀지만 내 가슴 속에 또렷하고 세밀하게
박힌 상처는 오히려 어제 일처럼 지워지지 않고 생생하기만 하다.

같이 공부하던 학우들에 의해 허무하게 세상을 등져야 했던 내 두 오빠를 회상하자니 벌써부터 가슴이 떨려온다.

1948년 10월 19일이었다. 나는 그날을 똑똑히 기억한다. 그때 나는 순천 매산여중 1학년이었다. 가을 소풍을 가는 날이라 내 가슴 은 잔뜩 부풀어 있었다. 하늘은 깊이를 모르는 호수처럼 푸르고 투 명했고, 가을 벌판은 추수를 기다리는 누렇게 익은 벼들로 황금 물 결을 이루고 있었다. 죽음을 예고하는 불길한 징후는 어디에도 없 었다.

그날 아침에 나는 소풍 가방을 둘러메고 하늘을 날 것 같은 기분 으로 대문을 나섰다.

"동희야, 잠깐만."

갑자기 큰오빠가 나를 불러 세웠다.

"왜 오빠?"

나는 혹시 뭔가 빠뜨린 게 있는가 싶어 발길을 멈추고 뒤를 돌아 보았다.

"이리 좀 와봐."

오빠는 손을 까닥거리며 나를 불렀고, 나는 오빠가 서있는 마루 에 걸터앉았다.

"어디 보자. 우리 동희, 오늘 소풍날인데, 어머니가 곁에 안 계셔 서 맛있는 것 많이 못 쌌지?"

그렇게 말하며 오빠는 언제 준비했는지 우유와 과자를 가방 속에 넣어주고 용돈도 쥐어주었다.

"오빠, 고마워. 그럼 나 다녀올게. 참, 오늘 소풍 갔다가 바로 애양원으로 갈 거야. 내일이 쉬는 날이니까 거기서 하루 쉬었다가 다음 날 바로 학교에 갈 거야."

나는 시간적 여유가 없어 말을 마치자마자 대문 밖으로 뛰어나갔다. 그런데 또 오빠가 나를 불렀다.

"동희야."

"왜 자꾸 불러? 나 시간 없는데."

"그래 알아. 우리 예쁜 동희, 잠깐만 이리 와봐라."

오빠는 내 가방을 열고 내용물을 이것저것 살피고 나서 내 손을 꼭 잡았다. 그날 따라 오빠가 어쩐지 좀 이상하다는 생각이 들었지만 소풍에 빼앗긴 내 마음은 푸른 산과 맑은 물을 향해서만 달음질치고 있었다.

그런데 오빠는 말없이 웃기만 했다. 나는 급히 뛰어나가려고 돌아섰다. 그런데 또다시 오빠가 나를 부르는 것이다. 세 번째다. 이번에는 슬그머니 짜증이 났다. 정말로 시간 여유가 없었다. 빨리 뛰어가지 않으면 지각을 면하기 어려울 것 같았다.

"아이 참, 바쁘다는데 왜 자꾸 불러 세우는 거야? 오빠, 오늘따라 이상한 것 같아. 자꾸 왜 그래?"

나는 얼굴을 찌푸린 채 오빠 곁으로 다가갔다. 장난기가 발동해서 소풍에 온통 정신을 빼앗긴 동생을 놀려주려고 자꾸 부르는 게 아닌가 싶었다. 그런데 오빠의 표정은 한없이 진지하기만 했다. 오빠는 내 양어깨에 손을 올려놓고 그윽한 눈빛으로 내 눈을 한참 동안 들여다보다가 말했다.

"별일 아니야. 소풍 잘 갔다오라는 말 하려고 부른 거야."

오빠는 내게서 눈을 거두며 그렇게 말했다. 평소의 오빠답지 않은 실없는 행동이었다. 나는 오빠가 또 나를 불러 세울까봐 뒤도 돌아보지 않고 밖으로 뛰어나갔다. 이렇게 소풍가기 바빠 뛰어나간 것이 두 오빠와 이 땅에서 마지막이 되었다.

내가 소풍을 다녀왔을 때 두 오빠는 이미 시체로 변해 있었다. 그처럼 날 사랑하던 오빠가 왜 세 번씩이나 나를 불렀을까? 아마 이 세상에서 가장 먼길 떠나는 오빠의 안타까움이, 그 마지막 작별의 아쉬움이 그토록 나를 애타게 부르게 했으리라.

소풍 장소는 애양원 근처에 있는 '신성포'라는 곳이었다. 가을 단풍이 어찌나 곱던지 온갖 꽃이 한데 어우러져 핀 봄날 꽃동산보다 더 아름다웠다. 단풍이 꽃보다 더 아름답다는 사실을 나는 그때 처음 알았다. 오랜만에 딱딱한 학교 수업에서 풀려나 마음껏 자연을 즐기는 기분은 말로 표현할 수 없을 만큼 좋았다.

나는 가을의 정취를 마음껏 음미했다. 시커먼 먹구름 같은 재난은 감히 상상할 수도 없었다. 내가 낙엽을 밟으며 웃고 뛰고 즐기고 있을 때, 두 오빠의 목숨은 위기일발의 순간에 처해 있었다. 이때 두 오빠를 겨냥한 죽음의 그림자는 점점 가까워지고 있었다.

소풍 다음날은 쉬는 날이어서 나는 두 오빠가 있는 순천으로 가지 않고 소풍이 끝난 후 곧바로 애양원으로 갔다. 나는 이런저런 이야기를 하며 오랜만에 가정의 따뜻함에 푹 젖어들었다. 어린애가 되어서 그저 종달새처럼 한없이 재잘거리고만 싶은 기분이었다. 하루 종일 그렇게 마음이 가벼울 수가 없었다. 이상하리만치 기분이 좋았다. 경쾌한 콧노래가 절로 나왔다. 나는 애양원 친구들과 함께 바다에 가서 고막이며 바지락을 잡아 집에 돌아오니 저녁이었다. 전날과 마찬가지로 아무런 불길한 예감도 없이 하루가 지나갔다.

다음날 아침, 나는 순천에 있는 학교로 가기 위해 신풍역으로 나갔다. 그런데 어김없이 제시간이면 기적소리를 요란하게 내며 달려오던 기차가 오지 않는 것이었다. 그 대신 사람들이 여기저기 모여 웅성거리고 있었다. 다들 근심스러운 표정이었다. 나는 궁금해서 견딜 수가 없었다. 도대체 무슨 일이 일어났길래 기차는 오지 않고 사람들은 저렇게 한데 모여 수군거린단 말인가?

나는 사람들 틈으로 비집고 들어가 그들의 주고받는 이야기를 엿들었다. 그들은 이상한 말들을 주고받고 있었다. 지금 공산당이 여수와 순천에서 반란을 일으켜 선량한 양민들을 닥치는 대로 학살하고 있다는 것이다. 그래서 거리에는 그들에게 희생된 시체들이 산을 이룬 채 쌓여있다는 것이다. 수없이 전해지는 갖가지 내용의 오고가는 말 속에는 불길한 예감도 들어 있었다. 기차가 오지 않는 것도 반란군이 철길을 끊어버렸기 때문이라는 것이다.

나는 할 수 없이 터덜터덜 집으로 되돌아왔다. 놀란 눈을 하고 어머니가 물었다.

"학교 안 가고 왜 다시 왔니?"

"기차가 안 다녀요. 빨갱이들이 철길을 끊었대요. 사람들이 그러는데 순천은 지금 불바다래요."

"그래? 그럼 할 수 없구나. 하루 더 쉬었다가 내일 가렴."

"아이 참, 결석하면 안 되는데…."

어머니 역시 심란한 마음이기는 했지만 사태를 그렇게 심각하게 받아들이는 눈치는 아니었다.

소문은 삽시간에 신풍리 동네 전역으로 퍼져나갔다. 사실의 진위를 확인할 수 없는 무성한 소문들이 마을사람들의 입에서 입으로 전해졌다. 사람들은 끼리끼리 모여서 난무하는 소문을 주고받으며 불안한 낯빛으로 서성거렸다.

"여수와 순천에서는 엄청나게 많은 사람들이 죽었다는군."

"어린 학생들까지 반란군에 가세하여 군인들과 대항하고 있대요. 보통 난리가 아닌 모양이에요."

그런 소문을 뒷받침하기라도 하듯 멀리서 총성이 들려오기 시작했다. 그제서야 어머니의 안색이 파랗게 변했다. 어찌 근심이 되지 않겠는가. 그래도 설마 하는 마음으로 어느 정도 안심하고 있었는데 총소리까지 듣고 보니 순천에 있는 4남매의 안전이 못내 걱정되지 않을 수 없었던 것이다.

"두 오빠랑 동장이와 동림이가 걱정이구나."

어머니는 마음을 졸였다. 그 와중에 순천에 있어야 할 동장이가 대문 안으로 터벅터벅 걸어 들어왔다. 반갑기도 하고 의아하기도 해서 어머니가 어떻게 왔느냐고 물었다. 그러자 동장이가 울먹이며 대답했다.

"형님들이 부모님 걱정하신다고 가보라고 해서 왔어요. 세상이 시끄러워졌다고 하시면서요. 반란군이 못 지나가게 하는 걸 집에 가는 길이라고 사정사정해서 겨우 올 수 있었어요."

그때 동장이의 나이 불과 열세 살. 그 어린 나이에 비오듯 총탄이 쏟아지는 난리통을 뚫고 집에 도착한 것이다. 집으로 오는 길에 동장이는 길거리 여기저기에 아무렇게나 널려 있는 많은 시체들을 보고 무서워서 떨었다고 한다.

"형님들이 아침 예배 마치고 나서 내 머리를 쓰다듬으며, 공부 잘하고 부모님 말씀에 순종 잘하라고 했어요. 만일 불행한 사태가 발생할지도 모른다고 하면서, 만약 그렇게 되면 천국에 가서 만나자고도 했어요." 그때 받은 충격으로 훗날 동장이는 정신착란증을 앓았다.

이어지는 동장이의 말이 내 귀에는 예사롭게 들리지 않았다. 웬지 평범한 훈계의 말로만 여겨지지 않았다. 그제서야 불길한 예감이 송곳처럼 날카롭게 가슴에 박혔다. 정말 불안했다. 꼭 무슨 일이 일어날 것만 같았다. 어머니 역시 일이 손에 잡히지 않는지 안절부절못하고 서성거리기만 했다. 하루 종일 마음을 진정시킬 수가 없었다.

어수선한 분위기 속에서도 시간은 흘렀고 어김없이 밤은 찾아왔다. 저녁식사를 마치고 어머니는 부엌에서 설거지를 했고, 나와 동장이는 이런저런 잡담을 나누고 있었다. 그때 멀리서 트럭소리가 들려왔다. 신풍리에서는 좀처럼 들어볼 수 없는 차 소리다.

트럭소리는 점점 가까이 더욱 크게 들려왔다. 때가 때인 만큼 신경이 쓰이지 않을 수가 없었다. 나는 가만히 귀를 기울이고 트럭이 어느 방향으로 가는지 짐작해 보려 했다. 그런데 그 트럭이 우리집을 향해 똑바로 다가오고 있는 것이 아닌가. 공연히 불안하고 긴장되어 나는 속으로 트럭이 우리집을 지나쳐 가기를 빌었다.

그러나 트럭은 내 뜻을 무시하고 정확히 우리집 앞에서 엔진을

끄고 멈췄다. 트럭에는 여러 명의 학생들이 무장한 채 타고 있다가 트럭이 멈추자마자 뛰어내리더니, 우르르 몰려나와 대문을 걷어차고 집 안으로 들이닥쳤다. 그들의 얼굴에는 살기가 등등했다. 어떤 이성적 판단도 불가능해 보이는 광기 어린 모습이었다.

"여기가 손양원 목사 집이지. 손 목사, 어서 나와!"

고함을 치며 떠드는 그들은 아주 앳된 얼굴의 학생들이었다. 그러나 흥분으로 번들거리는 그 얼굴은 이미 순진한 학생의 것이 아니었다. 피에 주린 야수의 얼굴, 광기로 무장한 악마의 얼굴들이었다.

아직 때가 이르지 않아서였을까? 아니면 하나님이 미리 알고 아버지를 피신시키신 것일까? 다행히 그때 아버지는 집에 없었다. 만약 그들과 맞닥뜨렸다면 아버지는 그날로 화를 면치 못했을 것이다.

그들은 무자비하고 난폭했으며 무례하기 짝이 없었다. 출타중이라고 분명히 알렸는데도 우리 말을 믿지 않고 신발을 신은 채 방으로 뛰어들어와 이방저방 뒤지기 시작하더니, 총칼과 죽창으로 천장이건 마루건 닥치는 대로 쿡쿡 쑤셔댔다.

빨갛게 핏발이 선 눈들이 불빛 아래 번들거렸다. 그들은 구석구석 이 잡듯이 뒤졌지만 아버지를 찾아내지 못하자 낭패한 기색이 역력한 얼굴로 대문 밖으로 걸어 나갔다. 그때 어머니와 우리는 현관문에 기대어 겁에 질려 떨고 있었는데, 그들 중 한 명이 어머니 곁을 지나치다가 힐끗 어머니를 돌아보더니 입꼬리를 비틀며 야릇한 미소를 지었다. 흡사 개구리를 노리는 뱀의 모습처럼 표독스러운 표정이었다. 채 스물도 안 된 앳된 얼굴에 어떻게 그런 말을 쉽게 할 수 있을까? 그의 입에서 폭탄 같은 말이 쏟아져 나왔다.

"흥, 당신, 알고나 있소? 오늘 당신 아들 두 놈이 다 총살당해 죽었단 말이오." 하고는 입가에 묘한 웃음을 띠며 사라졌다. 몇십 년이 지난 지금도 그 놈의 인상은 내 눈앞에 뚜렷이 남아있다. 그 짧은 말은 엄청난 위력으로 어머니의 심장을 강타했다. 이 무슨 청천벽력이란 말인가. 죽다니? 우리 아들들이 왜?

"그게 무슨 말이오? 우리 아들들이…. 아이고."

어머니는 말을 맺지 못하고 그 자리에서 기절하고 말았다. 온 교회가 발칵 뒤집혔고 놀란 교우들이 몰려들었다.

"사모님, 사모님! 진정하세요. 저자들의 말을 어떻게 믿을 수 있어요. 아닐 거예요. 목사님 잡아가려고 왔다가 허탕치니까 심통이 나서 괜히 한번 해본 소릴 거예요. 그렇잖아요? 어린 학생들을 무엇 때문에 죽이겠어요. 거짓말일 거예요."

간신히 정신을 차린 어머니를 진정시키려고 교우들은 열심히 위로의 말을 건넸다. 위로의 말은 어머니에게만 필요한 것이 아니었다. 나는 다리가 후들거려서 똑바로 서있을 수조차 없었다. 엊그제까지만 해도 멀쩡했던 오빠들이다. 도대체 죽음을 당할 아무런 이유도 없었다. 성실하고 밝은 모범 학생들이다. 그런 착한 오빠들이 죽다니? 그럴 리가 없다. 거짓말일 거야. 어머니를 위로하던 어떤 교우의 말처럼 저들이 심통이 나서 한번 해본 소리일 거야. 나는 애써 좋은 쪽으로 해석하려고 노력했지만 무너져내리는 가슴은 어쩔 수가 없었다.

그때 나는 무거운 돌멩이 하나가 쿵 하고 가슴 속으로 떨어지는 것 같은 엄청난 충격을 받았다. 불현듯 머릿속으로 번뜩이며 기억이 하나 떠올랐다. "아아." 나는 짧은 신음을 토해냈다. 그날 소풍가는 나를 세 번씩이나 불러 세우던 큰오빠. 그 한없이 그윽하고 진지하던 눈빛. 그것은 어떤 예감이 아니었을까? 다시는 못 본다는 막연하지만 거부할 수 없는 예감에 오빠는 그렇게 평소에 볼 수 없었던 유별난 행동을 한 것일까? 그래서 내 이름을 부르고 또 부르고 했던 것이 아닐까? 그랬을 것이다. 아니 확실히 그랬다. 그렇지 않고서야 아무런 이유 없이 나를 세 번씩이나 불러 세울 까닭이 없지 않은가. 순간 불길한 예감이 내 머리를 스쳐 지나갔다.

나는 정신이 아찔하다 못해 머리가 몽롱해져옴을 느꼈다. 더 이상 아무것도 생각할 수가 없었다. 약에 취해 환각 상태에 빠진 사람처럼 나는 초점 없이 허공을 응시하며 바닥에 털썩 주저앉았다.

"그랬구나 … 그래서 … 그랬구나 …."

내 입에서는 의미 없는 말들이 띄엄띄엄 가늘게 새어나올 뿐이었다. 그러나 이렇게 정신을 잃은 채 주저앉아 있을 수만 없었다. 오빠들의 생사를 내 눈으로 직접 확인해야 했다. 그러지 않고는 아무것도 믿을 수가 없다. 방정맞은 생각은 지우고 살아있는 오빠들을 만나러 가야 했다. '오빠들이 죽을 리가 없어.' 지금까지의 생각은 다만 추측이요 예감일 뿐이다. 확인된 사실은 아무것도 없었다. 반란군에 가담한, 신빙성 없는 한 학생의 엄포성 발언이 전부가 아닌가. 한 학생의 말을 전적으로 믿는다 하더라도 미리부터 체념할 필요는 없었다. 나는 가야 했다. 살아있는 오빠들을 만나러 순천으로 가야 했다. 나는 그렇게 다짐했다.

내 마음은 걷잡을 수 없이 활활 타올랐다. 전에 없던 용기가 샘솟

듯 솟아났다. 그때 그 길을 떠난다는 것은 생명을 건 큰 모험이었다. 나는 위험하다며 절대로 안 된다고 말리는 어머니의 손을 뿌리치고 순천을 향해 달리기 시작했다.

애양원에서 순천까지는 50리 길이다. 기차 철로는 폭도들에 의해서 이미 끊어졌다. 그러나 그 정도의 장애는 문제가 되지 않았다. 길이 험했지만 그 역시 문제될 게 아니었다. 어떠한 장애물도 극복하지 못할 것이 없었다. 그 어떤 것도 그 누구도 오직 오빠들을 만나보겠다는 일념 하나로 달리고 또 달리는 내 앞을 가로막을 수는 없었다. 나는 순천을 향해 뛰었다. 트럭들이 바람을 가르며 쌩쌩 지나갔다. 제 세상을 만난 듯 총칼을 메고 미쳐 날뛰는 빨갱이들과 좌익 사상에 물든 젊은 학생들을 태운 트럭은 마치 무법자처럼 여수와 순천 구석구석을 누비고 다녔다.

순천으로 들어가는 길은 몹시 험악했다. 남다른 각오를 하고 나선 몸이지만 반란군을 마주칠 때마다 온몸에 오싹 돋아나는 소름은 어쩔 수 없었다. 솔직히 무서웠다. 당장에라도 그들이 내 목덜미를 낚아챌 것만 같아 그들이 탄 차가 가까이 오면 그렇지 않아도 작은 키를 더욱 낮추고 걸었다. 아무것도 모르는 철부지로 보이기 위해서였다.

나는 가까스로 순천 시내에 도착할 수 있었다. 그곳에는 차마 눈 뜨고 볼 수 없는 참혹한 장면이 펼쳐져 있었다. 지옥도 그런 생지옥이 또 있을까.

온 신작로 옆으로는 시체들이 산더미처럼 쌓여 있었고 개들이 그 시체들을 물어뜯고 있었다. 시내 전역에 피비린내가 진동했다. 시체

썩는 냄새와 피비린내가 섞여 내장까지 토해낼 것 같은 악취를 풍기고 있었다. 코를 찌르는 것 같은 지독한 악취였다. 그 난리통에 시체 호주머니를 뒤져 시계며 금품을 꺼내가는 추잡하기 이를 데 없는 사람들도 있었다. 알몸으로 엎어져 죽은 시체, 불에 탄 채로 전봇대에 묶인 시체, 온갖 형태의 주검들이 적나라하게 널려 있었다. 나는 손수건으로 코를 싸쥐고 황급히 시체의 산을 지나갔다.

여수와 순천에 반란이 일어난 동기는 이러하다. 1948년 4월 3일 공산 게릴라들이 남한 지역의 단독정부 수립을 반대하여 제주도에서 대폭동을 일으켰다. 이 폭동은 걷잡을 수 없는 소용돌이에 휘말려 참혹한 양민학살의 유혈극을 몰고 왔다. 10월 15일, 이 폭동을 진압하기 위해 제주도의 경비대 총사령부가 여수에 있는 육군 제14연대에게 10월 19일 6시에 제주도에 파병토록 긴급 출동명령을 내렸다. 이 갑작스러운 출동명령은 14연대 안에 있는 좌익계 사병들에게 거부감을 일으켰다. 이때 14연대 상사가 핵심당원 40명에게 무기고와 탄약고를 점령케 한 후 비상나팔을 불게 했다. 모두 집결시킨 후 상사가 그 앞에 나타나 "지금 경찰이 우리한테 쳐들어온다! 경찰을 타도하자! 우리는 제주도 출동을 거부한다! 우리는 남북통일을 원한다! 지금 인민군들이 통일을 위해 삼팔선을 넘어 남진 중에 있다!"라고 말하며 선동했다. 모두들 "옳소! 옳소!" 소리치며 "미 제국주의 앞잡이 장교들을 모조리 잡아 죽여라!! 미군들은 속히 철수하라!!"라는 슬로건을 내걸고 외쳤다. 이에 반대하는 하사관 세 명은 즉석에서 사살됐다. 10월 19일 제주도로 출발하기로 되어 있던 14연대는 순간 반란으로 돌변했다. 14연대 소장 김지희는 많은 사병들을 규합 선동하여 돌연 총부리를 돌려 여수와 순천을 향해 마구 쏘아붙인 것이다. 반란군은 바로 그 전날 밤 곤히 자고 있던 우리 군인들을 습격해 총을 난사하여 죽이고 여수와 순천으로 몰려나왔다. 그리고 길거리 방송마다 "이제 인민공화국 시대가 왔다. 지금 삼팔선이 터져 서울을 비롯한 전국이 인민 수중에 있다. 우리 인민군은 제주도까지 점령했다"고 거짓 선전을 퍼뜨렸다. 그리고 경찰서와 관공서를 점령해 인민 해방의 날이 밝았다고 부르짖어 선량한 양민들은 공포에 떨었다. 뜻밖에 반란을 맞은 순천경찰서와 국방경비대가 반란군을 맞아 결사적으로 싸웠으나 중과부적으로 모두 전사하고 말았다.

1948년 10월 19일 여수와 순천은 이미 반란군의 아성이 되어 빨갱이 천국이 되었고 무법 천지가 되었으며 참혹한 피 바다가 된 것이다. 그들은 좌익 학생들을 앞세워 반동 분자를 색출한다며 정치 요인, 정당 관계자, 부유층, 기독교인들을 닥치는 대로 잡아들이고 무참히 학살했다. 그때 이유도 없이 억울하게 죽어간 사람의 수는 헤아릴 수 없을 정도였다.

이때를 기다렸다는 듯이 좌익 학생들은 반란군에 적극 가담하여 학살을 돕고 난국을 더욱 험악하게 몰고갔다. 어제까지만 해도 같은 학교 같은 교실에서 함께 공부하던 급우들이 친구 가슴에 서슴없이 총부리를 들이댔고, 무엇을 향한 분노인지 스스로 종잡을 수 없는 광기에 사로잡혀 조금만 제 마음에 안 들어도 그 자리에서 사람을 쏘아 죽이곤 했다. 사람의 목숨이 파리 목숨보다 못한 시절이었다. 우리 국군이 투입되어 반란군을 토벌하기까지 일주일 동안 여수와 순천은 글자 그대로 생지옥이었다.

이 광경을 목격한 내 가슴은 신풍리에서 접한 소문이 모두 사실임을 확인하면서 더욱 초조해졌다. 소문은 사실이었다. 아니 소문보다 훨씬 더했다. 소문은 눈앞의 현실에 비하면 아무것도 아니었다. 현실은 소문보다 훨씬 참혹했다.

이것이 우리가 너무나 잘 아는 여순반란사건의 비극의 현장이었다. 이 반란은 갑작스러운 비상나팔 소리로 시작되어 번개처럼 일어났다가 꼭 일주일 만에 끝이 났다. 1948년 11월 1일 전남 보건후생국이 발표한 사망자는 일주일 간의 짧은 기간에 여수와 순천에서만 3,500명 이었고 행방불명 500명 이외에 중경상자는 말할 것도 없었다.

아수라장이 된 순천 시내를 거쳐 간신히 오빠들과 함께 생활하던 집에 도착했을 때, 대문은 마치 어서 들어오라는 듯 활짝 열려 있었다. 그러나 다급하고 초조한 마음과는 달리 발이 떨어지지 않았다. 오히려 멀리 도망치고만 싶었다. 아무 잘못도 없는 오빠들인데, 설마 하면서도 맞닥뜨리게 될지도 모를 불행한 사태에 대한 공포가 내 발을 얼어붙게 만들었다.

자꾸만 불길한 예감이 들고 온몸에 소름이 돋았다. 도저히 선뜻 발을 들여놓을 수가 없었다. 나는 빠끔히 고개를 내밀고 집안을 들여다보았다. 무척이나 조용했다. 어디선가 불쑥 오빠들이 튀어나와 말을 걸 것만 같았다.

"동희야, 왜 안 들어오니? 빨리 들어와. 소풍은 재미있었니?"

실제로 내 귀에는 그런 소리가 들려왔다. 바람마저 숨을 죽인 듯 모든 사물이 정지해 있었다. 바로 그때 나는 보았다. 온 마당에 아무렇게나 내팽개쳐져 있는 오빠들의 교복과 책, 가방과 사진들, 내가 짜주었던 목도리….

막연하던 불길함이 구체화되기 시작했다. 가슴이 방망이질하듯 거칠게 뛰었다. '그러나 아직은 실망할 때가 아니다. 아직 모른다.' 나는 안간힘을 썼다. 나는 용기를 내어 한 발자국 두 발자국 마당으로 걸어 들어갔다. 등줄기로 오싹 전율이 스쳤다. 나는 거의 울부짖듯 큰 소리로 오빠들을 불렀다.

"큰오빠! … 작은오빠! …"

그러나 아무런 대답도 들려오지 않았다. 집안은 쥐죽은듯 고요했다. 그리고 나는 또 보았다. 마당 한 구석에 흥건히 고여있는 검붉은 핏자국들을…. 그것은 마음속으로 애써 거부해 왔던 불길함을 확인시켜주는 실체였다.

모든 사실이 직감으로 전해져 왔다. 이제 더는 거부할 수 없었다. 나는 꼼짝도 할 수 없었다. 손가락 하나 까딱할 수 없었다. 울음도 나오지 않았고 비명도 나오지 않았다. 머릿속이 하얗게 비어갔다. 모든 것이 멈춰버린 공백의 시간이 내 몸과 혼을 지배했다. 나는 그렇게 한참 동안을 한 자리에 붙박이처럼 서있었다.

그때 초등학교 1학년인 동생 동림이가 얼굴에 온통 흙칠을 하고 밖에서 들어왔다. 그애의 표정에도 두려움이 가득했다. 동림이는 나를 보자 치마폭에 엎드려 입을 삐죽이며 울기 시작했다.

"언니야! 오빠들을, 빨갱이 친구들이 많이 몰려와서 굵은 몽둥이로 두 오빠를 땅바닥에 엎어놓고 마구 때렸어. 그리고 끌고가서 죽였어. 언니야, 어쩌면 좋아. 응?"

나는 아무런 대꾸도 할 수 없었다. 눈물조차도 나오지 않았다. 생각이 정지해 버린 듯 멍한 상태로 내 품안에 달려든 동림이를 안을 생각도 하지 못했다. 내 온몸은 굳어져 있었고 무엇이 나를 꽉 짓누르고 있는 것 같았다.

잠시 후 옆방에 세들어 사는 양 집사님이 대문 안으로 들어왔다.

"아이고, 동희야!"

그러나 내 귀에는 그 소리도 들리지 않았다. 양 집사님은 대꾸가 없는 내 어깨를 잡고 거칠게 흔들었다. 조금씩 감각이 돌아오기 시작했다. 어디 먼곳에서 들리는 것만 같던 목소리가 비로소 또렷이 들려왔다.

"양 집사님…."

"그래, 동희야. 동인이하고 동신이는…."

내 얼굴을 외면하며 양 집사님은 말끝을 흐렸다. 듣지 않아도 뻔한, 듣고 싶지도 않은 뒷말이다. 나는 애써 정신을 수습하고 물었다.

"시신은 어찌 됐나요?"

"내가 찾아다가 다른 곳에 옮겨 놓았다."

"어서 가봐요."

나는 양 집사님을 재촉해 오빠들이 누워있는 곳으로 향했다. 어느 산모퉁이 썰렁한 밭 도랑에 가마니를 깐 채 두 오빠가 누워있었고, 따가운 햇살이 어린 두 순교자 위에 찬란히 내리쬐고 있었다. 얼마나 얻어맞았는지 머리가 터져 온몸은 피투성이가 되어 있었고, 이

마와 가슴에는 흉측한 총알 자국이 여기저기 뻥하니 뚫려 있었다.

그제서야 나는 볼을 타고 흘러내리는 눈물을 감지할 수 있었다. 나는 비로소 무감각 상태에서 깨어났다. 성난 파도 같은 거칠고 둔중한 슬픔의 내습을 받았다. 한 번 터진 눈물은 그칠 줄 모르고 끝도 없이 흘러내렸다. 나는 그 자리에 엎어져 두 오빠의 시신을 끌어안고 하늘을 향해 눈물을 줄줄 흘리며 고래고래 악을 쓰기 시작했다.

"하나님! 하나님은 그때 뭐하고 계셨나요? 내 오빠들이 그렇게 무고하게 죽어갈 때 당신은 눈을 감고 계셨나요? 왜요? 한 사람만 데려가도 억울한데 왜 두 사람이나 데리고 갔습니까? 하나님 두고 봅시다. 내가 예수를 믿는가 봐요. 이 총알 자국 좀 보세요. 너무 잔인하잖아요. 이 총알은 누가 만들었나요? 날아오는 총알 막을 수는 없었나요?"

오빠들을 죽인 좌익 학생들에게 저주를 퍼붓는 대신 입에서 나오는 대로 하나님을 향해 원망의 소리를 질러댔다. 나도 모르게 내 입에서 그런 말들이 쏟아져 나왔다.

"이렇게 짧게 살다가 데려갈 것을 무엇하러 이 땅에 보내셨나요? 하나님은 무슨 까닭으로 오빠들의 죽음을 모른 체 외면하셨나요? 대답해 주세요. 이것이 과연 자비의 하나님이 하신 일인가요? 그때 하나님은 정말 뭐하고 계셨나요? 하나님이 어디 있어. 어디 있어. 하나님은 정말 살아있나요? 하나님이 살아계신다면 어찌 이럴 수가 있나요? 참새 한 마리도 하나님의 허락 없이는 땅에 떨어지지 않는다고 했잖아요? 그런데 왜 죽었어요? 왜 죽었어요? 전지전능의 하나님은 다시 살릴 수는 없나요?"

나는 머리를 흔들며 실성한 사람처럼 마구 외쳐댔다. 진정으로 하나님이 원망스러웠다. 오빠들을 지켜주지 않았던 하나님이 너무나 미웠다. 그래서 나는 목이 쉬도록 악을 쓰며 하나님께 퍼붓고 달려들었다. 얼마나 시간이 지났을까. 밤새도록 울며 악을 쓰다 마침내 탈진한 상태로 망연히 오빠들의 시체를 바라보고 있자니, 마치 생시처럼 또렷하게 큰오빠의 목소리가 들려오는 것 같았다.

"울지 마, 동희야. 우리 예쁜 동희 얼굴 미워지잖니. 슬퍼하지 마. 천국에서 다시 만나면 되잖아…. 이젠 그날 내가 왜 소풍가는 널 세 번씩이나 불렀는지 알겠지? 우린 이렇게 짧게 살다가 먼저 간다. 어서 가서 부모님을 위로해 드려라. 우리가 못다한 효도를 이제 네가 해야겠구나. 널 더 사랑해 주고 싶었는데 어쩔 수 없구나. 안녕." 하

동인, 동신 오빠의 장례식을 마치고

며 두 오빠는 다시 못 올 길을 너무나 허망하게 떠나버렸다. 고생 많이 하다 간 오빠들…. 동인 오빠 25세, 동신 오빠 19세의 짧은 생을 마쳤다.

여전히 마르지 않은 눈물이 두 오빠의 얼굴로 떨어진다. 생각하면 할수록 기가 막히고 억장이 무너질 일이다. 날벼락도 유분수지 도대체 이런 경우가 세상 천지에 어디 있단 말인가. 어디 하나 흠 잡을 데 없는 모범 학생이요 청년이었는데, 무엇이 잘못되어 이 지경을 당해야 한단 말인가.

사랑의 하나님, 자비의 하나님은 말씀하지 않았던가. "두려워하지 말라 내가 너와 함께함이라 놀라지 말라 나는 네 하나님이 됨이라 내가 너를 굳세게 하리라 참으로 너를 도와 주리라 참으로 나의 의로운 오른손으로 너를 붙들리라"(사 41:10).

그런데 왜 하나님은 정작 구원의 손길이 필요한 순간에 눈을 감아버리셨을까? 모를 일이야, 정말 모를 일이야….

어린 순교자들의 목소리

(윤순응 장로와 나제민 장로의 증언에 따름)

"쏘아랏! 하나, 둘, 셋!"
방아쇠가 당겨졌다. 총이 불을 뿜었다.
고막을 찢는 듯한 폭발음이 들려왔다.
"아버지여, 내 영혼을…."
큰오빠는 말을 다 끝맺지 못하고 그 자리에 쓰러졌다.

돌아보면 그날의 시나리오는 아주 완벽하게 짜여 있었다. 하필 그 무렵 나는 소풍을 가게 되었다. 다음날은 마침 학교를 안 가도 되는 쉬는 날이었고, 소풍 장소도 애양원에서 가까운 신성포여서 나는 곧바로 부모님이 계시는 애양원으로 갈 계획이었다. 늘 여유 없는 빠듯한 살림이었지만 때마침 쌀이 떨어졌던 터라 우리를 돌봐 주던 오촌 당숙은 나보다 한발 먼저 애양원으로 쌀을 가지러 떠났다. 동장이마저 신풍리 집으로 보내버리고 순천에는 어린 동림이와 오빠들만 남아있었다. 두 오빠의 신변을 간섭할 사람은 아무도 없는, 완벽한 구도의 각본이 짜여진 것이다. 오직 죽음만이 두 오빠를 기다리고 있었다.

누군가 오빠들을 지켰다고 해서 상황이 변했으리라는 보장도 없지만, 그래도 이렇게 분하고 허무하지는 않았을 것이다. 만약 그날 내가 소풍을 가지 않고 오빠들과 함께 있었더라면 어땠을까 하는 생각을 가끔 해본다. 그랬더라면 모르긴 해도 나 역시 오빠들과 함께 시체가 되어 누워 있었을 게 뻔했다.

　내게 얼마나 소중한 오빠들인데, 그들이 두들겨 맞고 있는 걸 가만히 보고만 있었겠는가. 아마도 몽둥이를 든 학생들에게 죄 없는 오빠들을 왜 때리느냐고 악을 쓰며 달려들었을 것이다. 그 상황에 무슨 두려움이 있겠는가. "하늘 가는 밝은 길이" 찬송을 부르며 총에 맞고 쓰러진 두 오빠를 보았다면 눈이 뒤집혀 뵈는 게 없었을 것이다. 아무나 붙잡고 물고 뜯고 난리를 쳤을 것이다. 악에 받쳐 '야, 이 짐승만도 못한 놈들아! 더러운 살인자들아! 추악한 악마의 자식들아!' 하고 온갖 욕을 다 퍼부었을 것이다. 입에 거품을 물고 끝까지 내 오빠들을 살려내라고 달려들었을 것이다. 그러고도 남았을 게 틀림없다. 그랬다면 광기에 사로잡혀 있던 그들은 나 역시 살려두지 않았을 것이다. 그때 그들에게는 사람을 죽이는 행위는 너무나 간단하고 손쉽고 일상적인 행위였다. 그들은 망설임 없이 살인을 하고 다녔으니까. 그저 손가락 하나만 까딱하면 끝나는 일이었다.

　사람의 운명은 묘한 것이다. 그날 소풍을 갔기 때문에 이 모진 목숨이 살아 남았다. 하나님이 어째서 나를 살리셨을까 가끔 생각해본다. 하나님은 그날의 일을 증언할 임무를 맡기기 위해 나를 살려두셨는지도 모른다.

　악몽과도 같던 그날의 정황을 작은오빠의 같은 반 친구였던 나제민 장로의 증언을 토대로 이야기하려 한다. 두 오빠가 죽던 날 하필이면 집에 쌀이 떨어져, 큰오빠는 가까운 거리에 있던 나덕환 목사님 댁으로 쌀을 꾸러 갔다.

"아이고, 동인아. 이를 어쩌지. 앞으로 쌀값이 내린다기에 조금씩 사 먹었는데 그마저 다 떨어졌구나."

사모님이 미안해 어쩔 줄 몰라했다. 큰오빠는 오히려 명랑한 어조로 "목회자들의 생활이 다 그렇지요, 뭐…."라고 했다.

사모님은 큰오빠에게 난리통에 무고한 사람들이 많이들 다치고 죽고 하는 판이니 쌀이고 뭐고 우선 피신부터 하는 게 나을 거라고 말했다. 그 댁의 나제민 오빠도 10분 전에 다른 곳으로 피했다는 것이다. 큰오빠는 "우리의 피난처가 하나님 외에 또 어디 있겠습니까?" 하며 한없이 맑은 미소를 지으며 평소 잘 부르던 "하늘 가는 밝은 길이" 찬송가를 휘파람으로 부르며 돌아갔다.

이것이 두 오빠와의 마지막이었다며, 훗날 사모님은 나만 보면 "동희야, 그때 너희 오빠 죽던 날 쌀 못 준 게 지금까지 한이 되는구나."라고 말씀하시곤 했다.

그날따라 새벽 일찍 일어난 두 오빠는 잠이 덜 깬 동장이를 깨워 서둘러 애양원으로 보냈다. 난리가 났으니 부모님이 걱정하신다며 동장이를 집으로 보낸 것이다. 그런 후 두 오빠는 목욕을 하고 깨끗한 옷으로 갈아입었다. 목욕을 마친 두 오빠는 다른 때보다 훨씬 길고 간절한 기도를 드렸다.

전날 순천은 이미 반란군의 손에 무법천지가 되고 말았다. 1948

년 10월 20일 오전 11시경, 작은오빠는 순천중학교에서 수업을 받다가 점점 가까워지는 총소리를 듣고 난리가 난 것을 처음으로 알았다. 나중에는 총알이 교실 지붕 위로 핑핑 날아다니기까지 했다. 시간이 지남에 따라 귀청을 뚫는 듯 총소리는 더 가까워졌다. 겁에 질린 학생들은 재빨리 책상 밑으로 들어가 몸을 숨겼다. 한 시간쯤 지나자 총소리가 멎었는데, 교실에 들어온 선생님은 아주 침울한 음성으로 다들 서둘러 집으로 돌아가라고 말했다. 드디어 반란이 시작된 것이다.

작은오빠는 제민 오빠와 함께 귀가하면서 이렇게 말하고는 헤어졌다.

"아무리 생각해도 이 싸움은 정의 대 불의의 싸움이요, 신자 대 불신자의 싸움인 것 같아. 그러니 우리는 이 싸움을 참 슬기롭게 대처해야 할 거야."

큰오빠는 그보다 먼저 그날 아침에 볼일이 있어 순천역에 나갔다가 기차 안에 가득 타고 있는 군인들을 보고 난리가 일어나리라는 사실을 대강 짐작했다. 손님은 한 사람도 없고 객차 안에 무장한 군인들만 무표정한 얼굴로 앉아 있었으니 그것이 어찌 예사로운 일이겠는가. 큰오빠는 수상쩍게 돌아가는 바깥 공기가 심상치 않다고 여기고 급히 집으로 돌아왔다. 그런데 아무리 기다려도 작은오빠가 오지 않아서 걱정스러운 마음으로 다시 밖에 나갔다가 경관들과 군인들이 서로 총질하는 장면을 목격했다.

그런 판국이 되자 두 오빠의 투철한 믿음생활을 익히 알고 있는 옆방에 세들어 사는 양 집사님이 아주 간절하게 피신할 것을 권했다.

동인, 동신이 살았던 순천 집 앞에서 옆방에 살던 양 집사님
(맨위)과 그의 부인과 아들들

"동인 학생, 세상이 정말 험악하네. 보통 난리가 아닐세. 다들 피난을 가는 모양이니 우리도 우선 피하고 보세."

쌀을 구하러 나덕환 목사님 댁으로 갔다가 허탕치고 돌아와 할 수 없이 부엌에 남아 있는 것으로 되는 대로 요기를 하고 있는 오빠들에게, 양 집사님이 근심스러운 목소리로 피할 것을 간곡히 권했으나 오빠들은 애써 피하려 하지 않았다.

"피할 곳이 어디겠습니까? 예수님 품보다 더 안전한 피난처는 없을 것입니다. 피신하다가 도중에 붙잡히기라도 하면 그보다 더한 망신이 없을 것이고, 그들은 나더러 총을 잡으라고 할지도 모릅니다. 그러니 일을 당하더라도 집에서 당하는 것이 나을 듯 싶습니다."

큰오빠의 확신에 찬 대답이었다. 아무리 피신을 권해도 듣지 않는 두 오빠들인지라 양 집사님은 더 이상 권할 수가 없었다.

두 오빠는 이렇게 죽었다

10월 21일 이날 큰오빠는 학교에 갔다가 세상이 어수선하다며 일찍 돌아왔고, 작은오빠는 순천중학교가 포위당하는 바람에 늦게 돌아왔다. 그리고 얼마 지나지 않아 오전 10시경 양 집사님이 염려하던 일이 벌어졌다. 쿵쾅거리는 발자국 소리가 대문 앞에서 들려오는가 싶더니 폭도로 변한 좌익 학생들이 대문을 박차고 우르르 몰려들어왔다. 저마다 손에 몽둥이며 쇠 파이프, 총 따위의 무기를 쥐고 있었다.

"동인이 이 녀석, 이리 나와!"

그들 중 한 명이 욕설을 퍼부으며 신발을 신은 채 방으로 들어와 오빠를 끌어냈다. 그들은 큰오빠를 밧줄로 꽁꽁 묶은 다음 닥치는 대로 마구 때렸다. 우악스럽고 잔악한 매질이 계속되었다.

"이봐, 맞더라도 이유나 알고 맞자. 말해 봐라. 무슨 죄로 나를 때리는 거냐?"

큰오빠는 무수히 쏟아지는 몽둥이질을 고스란히 받으면서 그들에게 물었다.

"이 자식아, 그걸 몰라서 물어? 말해 주지. 너는 기독학생회 회장이니 예수 대장에다 거기다가 뭐? 미국으로 유학을 가겠다고? 친미주의자가 아니고 무엇이냐?"

그들은 철저한 반미주의자들이다. 미국을 미워하는 만큼 기독학생들 역시 친미파라 하여 매사에 못마땅하게 여기고 못살게 굴었다. 더구나 그 무렵 큰오빠는 미국 유학을 계획하고 영어공부에 열심히 매달리고 있었으므로, 그들의 눈에는 더없는 친미주의자로 비쳤을 것이다.

"친미주의자라고? 이 사람들아, 나는 다만 하나님을 섬기고 예수님을 믿는 기독교인일 뿐이야."

오빠의 목소리는 쉴새없이 쏟아지는 매질에도 당당하고 힘찼다.

"집어치워! 흥, 예수 좋아하고 있네. 차라리 내 팔뚝을 믿어라!"

그들은 오빠를 마음껏 조롱하고 비웃고 때렸다. 온갖 욕설이 터져 나왔고 갖은 모욕이 다 퍼부어졌다. 오빠의 몸은 곧 피로 범벅이 되고 말았다. 이 광경을 보고 있던 작은오빠가 참지 못하고 그들에게 대들었다.

"왜 이러는 겁니까? 우린 다만 예수님만을 믿을 뿐입니다. 예수님 믿는 일이 뭐가 나쁘단 말입니까? 우리가 도둑질을 했습니까, 사기를 쳤습니까?"

"네 놈도 똑같이 정신나간 예수쟁이로구나."

그들은 두 오빠를 나란히 땅바닥에 엎어놓고 무자비하게 두들겨 팼다. 머리가 터지고 온몸이 피투성이가 되었지만 매질은 그칠 줄을 몰랐다. 그런 와중에 무리들의 일부는 친미파라는 증거를 찾는다며 방으로 뛰어 들어가 오빠들의 서랍을 뒤지고 책이며 물건들을 꺼내 왔다.

얼마나 지났을까. 피에 젖어 신음하는 두 오빠를 내려다보며 잔인한 미소를 짓던 학생들은 총대로 쿡쿡 찔러서 오빠들을 일어나게 했다. 그러고는 큰오빠의 손을 뒤로 돌려 묶고, 작은오빠는 손을 들게 하여 등뒤에 총을 겨눈 채 이미 반란군에 점령된 순천경찰서로 끌고 갔다. 오빠들은 끌려가면서도 사악한 학생들에게 전도하는 것을 잊지 않았다.

"이봐, 우리는 같은 동족이고 같은 학생이 아닌가. 같은 동족끼리 이렇게 해야 할 이유가 뭐란 말이야. 예수 믿고 선한 일을 해야 이

나라가 복을 받지, 그렇지 않고 동족끼리 서로 헐뜯고 싸우면 망하기밖에 더하겠어?"

"이 녀석이 누구한테 훈계하는 거야? 그러고 보니 아직도 정신 못 차렸구나. 에잇, 맛 좀 봐라!"

학생 중 한 명이 오빠들을 발길로 걷어차고 각목으로 내리쳤다. 오빠들은 주먹으로 얻어맞고, 발길에 걷어차이고, 총자루로 무수히 난타당하면서도 학생들에게 전도하기를 멈추지 않았다. 피가 흘러내려 온몸이 선홍빛으로 변했지만 예수 믿고 기독교의 정신으로 새 삶을 찾으라고 호소했다. 그러나 그들은 눈뜬 장님이었다. 이 광경은 우리집이 단골로 애용하던 사진관의 사진사 서종문 씨의 부인인 정 여사가 끝까지 따라가며 목격한 사실이다. 정 여사는 고난 속에서도 굴하지 않는 오빠들의 꿋꿋한 모습이 떠올라 그후 일주일 간이나 잠을 이루지 못했다고 훗날 우리에게 말했다.

두 오빠는 순천경찰서 뒤에서 총살당했기 때문에 많은 사람들이 목격했다. 그중 윤순응 학생의 말을 토대로 해서 그 상황을 묘사하려고 한다.

드디어 오빠들은 그들이 사형장으로 사용하고 있던 순천경찰서 뒤뜰까지 끌려갔다. 그곳에는 이미 폭도들에게 희생된 사람들의 시체가 산처럼 쌓여 있었

두 오빠가 총살 순교당한 순천경찰서. 당시 이곳에 시체가 산더미를 이루었다.

다. 큰오빠를 사형대에 앉혀 놓고 강철민(가명)이라는 학생이 거칠게 말했다.

"반동 새끼. 너 그 지독한 예수 사상을 끝내 고집할 테냐? 지금이라도 예수를 안 믿겠다고 하면 살려주겠다. 그렇지 않으면 너는 이 자리에서 죽는다. 어떠냐? 우리 공산주의를 받아들이고 우리와 같이 협력하며 살 테냐, 아니면 바보처럼 예수쟁이 앞잡이가 되어 죽을 테냐?"

큰오빠는 총을 겨누고 있는 그들에게 담대히 대답했다.

"너희는 내 목숨을 빼앗을 수 있지만 내 신앙을 빼앗을 수는 없다. 일본인들이 악랄한 수법으로 기독교를 말살하려 했지만, 도리어 자기네가 망한 걸 너희도 보고 겪지 않았느냐. 그러니 이런 악한 짓을 그만두고 예수 믿어 구원받고 선한 사람이 되어라."

이 말을 들은 폭도들은 더욱 이를 갈며 주먹을 불끈 쥐고는 "야, 이놈 봐라. 그래도 예수 사상을 못 버리는구나!" 하고 소리쳤다.

"예수 사상이라니 그 무슨 말이냐?"

"네 놈이 믿는 그 예수 사상 말이다."

큰오빠는 그들의 꽉 막힌 마음 문을 열기 위해 열심히 예수님을 전했으나 허사였다. 순간의 광기에 휩싸인 악의 노예들이었다. 그들 중 한 명이 개머리판으로 큰오빠의 얼굴을 강타했다. 여기 저기서 "죽여라! 죽여!" 하는 소리가 들려왔다.

"여러 말 필요 없다. 그 놈은 구제불능의 예수병 환자다. 총을 쏘아 죽여라. 죽여 없애버려!"

"너희는 내 육신을 죽일 수는 있으나 내 영혼은 죽일 수 없다!"

그들은 큰오빠를 향해 총을 겨눴다. 죽음의 그림자는 시시각각 큰오빠를 향해 다가오고 있었다. 이 광경을 지켜보던 작은오빠가 급하게 뛰어나가 앞을 가로막으며 소리쳤다.

"안 됩니다. 안 돼요! 동인 형은 우리집의 장남입니다. 부모님을 모셔야 합니다. 차라리 날 죽여요. 형 대신 날 죽여요!"

"동신아, 너 왜 그러니? 너를 죽이려는 게 아니지 않느냐. 내 대신 네가 부모님을 잘 모셔야 해. 어서 집에 가. 이러다가는 너마저 죽어!"

죽음을 앞에 놓고 서로 자기가 죽겠다고 다투는 작은오빠를 누군가가 강제로 떼어놓으며 큰오빠의 눈을 검은 수건으로 가렸다. 작은오빠가 큰오빠에게서 안 떨어지려고 발버둥쳤다. 그러나 그들에게 동정심을 기대할 수는 없었다. 무자비하기 짝이 없는 그들은 거친 동작으로 작은오빠를 붙잡아 끌어냈다. 최후가 다가왔음을 짐작한 큰오빠는 조용하고도 침착하게, 엄숙하고도 당당하게 말했다.

"이제 나는 죽으면 천국으로 간다마는 너희는 그 죗값을 어떻게 다 치르려고 하느냐. 지금이라도 예수 믿고 회개하여라!"

"잔소리 집어치우고 마지막으로 할 말이 있거든 해라."

당시 노래를 잘 불렀던 큰오빠는 마지막으로 찬송을 한 곡 부르겠노라고 청했다. 이윽고 오빠가 맑고 고운 목소리로 찬송을 부르기 시작했다. 수건으로 가린 눈을 하늘로 향한 채…. 오빠의 마지막 한 가닥 찬송소리는 구름 덮인 하늘로 멀리 울려 퍼졌다.

하늘 가는 밝은 길이 내 앞에 있으니

슬픈 일을 많이 보고 늘 고생하여도

하늘 영광 밝음이 어둔 그늘 헤치니

예수 공로 의지하여 항상 빛을 보도다

찬송이 끝났다. 짧은 생을 마감하며 마지막으로 부른 오빠의 간절한 찬양은 오직 하나님 한 분만을 위해 바친 큰오빠의 마음이었다.

"쏘아랏! 하나, 둘, 셋!"

방아쇠가 당겨졌다. 총이 불을 뿜었다. 고막을 찢는 듯한 폭발음이 들려왔다.

"아버지여, 내 영혼을⋯."

큰오빠는 말을 다 끝맺지 못하고 그 자리에 쓰러졌다. 작은오빠는 잡고 있는 이들의 손을 뿌리치고 뛰어갔다. 쓰러진 큰오빠를 부여안고 상처 입은 사자처럼 울부짖었다.

"형님, 형님. 나도 형님 따라 천국에 가렵니다!" 하며 큰오빠 시체를 끌어안고 몸부림치며 통곡했다. 작은오빠는 벌떡 일어나 미친 살인자 집단을 향해 몸을 부들부들 떨면서 거의 울음에 가까운 소리를 토해냈다.

"무엇 때문에 무고한 사람이 피 흘리게 합니까? 하늘의 심판이 두렵지도 않습니까? 이럴 수 있습니까? 회개하시오!"

작은오빠는 미친듯이 달려들어 그들의 앞을 가로막고 외쳤다.

"내 신앙도 형님 신앙과 같소. 나도 쏘시오! 나도 형님 가신 천국에 함께 가겠소. 이 더러운 세상 살기 싫다. 자! 총을 맞을 터이니 너희 하고 싶은 대로 쏘려면 쏘아라!"

"야, 저 놈은 제 형보다 더 지독한 놈일세."

"저런 놈, 살려둬선 안 되겠다!"

작은오빠는 마치 십자가에 못 박히신 예수님의 형상으로 두 팔을 벌리고 그들 앞으로 다가갔다. 죽음이 두려울 리 없고, 그들의 흉기가 무서울 리 없었다. 사랑하고 존경하는 형님이 피 흘리며 쓰러진 마당에 무엇이 겁나고 무섭겠는가. 예수님을 증거하다 죽으면 그보다 더한 영광이 어디 있겠는가.

여기저기서 수군거리는 소리가 들려왔고, 누군가의 입에서 저 놈도 마저 해치우자는 소리가 새어 나왔다. 그러자 다들 눈을 번들거리며 떠들어댔다.

"그래, 저 놈도 제 형 꼴로 만들어주자!"

"소원이라는데 못 들어줄 것 없잖아. 마저 해치우자!"

작은오빠는 다시 쓰러진 큰오빠 곁으로 다가가 눈물로 범벅이 된 얼굴을 가슴에 묻고 마구 비벼댔다. 슬픔이 파도처럼 작은오빠의 가슴으로 밀려왔다. 이런 허망한 최후를 상상이나 했겠는가. 그러나 잔인한 죽음은 현실로 다가왔고 피할 수도 없었거니와, 애초에 그럴 마음도 없었다. 만일 피하려고 마음먹었다면 새벽에 동장이와 함께 순천을 빠져나갔을 것이다.

작은오빠는 다시 벌떡 일어나 두 팔을 옆으로 벌린 채로 하늘을 우러러 소리쳤다.

"아버지 하나님, 내 영혼을 받아주옵소서! 그리고 저들의 죄를 사하여 주옵소서. 그리고 어머니와 아버지를…."

탕! 탕! 탕! 공기를 찢으며 총탄이 또 발사되었다. 작은오빠도 큰오빠 곁에 쓰러졌다. 이미 숨이 끊어졌지만 누군가가 다가와 쓰러진 작은오빠를 향해 두 발을 더 쏘았다. 확인 사살까지 한 것이다. 무자비한 짓이 아닐 수 없다. 그 학생의 이름은 강철민이었다.

인민 해방 투쟁을 꿈꾸며 그날이 오기만을 기다려 온 좌익 학생들의 명단에 처형 대상 1호로 올라 있던 두 오빠는 이렇게 죽음도 두려워하지 않고 주님의 영광을 위해 순교한 것이다.

일주일에 불과했던 짧은 여순사건! 이 기간에 들이닥친 태풍은 두 오빠를 이렇게 쓸고 가버렸다. 누구에게나 친절하고 다정해서 여러 사람들에게 늘 칭찬을 들어온 오빠들이었지만, 매사에 하나님을 들먹거린다는 이유로 좌익 학생들은 오빠들을 원수처럼 미워했다. 평소 난폭하고 사납기 그지없는 학생들인데 그들을 말릴 사람이 아무도 없는 무법천지가 되고 말았으니, 그 등등한 기세는 말로 다 표현할 수 없을 정도였다. 기독학생회 회장(두목)이라 하여 그들이 죽이기로 한 명단 제일 앞자리에 큰오빠 이름을 올려놓았다. 이러한 음모는 하루이틀에 이루어진 것이 아니었다.

그 당시 어지러운 시국에 대해 작은오빠와 같은 반 친구였던 나제민 오빠가 직접 쓴 글을 옮기겠다.

…좌익 학생들은 좌익 학생들끼리 뭉쳐 다녔다. 방과후에는 자기들끼리 모여 토론하고 사교의 모임도 갖고 좌익 서적도 나누어 보곤 했다. 이 모임에는 상급생들도 끼어 있고 여학생들도 끼어 있었다. 동맹휴학은 으레 그들이 중심이 되었다. 그들은 우리 기독학생들을

가리켜 '골수분자'라고 불렀다. 좌익 학생들에 맞서 우익 학생들도 학생연맹(학련)을 조직하여 모임을 가졌다. 좌익 학생들이 점차 힘으로 나오기 시작하자 우익 학생들도 힘으로 대했다. 그러다 나중에는 서로 손에 붕대를 감고 붕대 안에 압핀을 박아 위협하며 다녔다. '누가 누구에게 얻어 맞았다' '누가 누구를 구타했다' 등의 소식이 아침에 학교에 가면 제일 먼저 접하는 소식이었다. 좌익 학생들은 우리 기독학생들을 우익 학생으로 여겼다. 첫째는 그들에게 동조하지 않았고, 둘째는 그들이 전개하는 사상에 항상 반발하여 맞섰기 때문이다. 하기야 좌익 핵심분자 중에는 초등학교 시절부터 나와 함께 공부해온 친한 친구들도 있었다. 그러나 사상논쟁이 심해지자 그들은 우리를 경계하고 따돌리기도 했다. 때로는 매우 체계적이고 조직적으로 우리에게 접근하여 마르크스, 레닌, 스탈린 등의 여러 서적을 권하면서 자기들에게 동조하도록 유도했다. 그러다 이것이 잘 안되면 기독교에 대해 자기들 생각대로 혹독하게 비판했다. 우리는 우리대로 기독교 서적을 권했다. 교회에 관한 서적인 일본 하천풍언(賀川豊彦), 내촌감삼(內村鑑三), 강원룡 목사의 저서 등을 아버님 책장에서 뽑아 그들에게 전하기도 했다. 이런 서먹서먹한 관계는 날로 심해져 3학년 내내 계속됐다.

3학년 1학기 때의 일이다. 국어선생님이 급한 사정으로 수업에 못 들어오시게 되어 자습하라는 지시를 내렸다. 이때 공부 잘하고 똑똑한 좌익 학생 한 명이 일어나더니 유물론과 유신론을 거론하면서, 성경 말씀을 모두 다르게 해석할 수 있다며 우리 기독 학생들을 상대로 시비를 걸고 나왔다. 그의 주장은 유물론의 우위를 증거하고자 하는 것이었다.

그는 말하기를, 예컨대 요한복음 1장 1절의 말씀 같은 것도 다르게 읽혀져야 한다고 했다. 즉, "태초에 말씀(로고스)이 계시니라 이 말씀이 하나님과 함께 계셨으니 이 말씀은 곧 하나님이시니라"라는 구절은 "태초에 움직임이 있었고 그 움직임에 따라 생각(로고스)이 생겨났다"로 읽어야 한다는 것이었다. 갓난애를 보더라도 어머니의 젖을 빨려는 본능적인 움직임이 먼저 있고, 그 움직임이 어느 정도 계속된 다음에야 언어를 배우게 되고 생각이 발달되는 것 아니냐면서 '하나님'이라는 생각도 이 움직임의 소산이라고 주장했다. '생각'은 환경과 시대와 장소의 부산물이라는 것이다. 따라서 요한복음 1장 1절은 "태초에 움직임이 있었느니라 이 움직임이 사람과 함께 있었으니 이 움직임은 곧 사람이니라"고 읽혀야 한다는 것이다.

많은 학우들이 이 주장을 매우 독특하고 명쾌한 논리라고 여기는 듯했다. 일부 학우들은 박수를 치기도 했다. 기독학생들의 반박이 이어져야 할 차례였지만 너무 갑작스럽게 당한 일이라 다들 입을 열지 못하고 있었다.

이때 동신이가 일어나 이야기하기 시작했다. "나는 그렇게 생각하지 않아."라고 전제한 다음 칼과 의사와 도둑의 관계에 대해 이야기했는데 그 요지는 다음과 같다.

"날카로운 칼이 의사의 손에 주어지면 사람의 병을 고치는 이기(利器)가 되지만, 도둑의 손에 들어가면 사람을 죽이는 흉기가 된다. 이처럼 의사나 도둑의 '생각'이 칼을 움직이는 것이지 칼이 의사나 도둑의 생각을 움직이는 것은 아니다. 칼이든, 우리가 앉아 있는 의자든, 책상이든, 학교 건물이든, 뭐든 우리의 생각에서 나온 것들이지 이 모든 것에서 우리의 생각이 나온 것이 아니다. 생각인 로고스가, 즉 말씀이 먼저이지 물건이나 움직임이 먼저가 아니다."

동신이의 반론이 끝난 후 대 논쟁이 벌어졌다. 좌익 학생들은 환경론에서 무신론, 무신론에서 유신론, 유신론에서 결정론, 결정론에서 자유의지론, 자유의지론에서 사회계급론, 자유와 핍박, 착취와 노동 등을 꺼냈고, 우리 기독학생들은 사랑과 용서와 화해, 박애와 평등, 속죄와 구원, 천국사상의 기원, 산상보훈에 나타난 역설적인 '파라독스'의 종교 등을 내세웠다. 지금 생각하니 꽤 근본적인 문제들을 거칠게, 때로는 억지를 써가면서 말씨름을 한 것 같다. 이기려고 서로 우겨대다가 주먹이 오가기 직전에 국어선생님이 들어와 이 논쟁은 일단 끝났으나, 이와 같은 논쟁은 좌익 학생들과 기독학생들 사이에 3년 내내 계속되었다. 어느날 좌우익 간에 논쟁이 점점 커지다가 나중엔 대 격투로 이어졌다. 이들을 말리려고 선생님들이 뛰어들어왔다. 그런데 좌익 학생은 우익 선생님을 구타하고 우익 학생은 좌익 선생님을 구타하는 난극이 벌어지고 말았다. 학생들과 선생님들이 복도에서 뒤범벅이 되었고, 유도하던 학생들은 연약한 선생님들을 창 밖으로 내던지는 참극이 온 학교를 뒤숭숭하게 만들었다. 교무회의에서는 좌익 선생님은 우익 학생 처벌을 요구했고, 우익 선생님은 좌익 학생 처벌을 요구했다. 이들이 단결해서 등교를 거부하여 동맹휴학을 했고, 선생님들의 싸움은 학생 동맹휴학으로 계속 이어져갔다. 선량한 최복현 교장선생님은 가능한 한 학생들을 희생시키지 않고 해결하려고 노력했으나 허사로 끝났다. 이 문제가 해결되기 전

어느날 아침 최복현 교장선생님은 정체불명의 괴한에게 학교 정문 앞까지 끌려가 실컷 구타당한 후 시궁창에 내던져졌다. 간신히 생명은 구했으나 최 교장선생님은 사표를 내고 서울로 귀향하고 말았다. 좌우익 간의 싸움은 날로 심해져 여순사건이 터지기 직전까지 계속되었다.

떠나가네, 떠나가네, 동인아! 동신아!

드디어 두 오빠의 유해를 담은 관이 땅 밑으로 내려졌다.
이때 나는 사람이 죽으면 땅 속에 묻힌다는 사실을
비로소 절감했다.
이럴 수가…. 마지막 땅 속으로 들어가는 두 오빠 모습이
그토록 처절하게 느껴졌다.

설마설마 하며 순천의 두 아들 소식을 기다리던 아버지와 어머니 그리고 애양원 식구들에게 오빠들의 순교 사실이 전해진 것은 나흘이 지난 10월 25일이었다.

지난 5년여 동안 혹독한 감옥생활도 강철 같은 신앙심으로 꿋꿋하게 버텨온 아버지였지만 한꺼번에 두 아들을 잃고 나자 그 충격을 이겨낼 수 없는 듯 비통한 마음을 감추지 못했다. 아버지는 넋빠진 사람처럼 초점을 잃었고, 어머니의 충격은 훨씬 더했다. 남편을 옥에 보내고 하루 빨리 석방되기를 기다리기보다 신사참배로 인해 그 신앙이 변질될까봐 더 걱정하던 투철한 믿음과 의지를 소유한 어머니에게도, 오빠들의 순교 소식은 하늘이 무너지고 땅이 갈라지는 놀

랍고 몸서리쳐지는 소식이었다. 그야말로 마른 하늘에서 떨어진 날
벼락이었다. 어머니는 몇 번이나 기절하여 쓰러졌다.

국군이 반란 사태를 어느 정도 진압한 26일, 애양원 신자들은 화
물차를 타고 순천으로 가서 우리 옆방에 사는 양 집사님이 가매장했
던 오빠들의 시신을 운반해왔다. 아버지가 오빠들을 애양원 동산에
묻기를 원했기 때문이다.

이윽고 시체를 담은 관이 애양원 뜰 앞에 내려졌다. 어머니는 오
빠들의 얼굴을 보아야겠다며 한사코 관을 뜯어내려 했다. 눈물로 범
벅된 얼굴로 어머니는 두 아들의 관을 붙잡고 떨어질 줄 몰랐다.

"동인아, 동신아! 아이고, 내 아들들아…."

어머니는 관 위에 엎어져 관을 두드리며 울부짖었다.

"이 놈들아, 이 불효막심한 놈들아! 부모가 이렇게 멀쩡히 살아있
는데 먼저 죽는 법이 어디 있단 말이냐. 어디, 어디 얼굴 좀 보자…."

어머니는 차디찬 두 오빠의 시신을 끌어안고 이뺨저뺨 번갈아 대
며 비오듯 쏟아지는 눈물로 애양원 앞마당을 울음바다로 만들었다.
1천여 명 나환자들은 두 오빠의 시신을 앞에 놓고 애양원이 떠나가
도록 통곡했다. 밤 깊도록 그칠 줄 모르는 울음소리는 저 하늘까지
닿았을 것이다. 아버지는 애써 슬픔을 감춘 모습으로 "고생과 수고
가 다 지나간 후 광명한 천국에 편히 쉴 때" 하는 찬송을 부르며 관
위에 얼굴을 부볐다.

그때 마침 애양원교회에서는 10월 12일부터 이인제 조사님을 특
별 강사로 초빙해 부흥집회를 하던 중이었다. 이분은 아버지와 평양
신학 동기 동창생이고, 신사참배 문제로 함께 감옥생활을 한 출옥

성도였다. 부흥집회 도중에 여순반란사건이 터져 두 오빠가 죽었고, 어머니가 오빠들의 순교 소식을 접하고 기절하여 쓰러졌을 때, 이인제 조사님은 어머니의 손을 붙잡고 간절한 위로의 말을 건넸다.

"사모님, 익은 과일이 먼저 떨어지는 법입니다. 우리는 아직 익지 못해서 이렇게 살아있지 않습니까? 사모님, 진정하세요…."

아버지가 충격받아 정신을 못 차리고 비통해할 때도 이 조사님은 아버지의 어깨를 세게 치며 호통을 쳤다.

"손 목사, 정신차리시오! 우리는 과거 감옥에서 순교하기를 원했으나 하나님은 우리의 순교를 허락하지 않으셨소. 오늘 젊고 아름다운 두 아들을 순교의 제물로 바친 것이 그리도 아깝소? 슬퍼해야 할 일이 아니오. 더 좋은 천국에 갔으니 오히려 기뻐할 일이오."

이 말을 듣는 순간 아버지의 세계는 바뀌었다. 마음속에 한 줄기 밝은 빛이 비치는 것을 느꼈다. 영감처럼 떠오른 감사의 마음이 어둡기만 하던 아버지의 가슴 속을 환하게 밝힌 것이다. 이인제 조사님이 아버지와 어머니의 마음을 정화시킨 것이다. 아버지는 이제 더 이상 아들을 잃은 슬픔으로 정신이 나간 평범한 아버지가 아니었다. 두 아들을 순교의 제물로 기쁘게 바친 당당하고 강건한 아버지로 바뀌어 있었다. 이때 아버지는 종이와 펜을 들어 아홉 가지 감사문을 적어내려갔다.

날이 지고 또 날이 밝았다. 10월 27일 아침이었다. 슬픔에 휩싸인 애양원이지만 올려다 보이는 하늘은 더없이 맑았고, 그 하늘가로 한가로운 구름 몇 조각이 유유히 떠다니고 있었다. 사람들의 슬픔과는 무관하게 다른 날보다 오히려 더 청명한 하늘이었고, 더 청량한 바람이 불었다. 두 오빠의 장지는 동도 앞바다 햇빛 잘 들고 은빛 물결 넘실거리는 애양원 언덕 밑이었다. 두 대의 화려한 꽃상여를 앞세우고 긴 둑길로 끝도 없이 길게 늘어진 장례행렬! 온 애양원 나환자들은 울며울며 뒤따라가는데, 비통에 젖은 아버지는 양손으로 두 오빠의 꽃상여를 붙잡고 "동인아, 동신아! 영광일세 영광일세 내가 누릴 영광일세…."

이것이 찬송인지 통곡인지, 찬송이 오열이 되고 오열이 다시 찬송이 되었다. 눈물과 절규는 육신의 슬픔과 영적 신앙이 서로 교차되는, 어쩔 수 없이 터져나오는 아버지의 복잡하기만 한 마음의 표현이었으리라. 그날따라 유난히 철썩이는 파도소리와 갈매기 울음소리는 그렇게 서럽게 들릴 수가 없었다. 나는 뒤따라가다가 슬픔으로 목이 메고 분노로 가슴이 떨려 몇 차례 나 기절하고 깨어나면 다시 쓰러지기를 반복했다.

이윽고 영결식이 시작되었다. 박 장로님이 사회를 보았고, 이인제 조사님은 짧지만 감명 깊은 설교로 많은 이들의 심금을 울렸다. 요한계시록 11장 1-11절 말씀이었다.

"나는 오늘 이 어린 순교자들의 장례식을 인도하게 된 것을 더할 수 없는 영광으로 생각합니다. 평소에 순교자들의 전기를 읽을 때마다 그 일이 아름답고 부러워서 견딜 수 없는 심정이었는데, 오늘 이 두 눈으로 어린 두 순교자의 시신을 목격하고 이 두 손으로 장사지내게 되었으니, 이런 영광스러운 일이 또 어디 있겠습니까…."

이렇게 시작된 그분의 설교는 "우리도 이들의 신앙과 성실을 본받아 최후까지 주를 증거하다가 주 앞에서 다시 만나게 되기를 바랍

니다."라는 말로 끝을 맺었다.

설교가 끝나자 약사, 애도사, 찬양 등이 이어졌고 아버지의 답사 차례가 되었다. 흰 두루마기 차림에 누런 두건을 쓴 아버지는 돌처럼 무거운 입을 열어 전날 작성한 아홉 가지 감사문을 읽어 내려갔다. 아버지의 모습은 얼마 전의 격정은 온데간데 없고 평온을 되찾은 듯 매우 침착해 보였다.

"여러분, 내 어찌 긴 말의 답사를 드리리요. 내가 아들들의 순교를 접하고 느낀 몇 가지 은혜로운 감사의 조건을 이야기함으로써 답사를 대신할까 합니다.

첫째, 나 같은 죄인의 혈통에서 순교의 자식들이 나오게 했으니 감사.

둘째, 허다한 많은 성도들 중에 이런 보배들을 주께서 하필 내게 맡겨주셨으니 감사.

셋째, 3남3녀 중에서도 가장 아름다운 두 아들 장자와 차자를 바치게 된 나의 축복을 감사.

넷째, 한 아들의 순교도 귀하다 하거늘 하물며 두 아들의 순교이리요. 감사.

다섯째, 예수 믿다가 누워 죽는 것도 큰 복이라 하거늘 하물며 전도하다 총살 순교 당함이리요. 감사.

여섯째, 미국 유학가려고 준비하던 내 아들, 미국보다 더 좋은 천국에 갔으니 내 마음 안심되어 감사.

일곱째, 나의 사랑하는 두 아들을 총살한 원수를 회개시켜 내 아들 삼고자 하는 사랑의 마음을 주신 하나님께 감사.

여덟째, 내 두 아들의 순교로 말미암아 무수한 천국의 아들들이 생길 것이 믿어지니 감사.

아홉째, 이 같은 역경 중에서 이상 여덟 가지 진리와 하나님의 사랑을 찾는 기쁜 마음, 여유 있는 믿음 주신 우리 주께 감사.

끝으로 내게 분수에 넘치는 과분한 큰 복을 내려주신 하나님께 모든 영광을 돌립니다. 이 일들이 옛날 내 부모님이 새벽마다 부르짖던 수년 간의 눈물로 된 기도의 결실이요, 나의 사랑하는 나환자 형제자매들이 23년간 나와 내 가족을 위해 기도해 준 그 성의의 열매로 믿어 의심치 않으며 여러분께도 감사드립니다."

아버지는 그 답사를 통해 한 가지 중요한 결심을 발표했는데, 그것은 바로 오빠들을 죽인 원수를 용서할 뿐 아니라 그를 사랑으로 감싸 아들로 삼겠다는 것이었다. 죽고 없는 아들들을 대신하여 그를 회개시키고 새 사람으로 만들어 믿음의 아들로 키우겠다는 것이다.

그런 상황에서 어떻게 그런 마음을 가질 수 있었을까? 나는 아직도 아버지의 그 마음이 신비스럽기만 하다. 하나님께서 그런 마음을 주시지 않았다면 아버지인들 어떻게 그렇게 놀라운 결심을 할 수 있었겠는가.

애양원 청년들이 미리 파놓은 구덩이로 내려가는 두 개의 관. 그 관을 양손으로 꽉 잡고 고개를 저으며 "안 돼! 안 돼! 동인아! 동신아!" 하며 어찌할 바를 모르다 쓰러진 어머니. 나환자들의 울음 때문에 찬송도 제대로 이어지지 못했다. 이인제 조사님의 간절한 기도소리도 잘 들리지 않았다. 드디어 두 오빠의 유해를 담은 관이 땅 밑으로 내려졌다. 이때 나는 사람이 죽으면 땅 속에 묻힌다는 사실을 비로소 절감했다. 이럴 수가…. 마지막 땅 속으로 들어가는 두 오빠의 모습이 그토록 처절하게 느껴졌다.

> 떠나가네 떠나가네 두 대의 꽃상여 멀리멀리 떠나가네
> 추풍낙엽 까마귀가 처마 끝에 울어대고
> 소리치던 비바람이 나뭇가지 흔들더니
> 두 오빠 낙화되어 바람타고 떠나가네
> 두 오빠 무덤엔 비가 줄줄 내린다
> 가다 가다 쉬어가며 슬피 우는 눈물인가
> 요단강 건너 가며 뿌린 눈물인가
> 오빠, 그 무덤 속 오죽 답답하겠소

그 차디찬 땅 속 오죽 적막하겠소

봄이 오면 진달래 피어줄 거요

가을이면 들국화 피어줄 거요

갈가마귀 날면 행여 오빠인가

뭉게구름 피어나면 행여 오빠인가

해방의 기쁨 속에서 한 집에 모여 산다고

엄마 아빠 붙들고 기뻐 뛰지 않았소

우리 동희, 이쁜 동희 날 안고 뺑뺑 돌며

입 맞추지 않았소

망각을 달라고 세월에게 빌었건만 모른척 세월은 그렇게 흘러만 갔다. 누구라서 오빠를 사랑하지 않겠는가. 그러나 우리 가정의 경우는 좀더 각별하고 두터운 정이 오간 남매지간이었다. 우리 가족이 뿔뿔이 흩어지고 내가 고아원에 있을 때, 나를 찾아와 과자봉지를 손에 쥐어주며 위로해 주던 큰오빠! 눈발 흩날리던 겨울 아침에 굶주린 배를 쥐고 두부공장에 찾아가 비지떡 들고 손을 호호 불며 비탈길을 올라오던 작은오빠! 늘 굶주림에 시달리면서도 신앙의 사수를 위해 산간 벽지로 피해 다니던 오빠들이었는데, 이제 좀 살만 해지니까 덧없이 세상과 작별하게 되다니, 이런 원통한 일이 어디에 있단 말인가. 그렇게 짧은 생을 살려고 이 땅에 태어났단 말인가.

당시 큰오빠는 미국 유학(성악 전공)을 가려고 준비중이었고, 작은오빠는 주의 종이 되겠다며 열심히 공부했다. 그렇게 두 오빠는 화려한 앞날의 꿈을 키웠으나, 죽음의 손길은 늘 그들 가까이서 그림자처럼 주위를 맴돌고 있었다. 그리고 그들을 태운 급행열차는 죽음이라는 목적지를 향해 무섭게 달리고 있었다.

두 오빠의 죽음은 오빠들이 다니던 학교며 승주교회는 물론 순천과 여수의 모든 사람들에게 커다란 파문을 일으켰다. 와! 강철민이 동인, 동신을 죽이다니…. 큰오빠가 죽기 직전 부른 찬송 "하늘 가는 밝은 길이"는 순천 시내를 은혜로 술렁이게 만들었다. 비단 기독교인들뿐 아니라 믿지 않는 이들도 오빠들의 이야기에서 깊은 감명을 받고 가슴을 떨었다. 두 오빠는 순천경찰서 뒤에서 총살당했기 때문에 두 오빠의 친구들이 많이 목격했는데, 그 목격담을 훗날 내게 전해 주었다. "우리는 죽음 앞에서 그토록 애절하고 절실하게 부르는 찬송소리를 어느 가수에게서도 들어 본 적이 없다"고….

두 오빠의 죽음 현장을 목격한 사람들은 너나 없이 그렇게 감탄의 말을 늘어놓았다. 죽음을 목전에 두고 있으면서 어린 나이에 어디서 그런 힘찬 찬송이 나올 수 있었을까. 그러나 그들은 모르리라. 오빠들에게는 죽음을 이길 수 있는 강한 힘이 존재하고 있었다는 것을. 그 힘은 바로 예수님이라는 것을. 그분 때문에 어둠과 절망의 세계 너머로 환하게 보이는 영원한 삶의 터전인 천국을 주시하며 기쁘게 죽음을 맞았다는 사실을….

오빠들의 발자국 소리

두 오빠에 대한 그리움이 강하면 강할수록 그 강도에 비례하여
반사적으로 일어나는 강철민에 대한 증오심이 강하게 작용했다.
나는 이미 마음과 혀로 그를 살해하고 있었고,
두 오빠를 죽인 원수를 내 손으로 죽이려고 이를 갈고 있었다.

난생 최초로 죽음의 의미를 깨닫게 되었고, 그 죽음의 후유증은 길고 끈질기게 나를 괴롭혔다. 나는 일주일을 밥을 먹지 못한 채 심하게 앓았다. 앉아있다가 일어서려고만 하면 어디선가 갑자기 총알이 날아올 것 같았다. 도저히 일어날 수가 없다. 기운을 차려 힘을 내보려고 했지만 날아오는 총알의 환영을 피할 수가 없었다. 나만 앓고 있는 총알 공포증이다. 밤이면 어김없이 찾아오는 불청객. 밤마다 들리는 총알 튕기는 소리. 또 오빠들의 발자국 소리!

밤이 되면 총에 맞아 피 흘리며 비틀거리는 두 오빠의 처참한 모습이 어김없이 찾아와 잠들 수가 없었다. 나는 식은땀을 줄줄 흘리며 한밤 내내 그 환영과 싸워야 했다. 제발 이제 사라져다오. 그러나 집요하게 달라붙는 환영을 몰아내기란 그리 쉬운 일이 아니었다. 그 환영은 생시처럼 생생한 모습으로 선홍빛 피를 뚝뚝 흘리고 있었다.

어찌어찌 하여 간신히 그 환영을 몰아내고 나면 다른 환영이 불쑥 끼어든다. 오빠들과 함께 보낸 즐거웠던 추억들이 주마등처럼 떠오르는 것이다. 추억의 그림자는 꺼지지 않는 환등기와 같이 밤새도록 내 머릿속에서 뛰어논다. 나는 그 무수한 환상에 제압당한 지 오래였다. 때로는 황홀해하고, 때로는 안타까움에 속을 태우며, 오빠들과 함께 깔깔대기도 하고 눈물짓기도 하고, 기쁠 땐 함께 즐거워하고 슬플 땐 함께 아파했던 오빠과의 생활 속에서…. 나는 가상의 공간으로 떠돌아다녔다.

오빠들의 맑고 고운 노래는 내 영혼 깊은 곳에서 솟아나는 샘물처럼 언제나 흐르고 있었다. 나는 환상 속에서만 살아있었고, 실제로는 죽은 것과 다름없었다.

"동희야, 정신 차려! 이러다가는 너까지 어떻게 되겠다. 자아, 어서 입 벌려."

일주일을 그렇게 앓고 있을 때, 승주교회 나덕환 목사님의 딸 순금이(6공화국 때 원내총무였던 이대순 장관의 부인)가 찾아와 강제로 입을 벌리게 하고는 밥을 먹여주었다. 순금이와 나는 둘도 없이 친

여학생 시절 순금이(나덕환 목사의 딸)와 나

한 친구 사이다.

　겨우 몇 숟가락 순금이가 떠 넣어주는 밥을 받아 먹은 나는 순금이의 부드러운 몸에 의지하여 스르르 눈을 감았다. 정신이 좀 맑아지는 기분이었다. 나는 어느새 혼자만의 생각 속으로 빠져들어갔다.

　5분이 문제였다. 단 5분. 그 짧은 시간 동안만 옆집에 피해 있었더라면 오빠들은 죽지 않았다. 그때 잠시 몸을 피했던 사람들은 다들 살아남았다. 순금의 두 오빠도 그 운명의 순간에 옆집으로 피신하여 지금껏 살아있지 않은가.

　왜 내 오빠들은 그렇게 피하지 못했을까? 두 오빠의 생명이 그것밖에 되지 않았던 것일까? 오빠들이 원망스러웠다. 만약 그때 내가 그 현장에 있었다면 나는 아마 무슨 수를 써서라도 오빠들을 다른 곳으로 피신시켰을 것이다. 그 자리에 내가 없었던 게 너무나 한스러웠다. 오빠들은 내 말을 잘 들어주니까 "오빠 피신 안 가면 난 죽어." 하며 펄펄 뛰고 악을 쓰면 옆집에라도 잠시 피했을 텐데….

　길을 걷다가도 오빠들을 닮은 사람만 보면 가슴이 쿵 하고 뛰면서 엷은 현기증과 함께 발길이 떨어지지 않았다. 다리에 힘이 쏙 빠지면서 자꾸만 땅바닥에 주저앉고 싶었다. 그럴 때면 나는 길가의 전봇대에 몸을 의지하고 한참 동안 서있곤 했다.

　그토록 공부를 좋아했는데, 이제는 학교에 가는 것도 귀찮아졌다. 만사가 다 시들했다. 내게 소원이 있다면 단 한 가지, 하루라도 빨리 죽어 두 오빠를 만나는 것이었다.

　생명을 부여받으면서부터 부모님께 물려받은 모태신앙이었지만 점점 회의가 일기 시작했다. 그리고 내가 가장 좋아했던 성경구절들은 하나 둘씩 금이 가기 시작하여 나와는 아무 상관 없는 것이 되고 말았다. 한번 들기 시작한 회의의 마음은 의심에 의심이 겹쳐지면서 눈덩이처럼 불어났다.

아버지는 평소와 별로 달라진 점이 없어 보였다. 언제나 그 표정 그대로 맡은 바 일을 충실히 해나갔다. 어떠한 감정의 앙금도 내비치지 않았다. 그토록 엄청난 일을 치르고 난 사람으로 보이지가 않았다. 나는 그런 아버지를 도무지 이해할 수 없었다.

목숨보다 더 귀한 아들들이 아닌가. 그중에서도 장남과 차남이 아닌가. 하나도 아니고 둘이 아닌가. 아무리 감사의 조건을 들어 순교 사실을 기쁘게 받아들였다고 해도 인간으로서, 아버지로서, 마땅히 치밀어오를 슬픔의 감정은 있을 것 아닌가. 그런 감정을 극복하고 이길 수 있으려면 도대체 얼마만한 무게의 신앙심이 필요한 것일까? 나는 감히 상상도 할 수 없었다.

그런데 그게 아니었다. 실은 아버지 역시 누구 못지 않게 상심하고 있었다. 다만 믿음으로 이기고 있을 뿐이었다. 오빠들을 땅에 묻고 나서 얼마 지나지 않은 어느날, 오빠들이 평소에 사용하던 책이며 가방, 교복과 기타 소지품들이 이제는 유물(遺物)이 되어 애양원에 도착했다.

그날 그처럼 꿋꿋하게 서있던 아버지가, 식구들의 슬픔과는 무관하게 그처럼 굳세게 생활해 오던 아버지가 두 오빠의 교복을 끌어안고 통곡을 터뜨린 것이다. 생전 처음 보는 아버지의 통곡하는 모습이었다.

"동인아, 동신아, 이 녀석들아. 이게 웬일이란 말이냐!"

홍수처럼 눈물이 쏟아졌다. 그동안 애써 감추고 참아왔던 감정이 일시에 분출되는 순간이었다.

'아버지는 밖으로 터져나오려는 그 감정을 믿음으로만 삭이고 계셨구나. 짐승도 제 새끼를 사랑하는데 자식에 대한 강한 사랑을 그렇게 혼자서 갈무리하고 계셨구나.' 그랬다. 그분은 그런 분이었다. 나로서는 백번 죽었다 깨어나도 따라갈 수 없는 고귀한 성품이요, 강인한 믿음의 소유자이였다.

그렇게 슬픔 속에 장례식이 치러지고 일주일쯤 지났을 무렵이다. 두 오빠를 죽인 주동자가 잡혔다는 소문이 떠돌았다. 두 오빠를 총으로 쏴 죽인 원수가 붙잡혔다는 것이다. 그는 큰오빠와 같은 학교인 순천사범학교 3학년 강철민으로 밝혀졌다. 오빠 친구들에게 붙잡혀 무수히 매를 맞고 사형선고를 받아 사형집행 날짜만 기다리고 있었다.

이 소식은 삽시간에 애양원 식구들에게 전해졌고, 애양원은 흥분으로 들끓었다. 애양원 환자들은 꼬부라진 손을 치켜들고 "그 놈을 당장 때려죽이러 가자!" 하고 비뚤어진 입으로 발음도 엉망인 채 야단들이었다. 죽여도 그냥 죽여서는 안 된다며 두 오빠가 당한 만큼 실컷 두들겨주고 나서 능지처참을 해야 한다고 악담을 늘어놓았다. 믿지 않는 자들도 너도나도 흥분하여 아우성이었다.

강철민! 그는 내게는 죽여도 시원치 않은 자손만대까지 철천지 원수였다. 우리 오빠들이 어떤 오빠들인데…. 나는 당장이라도 뛰어가 그의 목을 싸쥐고 얼굴에 침을 뱉어주고 싶었다.

나는 길을 걸으면서도 강철민이라는 이름을 뇌까리고 다녔다. 두 오빠에 대한 그리움이 강하면 강할수록 그 강도에 비례하여 반사적으로 일어나는 강철민에 대한 증오심이 강하게 작용했다. 나는 이미 마음과 혀로 그를 살해하고 있었고, 두 오빠들을 죽인 원수를 내 손으로 죽이려고 이를 갈고 있었다. 죽여야 한다! 죽여야 해! 죽여 없애버릴 테야. 그러나 그것은 마음뿐 그를 죽이기에는 구체적인 힘이 없었다. 마음은 강했으나 육신의 힘이 모자랐다.

용서를 넘어선 사랑

(나제민 장로의 증언에 따름)

'네 이놈, 왜 죽였어? 왜 죽여?
내 두 오빠를 살려내든지 아니면 네 놈이 자결해라.
아버지도 두 오빠가 죽고 나서 정신이 홀딱 나갔지.
저런 살인자를 살려 아들을 삼겠다니….
저런 놈은 죽어 지옥을 가도
더 지독하게 뜨거운 지옥으로 가야지….'

그때 순천의 상황은 180도로 바뀌어 있었다. 진압군의 보복 역시 만만치 않게 참혹했다. 우리 국군이 순천을 탈환했다는 소식이 전해지자 피신해 있던 우익인사들과 학생들이 눈이 뒤집혀 들고 일어났다. 이미 정부에서는 일반법은 중지하고 여수 순천 지역에 비상 계엄령(戒嚴令)을 선포해 국군 총사령관에게 모든 통치권을 주었다. 그래서 법률에 의한 재판절차도 필요 없이 여순사건에 가담한 사람들을 샅샅이 뒤져 색출해내기 시작했다. 이 일은 급속도로 빨리 진행되어 갔다. 우익 학생들과 기독학생들로 '학생연맹'이 조직되었다. 학생연맹의 본부 조직은 순천시 한복판에 있는 문구점에 설치되었다. 우익인사들은 순천 북국민학교에 잡혀 있는 좌익인사들의 성분을 가려내 '악질-사형'과 '단순-동조자'로 분류했다. 학생연맹 안에서는 취조하는 고함과 고문당하는 비명소리가 온 건물에 진동했다. 원수 갚기에 여념이 없던 우익 학생들도 제정신을 잃은 듯 살기가 등등했다.

작은오빠의 둘도 없는 친구이자 나덕환 목사 아들인 제민 오빠도 그 일을 거들고 있었다. 당시 경찰은 반란사건으로 모두 전사하고, 상당수의 경찰력을 잃어버린 관계로 치안이 거의 마비 상태에 있었다. 당연히 순천을 탈환한 군인들이 치안을 맡기는 했지만, 지역 사정에 어두운 국군으로서는 학생연맹의 도움이 무척 필요했다. 경찰서에서는 손이 모자라 우익 학생들과 청년들에게도 무기를 공급했고 치안권을 주었다.

저녁이 되면 도망쳤던 반란군 잔병들이 순천을 재탈환하려고 심심찮게 반격해 오곤 했기 때문에 더욱 절실히 학생연맹의 힘이 필요했다. 그래서 학생연맹에서 내린 판단은 국군에 거의 대부분 받아들여졌다. 학생연맹으로부터 '악질-사형'이라는 판결문이 내려오면 신속하게 처형이 이루어졌다. 생명이 왔다갔다 하는 판이었다. 학생연맹의 위력이 소문으로 퍼지자 본부로 잡혀온 좌익 학생들의 학부형들이 몰려와 자기 자식은 좌익에 가담하지 않았다며 울음 섞인 부탁과 하소연으로 북새통을 이루었다. 우익인사 처형에 앞장섰던 자는 즉석에서 곤봉과 개머리판으로 무참히 때려 죽였고, 백두산 호랑이로 이름난 김종원 대대장은 일본도를 휘둘러 수십 명을 즉결처분하는 '솜씨'를 보였다.

제민 오빠가 학생연맹 일을 거들기 시작한 지 이틀째 되는 날이었다. 두 오빠의 총살을 주도한 학생이 잡혔다는 소식이 들려왔다. 제민 오빠는 열일 제쳐놓고 뛰어갔다. 아래충 방 한 구석에 강철민이 꿇어앉아 있었다.

그는 지나가는 학생 아무나 붙잡고 제발 살려달라고 애걸하고 있었다. 그러나 강철민에 대한 판결문에는 '악질-사형'이라는 글씨가 뚜렷이 적혀 있었다. 제민 오빠는, 강철민이 제민 오빠를 잡기 위해 그의 집을 수색했으나 그때 제민 오빠가 옆집에 피신해서 찾지 못하자 그 길로 바로 우리집에 와서 두 오빠를 잡아간 일, 또 두 오빠를 때리고 취조한 일, 그리고 총살한 일 등에 대해 모두 자백을 받아냈다. 죽은 후 확인 사살한 것까지도 자백을 받았다. 시신을 중학교 앞 신작로에 버린 사실까지 확인했다. 그리고 다음날 아침에 강철민은 다른 '악질-사형' 판결을 받은 좌익 학생들과 함께 국군이 주둔하고 있던 곳으로 이송되었다.

제민 오빠는 이 소식을 자기 아버지 나덕환 목사님에게 전했고, 나 목사님은 또 우리집에 연락을 취해 왔다. 그렇게 해서 우리는 오빠들을 죽인 살인범 강철민의 체포 소식을 듣게 되었다.

무고한 두 사람의 목숨을 빼앗은 살인자가 목숨을 구걸했다는 말을 듣고, 나는 분통이 치밀어올라 가만히 있을 수가 없었다. 어찌 제 목숨 귀한 줄 아는 인간이 그렇게 쉽게 남의 목에 총을 들이댔단말인가. 그러고도 살기를 바라다니….

그러나 아버지의 생각은 달랐다. 앞에서 밝힌 대로 아버지는 이미 원수를 용서했고, 그 원수를 아들 삼기로 작정하고 있었다. 그날 오후 아버지가 조용히 나를 불렀다.

"동희야."

평소와 다름없이 침착하고 나직한 목소리였다. 그러나 그 눈빛만은 예사롭지가 않았다. 뭔가 단단히 결심한 듯 굳은 의지를 내비치고 있었다.

"나는 지금 부흥집회 때문에 집을 떠나야 한다. 그래서 순천까지 갈 수가 없구나. 내 대신 네가 나덕환 목사님에게 다녀오너라. 가서 내 뜻을 전하거라."

"아버님의 뜻이라니, 무슨 말씀이세요?"

"네 두 오빠를 죽인 학생이 잡혔다고 하더구나. 그러니 네가 얼른 순천에 계신 나 목사님께 가서 그 학생에게 매 한 대도 때리지 말고 사형장에서 빼내달라고 부탁해라. 그를 내 아들로 삼을 것이니 그 뜻도 잊지 말고 전해야 한다."

나는 내 귀를 의심했다. 아버지는 영결식장에서 읽은 감사문대로 그때의 결심을 실행하려는 것이었다. 때려죽여도 시원치 않은 원수를 아들로 삼겠다는 것이다. 설마 했는데 정말로 실행에 옮기겠다는 것이다. 날더러 오빠들을 죽인 원수를 오빠라고 부르라는 말인가. 아버지는 그것이 가능하다고 생각한단 말인가. 세상 천지에 그런 일은 있을 수 없다. 무조건 안 되는 일이다.

"아버지, 그게 무슨 말씀이세요? 그 말이 진정이세요?"

나는 눈을 동그랗게 뜨고 숨을 가쁘게 몰아쉬며 물었다. 아버지는 아무 대답이 없었다. 다만 담담한 표정으로 내 눈을 그윽하게 쳐다볼 뿐이었다. 나는 소리를 높여 강력히 반대 의사를 밝혔다.

"아버지, 제발 제 부탁 좀 들어주세요. 그 놈이 죽도록 가만히 내버려두세요. 그런 놈을 안 죽이면 누굴 죽인단 말입니까? 살려줄 가치도 없는 놈이에요. 여태껏 아버지 말을 거역한 적이 없지만 이번만은 못 듣겠어요."

아버지와 나는 여기서부터 말싸움이 벌어졌다. 아버지는 강철민을 아들로 삼고자 하고, 나는 죽여 없애버리자 하고 서로 한치도 양보하지 않고 맞섰다.

아버지는 낮게 한숨을 쉬고 나서 차근차근 설명하기 시작했다.

"동희야, 내 말을 잘 들어봐라. 내가 무엇 때문에 5년 동안이나 너희를 고생시켜가면서 감옥생활을 견뎌냈겠니? 하나님의 제 1, 2계명을 지키기 위함이 아니었냐. 그런데 그 학생이 안 잡혔다면 모를까 잡힌 이상 모른 척 할 수가 없구나. 제1, 2계명이 하나님의 명령이라면 원수를 사랑하라는 말씀도 똑같은 하나님의 명령인데, 그 명령은 순종하면서 이 명령은 순종치 않는다면 그보다 더 큰 모순이 어디 있겠느냐? 원수를 사랑하라는 명령에 순종치 않으면 과거 5년간의 감옥살이가 모두 헛수고요, 너희를 고생시킨 것도 헛고생만 시킨 꼴이 되고 만다. 내가 여기까지 와서 넘어질 수 없다. 그러니 동희야, 가만히 생각해 보아라. 그 학생을 죽여서 우리에게 무슨 이득이 되겠느냐? 그가 죽는다고 오빠들이 살아 돌아오겠느냐? 그를 살리고 그의 영혼을 구한다면 하나님의 명령에 순종할 뿐 아니라 한 인간의 타락한 영혼을 구제해 준 보람도 느낄 수 있지 않겠느냐? 지금 시대가 바뀌었으니 보복이 반드시 뒤따를 것이다. 골육상상은 민족의 비극이고 국가의 참사인데, 이 민족이 이래 죽고 저래 죽으면 누가 남겠느냐? 두 오빠는 천국 갔으나 두 오빠를 죽인 자는 지옥 갈 것이 분명한데 내 전도하는 자로서 지옥 가는 그를 보고만 있으란 말이냐?"

아버지는 단호하면서도 부드럽게 내 순천행을 재촉했다. 시간이 늦어 강철민이 죽기라도 하는 날에는 낭패가 아닐 수 없다며 한시라도 빨리 나 목사님을 만나보라는 것이다.

그러나 아무리 아버지의 말이 이치에 맞고 하나님의 말씀에 합당하다 해도 내 귀에는 그 말이 들어와 박히지 않았다. 내게 강철민은 원수에 불과했다. 그는 죽어 없어져야 했다. 두 오빠들보다 훨씬 심한 고통을 맛보며 잔인하게 죽어야 했다. 그렇게 해야만 응어리진 내 마음이 조금이나마 풀릴 것 같았다.

나는 나를 설득하려는 아버지가 원망스러웠다. 내 눈에서는 또다시 비통한 눈물이 흘러내렸다. 나는 이 일만은 막아야 했다. 나는 울면서 악을 쓰며 아버지에게 대들었다.

"아버지, 생각해 보세요. 용서하면 용서했지 아들 삼겠다는 것은 또 뭡니까? 아버지가 그 놈을 아들 삼으면 내겐 오빠가 될 텐데 날더러 그 원수를 오빠라고 부르란 말입니까?"

나는 내 정신이 아니었다. 정말로 내 머리 위에서는 하늘이 무너지고 발 밑에서는 땅이 갈라지고 있었다. 죽어도 아버지 말을 따를 수 없었다. 유별나게 예수 믿는 아버지가 그렇게 미웠다. 나는 엉엉 소리내어 울며 아버지께 마구 소리지르며 달려들었다. 그때 내 눈에는 아무것도 보이는 게 없었다. 아버지조차도 안중에 없었다. 극도로 흥분한 상태였다. 흥분이 또 다른 격앙된 감정을 부르고, 격앙된 감정은 제 분을 못 이긴 채 한없이 터져나오는 울음으로 변했다. 나는 발을 동동 구르며 아버지께 소리치고 악을 쓰며 달려들었다.

"아버지, 오빠들의 한맺힌 소리가 들리지 않으세요? 원수 갚아 달라고 저 하늘에서 슬프디 슬픈 눈으로 쳐다보고 있는 오빠들이 안 보이세요? 아버지, 이렇게까지 하지 않으면 예수를 못 믿는 겁니까? 다른 목사님들은 그렇지 않은데 아버지는 왜 항시 별나게 예수를 믿습니까? 하늘 아래 이런 일은 있을 수 없습니다. 아버지, 제발 이러지 마세요…."

"동희야, 성경 말씀을 자세히 보아라. 성경 말씀에는 분명히 원수를 사랑하라고 하였다. 용서만 가지고는 안 된다. 그 학생을 살려주는 것만으로는 부족하다는 뜻이다. 원수를 사랑하라 했으니 사랑하기 위해 아들을 삼아야 한다. 아브라함은 백 살에 얻은 외아들 이삭을 하나님 명령 한 마디에 모리아 제단에서 칼로 찌르려 하지 않았더냐. 너는 어떻게 생각하느냐? 이 시험이 그 시험보다 더 힘들다고 생각하느냐? 또 강철민을 죽인다면 그것은 네 두 오빠의 순교를 값없이 만드는 것이 되고 만다."

아무리 아버지가 합당한 말을 해도 내 귀에는 들어오지 않았다. 다만 그 놈이 이 세상에서 없어져야만 어느 정도 내 마음의 한이 풀릴 것만 같았다. 나는 할 말이 없었다. 더 말하고 싶지도 않았다. 입을 꼭 다물고 아버지를 쳐다보았다. 아버지의 눈빛은 여전히 굳은 신념으로 불타고 있었다. 아버지의 손이 내 등을 어루만졌다. 한없이 부드럽고 자상한 손길이었다. 나는 맥이 탁 풀리는 느낌이었다. 그러나 나는 그때까지도 고집을 꺾지 않았다.

아버지는 부흥집회 나갈 시간이 임박해지자 초조한 듯 길게 한숨을 내뿜고 지그시 눈을 감았다. 약간은 피곤해 보이기도 하면서 함부로 범접할 수 없는 위엄이 서린 아버지 얼굴을 가만히 쳐다보고 있자니, 나도 모르게 온몸에서 힘이 빠져나갔다. 조금 전까지의 열화 같은 정열이 다 무슨 소용인가 싶은 마음이 들기도 했고, 아무리 싸워도 아버지의 주장을 이길 수 없다는 것을 뻔히 알면서 공연히 뻗대본 나 자신에게 화가 치밀기도 했다. 나 같은 것은 백 명이 대들어도 아버지를 이길 수 없다. 나는 그 점을 이미 알고 있었다. 하나님 명령 한 마디를 이 세상 그 어떤 것보다 더 두려워하는 아버지가 아닌가. 안 되겠구나. 아무리 싸워도 아버지를 설득할 수 없다는 걸 깨달았다.

"아버지, 아버지 말씀대로 따르겠습니다."

나는 순순히 항복하고 말았다.

"고맙구나. 역시 너는 내 딸이다. 그가 사형당하기 전에 가야 하니 어서 서두르도록 해라."

아버지는 눈물로 범벅이 된 내 얼굴을 손수건으로 가만가만 닦으며 날 꼬옥 안아주었다. 그리고 아버지는 황급히 부흥집회를 하러 떠났다. 나는 떨어지지 않는 발길을 억지로 옮겨 순천으로 향했다.

나덕환 목사님 댁에 당도했을 때 마침 안에서 두런두런 이야기 소리가 들려왔다. 나는 큰 소리로 목사님을 불렀다.

"나 목사님, 계세요?"

"아니, 이게 누구야. 동희 아니냐?"

목사님과 사모님은 나를 방으로 안내하고서 슬픔이 가득한 표정으로 나를 쳐다보았다. 사모님 눈에는 벌써 눈물이 맺혔다.

"얼마나 상심이 많았니? 그래, 아버님 어머님은 얼마나 비통해 하시니?"

사모님이 하염없이 눈물을 흘리며 말을 건넸다.

"너희 오빠들이 죽던 날 아침에 우리집에 쌀 한 되를 꾸러 왔는데 글쎄, 하필 우리도 쌀이 하나도 없어서 주지 못한 것이 이렇게 한이 되는구나. 왜 하필 그때 쌀이 떨어졌을꼬. 우릴 믿고 순천까지 보냈는데 이런 변을 당하게 됐으니 정말 너희 가족을 대할 면목이 없구나. 그것이 네 오빠의 마지막이었구나……."

나는 사모님의 고통스러워하는 모습을 보면서 죽는 순간에도 배고팠던 오빠들을 생각했다. 가슴이 찢어질 듯이 아파오고 또다시 눈앞이 흐려졌다. 나는 얼른 마음을 다잡고 단숨에 아버지의 부탁을 전했다.

"나 목사님, 아버지께서 부탁하신 말씀이 있어서 왔어요. 오빠들을 죽인 자를 잡았다고 하니 그에게 매 한 대도 때리지 말고 죽이지도 말고 구해내 달라고 하셨어요. 아버지가 그를 아들로 삼겠다고 하셨어요. 목사님이 수고 좀 해주십사 하고 부탁하셨어요."

내 말을 묵묵히 듣고 있던 나덕환 목사님은 "과연 손 목사다!" 하며 눈시울을 붉혔다. 그날로 나 목사님은 강철민을 구해내기 위해 이리저리 바쁘게 뛰어다녔다. 그러나 그것은 생각처럼 쉬운 일이 아니었다. 여순사건을 치룬 직후라 때가 때인만큼 극도로 험악한 시기였고, 또 강철민이 워낙 악질로 낙인이 찍혀 있었기 때문이다.

나 목사님은 그의 아들 제민 오빠의 안내를 받아 강철민이 붙잡혀 있다는 조선은행 옆의 대학당으로 달려갔다. 강철민은 이미 학생들에게 무참히 얻어맞아 피투성이가 되었고, 그 주위를 학생연맹 소속 학생들과 취조 담당관으로 보이는 국군 한 명이 빙 둘러 에워싸고 있었다. 취조는 막바지에 다다른 듯했다.

"이 나쁜 놈아. 어서 바른 말을 해. 네가 동인, 동신이를 죽이려고 집까지 찾아간 사실과 또 죽이는 걸 본 사람이 한두 명이 아닌데, 그런데도 솔직히 말하지 않을 거야?"

두 오빠의 친구들인 학생들이 더욱 치를 떨며 강철민을 세차게 다그치고 있었다. 그들은 분노를 참지 못하고 발길질을 하고 주먹질을 했다. 강철민의 몸은 하도 많이 얻어맞아서 피투성이가 되어 있었다. 맨 처음 강철민은 좌익 학생들과 함께 두 오빠 집까지 찾아가 심하게 때리고 끌고 간 사실만 시인했고 죽인 사실은 극구 부인했다. 그래서 우익계 학생들이 이를 갈며 다시 몽둥이로 치려 하자, 그는 동신 오빠의 죽은 시신에 확인 사살 두 번 한 것만 시인했다.

"동신이가 쓰러진 후 시신에 내가 두 발을 더 쏘았습니다."

그 말을 듣고 있던 학생 중 한 명이 분통이 터진다는 듯 발을 동동 구르며 외쳤다. 이것은 죽였다는 말과 다름없는 말이었다. 이것(확인 사살)을 꼬투리로 단서를 잡았다.

"야, 이 짐승만도 못한 놈아. 얼마나 악독하면 죽은 사람을 또 쏜단 말이냐."

"이 나쁜 자식, 그래 죽은 사람한테 확인 사살까지 한 놈이 죽이지는 않았다는 게 말이 되냐? 안 그래? 너는 동인, 동신이를 향해 총을 쏘았지? 그랬으니까 확인 사살도 했을 것 아니야?"

강철민은 더 이상 말하지 못하고 고개를 숙였다. 그는 더 이상 거짓말을 할 수가 없다는 것을 안 것 같았다. 그는 학생들의 반문에 대꾸하지 못하고 고개만 끄덕였다. 학생 가운데 한 사람이 울화가 치미는 듯 "에잇!" 소리를 내며 그를 내리쳤다. 나 목사님이 들어간 것은 바로 그때였다.

"그를 더 이상 때리지 마시오!"

나 목사님은 분노로 살기가 등등해 있는 우익 학생들을 가로막으며 소리쳤다.

"누구십니까?"

"나는 승주교회 나덕환 목사요."

학생들 중 누군가가 아는 체를 했다.

오른쪽 부터 『사랑의 원자탄』의 저자 안용준 목사, 손양원 목사, 강철민을 구하는 데 애쓴 나덕환 목사

"아, 제민이 아버님이시군요. 한데 여긴 웬일이십니까?"

"동인, 동신이를 죽인 자가 여기 잡혀 있소?"

"그렇습니다. 저자가 그놈입니다. 지금 막 제 입으로 동인, 동신이를 죽였다고 시인했습니다."

"그렇습니까? 나는 동인, 동신의 아버지 손양원 목사로부터 간절한 부탁을 받고 왔소.

그분이 말씀하시기를, 자기 두 아들 죽인 그 학생을 처형하지 말고 살려주면 회개시켜 아들을 삼겠다고 했소."

　나 목사님의 말을 다 듣고 난 국군은 피식 웃으며 도대체 그 무슨 뜬딴지 같은 소리냐는 표정으로 어슬렁어슬렁 자리를 피해버렸다. 학생들의 반응도 그 군인과 별반 다르지 않았다. 더러 몇 학생이 눈물을 훔치며 고개를 끄덕이긴 했지만, 나머지 학생들은 별 이상한 소리 다 들어본다는 식의 반응이었다. 그것은 사람으로서는 누구도 쉽게 이해할 수 없는 일이기 때문이다. 밖으로 걸어나가는 군인을 붙잡고 한번 더 말을 붙여봤지만, 그런 말씀 자꾸 하면 공연히 다른 사람들에게 빨갱이라는 오해만 받는다며 아예 입 밖에도 내지 말라는 것이었다. 할 수 없이 다음날 나 목사님은 순천경찰서를 찾아갔다. 그러나 경찰의 태도 역시 마찬가지였다. 평소 잘 알고 지내던 사람들도 고개를 설레설레 저었다.

　"지금은 계엄령(戒嚴令)이 실시되고 있기 때문에 그런 얘기는 국군에게 가서 해야겠지만, 가봐야 아무 소용이 없을 거요. 단념하시오. 당신이 죽은 그 학생들과 피가 섞였소, 살이 섞였소? 동인, 동신과 남이잖소. 왜 당신이 나서서 그러시오?"

　다음날도 나 목사님은 경찰서로 찾아갔다. 혹시나 하는 마음이지만 역시 아무 소득이 없었다. 그 다음은 국민회의 유력한 오성환 씨를 찾아갔다. 아무리 사정했으나 듣기는 고사하고, 그런 소리 하면 나 목사까지 불리하게 된다는 충고만 들었다. 그때는 여순사건의 가담자를 색출해내기 위해 눈들이 뒤집힌 터라 그들 입장에서 볼 때 나덕환 목사님 말은 이치에 맞지 않을 뿐 아니라 오히려 그들의 바쁜 일에 방해가 되었다. 그래서 누구 한 사람 나 목사님의 말에 귀를 기울이는 자가 없었다.

나 목사님은 지친 다리를 끌고 집으로 돌아왔다. 일이 뜻대로 잘 되지 않아서 속이 상하기도 했고, 무엇보다 친구인 아버지의 간절한 부탁인데 시기를 놓쳐 일을 그르치면 어쩌나 하는 걱정으로 발걸음이 무거웠다. 어떻게 해야 좋을지 감이 잡히지 않는 상태였다. 그런데 제민 오빠가 숨을 헐떡이며 급히 뛰어 왔다.

"아버지, 아버지. 강철민을 팔왕(八王) 카페 술집 앞으로 데려갔어요."

제민 오빠는 대문을 열고 들어서자마자 다급한 목소리를 토해냈다. 덩달아서 나 목사님의 목소리도 급해졌다.

"그게 무슨 소리냐?"

"국군이 주둔하고 있는 곳이 팔왕 카페 앞이에요. 곧 사형을 시킬 거예요."

"뭐라고? 그렇다면 큰일이 아니냐. 어서 가보자."

나 목사님은 제민 오빠를 앞세우고 담당 대령을 만나기 위해 팔왕 카페라는 곳으로 부리나케 뛰어갔다. 그러나 그곳에서도 나 목사님의 말을 진지하게 들어주는 군인은 한 명도 없었다. 나 목사님은 안타까움에 속이 바짝바짝 탈 지경이었다.

"저 학생을 제발 살려주시오. 이는 내 뜻이 아니오. 두 아들을 저 학생에게 잃은 동인, 동신의 아버지 손양원 목사의 뜻입니다."

"죄 지은 자는 벌을 받아야 합니다. 이미 결정된 일을 가지고 왈가왈부하지 말고 어서 돌아가십시오. 이제 곧 사형장으로 갈 트럭이

올 것입니다."

나 목사님은 더욱 다급해졌다. 아무리 사정해도 담당 대령은 끄덕도 하지 않았다. 오히려 귀찮다는 듯 고개를 돌리고 딴청을 피웠다. 그러나 나 목사님은 단념하지 않았다. 끈질기게 달라붙어 아버지의 부탁을 관철시키려고 노력했다. 이제 건성으로 대꾸해 주던 대령도 지쳤다. 지치기는 나 목사님도 마찬가지였다. 이 바쁜 시기에 거머리처럼 달라붙는 나 목사가 귀찮아져서 대령은 정색을 하고 군무집행 방해자, 국가치안 방해자, 좌익가담 옹호자 운운하며 엄포를 놓았다. 이 말에 점점 어려움을 느낀 나 목사님은 길게 한숨을 토해내며 한 걸음 물러섰다. 그렇다고 아주 물러난 것은 아니었다. 어떤 방법을 써야 저 돌처럼 굳은 마음을 부드럽게 풀어놓을 수 있을지 마음속으로 궁리하고 있었다. '오! 하나님 어찌합니까. 손양원 목사의 부탁을 들어줄 수 있도록 저들의 마음을 감동시켜 주옵소서.'

그때 다른 군인 한 명이 들어와서 거수 경례를 하더니, 지금 사형장으로 갈 트럭이 고장이 나서 한 30분쯤 더 기다려야 할 것 같다고 통보했다. 이것이야말로 두번 다시 없는 마지막 기회였다. 이때 나 목사님 머리에 번쩍 떠오르는 생각이 있었다. '동희를…'

나 목사님은 더 이상 꾸물거릴 시간이 없다고 판단하고 마지막 카드를 내놓았다.

"내 말을 실없는 소리로 받아들이는 모양인데, 지금 내 집에는 손 목사님의 장녀인 동희 양이 와있소. 그 아이를 불러 직접 물어보면 내 말이 거짓인지 아닌지 밝혀질 게요."

더 이상 말대꾸하기에 지쳤던 것일까, 아니면 내가 도착하기 전에 트럭이 먼저 와 강철민을 사형장으로 보내버리려고 한 것일까. 담당 대령은 심드렁하게, 그러나 선선히 "어디 한번 불러와 보시오." 하고 마지못해 승낙했다. 팔왕 카페 앞과 집은 5분 거리였다. 나 목사님은 '옳다, 이때다!' 생각하고 즉시 나를 데려가기 위해 달려왔다.

그때 나는 나 목사님 댁 마루에 무료하게 앉아있다가 다급하게 뛰어들어온 나 목사님의 손에 붙들려 엉겁결에 팔왕 카페로 향했다. 목사님은 가는 도중에 지금까지 있었던 이야기를 대충 해주며 이렇게 다짐했다.

"거기 가서 딴 소리 하면 안 된다. 꼭 아버님이 시키신 대로 말해야 한다."

이때부터 내 가슴은 두방망이질을 했다.

'이 놈을 죽일까, 살릴까, 죽일까, 살릴까?'

열두 번도 더 왔다갔다 했다. 나는 최후의 순간까지 망설인 것으로 기억한다. 내 말 한 마디면 그 살인자는 별수없이 사형장으로 끌려가게 될 것이다. 아버지의 뜻대로 그를 살려야 할까? 아니면 눈 딱 감고 오빠들을 죽인 그 자를 죽게 내버려둘까? 나는 뛰어가면서 수없이 갈등했다. 내 생각대로라면야 무조건 그를 죽이는 쪽으로 말하겠지만, 그렇게 되면 나중에 아버지를 대할 면목이 없었다. 그렇게 신신당부를 했는데…. 가슴은 터질 듯 벌떡거렸고, 좀처럼 마음의 갈피를 잡을 수가 없었다. 나는 팔왕 카페 앞에 도착할 때까지 결정을 내리지 못했다.

문을 열고 들어서자 수십 개의 눈이 나와 목사님을 주시했다. 크기는 학교 교실 만했는데 의자며 테이블 따위가 군데군데 놓여 있고, 한복판에 취조하는 담당 대령이 담배를 피워 물고 있었다. 나 목사님이 나를 담배 피우는 대령 앞으로 데리고 가서 의자에 앉혔다. "이 아이가 바로 손양원 목사의 큰딸이며 죽은 동인, 동신의 여동생입니다." 하고 나를 소개했다.

나 목사님의 소개가 있자 모든 시선이 나를 향해 날아왔다. 나도 고개를 들어 사방을 둘러보았다. 대략 예닐곱 명쯤 되는 군인들과 학생들이 있었는데, 다들 상기된 얼굴이었다. 그런데 내가 저 구석을 쳐다보는 순간 놀라지 않을 수 없었다.

그리고 그 순간 나는 심장이 멎는 것 같은 충격을 받았다. 밧줄로 두 손이 묶인 채 학생 차림의 남자 한 명이 구석에 처박혀 있었다. 눈은 쭉 찢어져 위로 올라갔고, 유난히 흰자가 많았다. 군인과 학생들에게 얼마나 얻어맞았는지 만신창이가 된 얼굴이었다. 입술이 터져 흘러내린 피가 턱 밑까지 적시고 있었다. 그는 고개를 푹 숙이고 있다가 내가 들어서자 힐끔 곁눈질을 했는데, 그 순간 그의 눈이 내 눈과 딱 마주쳤다.

나는 '악!' 하고 비명을 지를 뻔했다. 심장이 얼어붙는 것 같았다. 말로 표현할 수 없을 만큼 섬뜩한 그 눈! 등줄기로 소름이 끼치고 온몸이 떨렸다. 그 눈은 살인자의 것이었다. 나는 누구의 귀띔 없이도 직감으로 그가 강철민이라는 사실을 알았다. 그는 살인자였다. 내 두 오빠를 죽인 살인자였다. 아아, 이 일을 어찌한단 말인가.

피가 거꾸로 솟는 듯한 거센 분노가 내 몸을 지배했다. 나는 있는 힘을 다해 큰소리로 "야, 이놈아, 너는 어떤 놈이기에 이 세상에 태어나 사람을 둘씩이나 죽였냐?" 하며 달려들어 물어뜯고 내 오빠들을 살려내라고 소리소리 지르고 싶었다. 무슨 죄가 있어서, 무슨 권한으로 내 오빠들을 죽였느냐고 고래고래 악을 쓰고 싶었다. 그런데 순간 아버지의 얼굴이 내 앞을 스쳤다. 나는 터져나오려는 분노를 안으로 삼키고 그의 눈을 피했다.

몸이 떨리는 분노를 어느 정도 가라앉혀준 것은 아버지의 간절한 부탁의 말씀이었다. 그렇게 애타게 내게 사정했던 아버지가 아니었나. 나는 아버지의 명을 거역할 수 없었다. 딸로서 어떤 한계 같은 것을 어렴풋이 느끼고 있었다.

강철민은 그 절망의 시간 속에서도 어쩌면 목숨을 건질 수 있을지도 모른다는 실낱 같은 희망을 버리지 않고 나를 쳐다보았는지도 모른다. 이제 불과 10여 분만 지나면 그는 사형장으로 끌려갈 운명이다. 그런 그에게 내가 구세주로 비쳤을까? 자기가 총살한 두 학생의 여동생인 내 입에서 무슨 말이 흘러나오나 내 입만 쳐다보고 있었다. 어쩌면 사형을 면할 수 있는 순간이기도 했다.

갑자기 방안 분위기가 무겁게 가라앉는 느낌이었다. 취조하는 대령이 나를 쳐다보며 질문을 던졌다. 실내는 물을 끼얹은 듯 고요했다.

"네 이름이 뭐냐?"

"손동희입니다."

"죽은 손동인과 손동신이 네 오빠들이냐?"

"네, 그렇습니다."

"지금 몇 학년이냐?"

"순천 매산여중 1학년입니다."

"그래, 아버지가 뭐라고 하셔서 여기까지 왔니?"

"아버지가 두 오빠를 죽인 자를 잡았거든 매 한 대도 때리지 말고 죽이지도 말라 하셨어요. 그를 구해 아들로 삼겠다고요. 성경 말씀에 원수를 사랑하라 했기 때문이래요."

나는 숨도 쉬지 않고 단숨에 말을 토해 놓았다. 그제서야 참고 참았던 눈물이 주루룩 뺨 위로 흘러내렸다. 내가 왜 이런 데까지 불려 다녀야 하나? 내 마음에는 설명할 수 없는 갈등이 있었다. 아버지와 딸자식 사이라고 하지만 아버지의 신앙을 고스란히 받아 소유할 수는 없었고 또 그처럼 성숙한 나이도 아니었다. 내가 아버지의 신앙을 감당하기엔 너무나 무거운 십자가였다. 나는 쓰러지듯 책상에 엎드려 소리 내어 울었다.

내 말이 끝나고 내가 울음을 터뜨리자 강철민을 죽이려고 돌 같은 마음을 가졌던 대령은 입에 물고 있던 담배가 떨어진 줄도 모르고 손수건을 꺼내 눈물을 닦으며 "위대하시다!" 하고 감탄의 말을 토해냈다. 강철민까지도 고개를 숙인 채 흐느껴 울고 있었다. 나 목사님도 나도 그리고 살기등등했던 학생들도 울음으로 한덩어리가 되어버렸다. 이것이 원수와 한덩어리가 된 순간일 것이다. 이 광경은 몇십 년이 지난 지금까지도 내 눈앞에 잊혀지지 않는 역사적인 장면의 한 토막으로 남아있다.

이렇게 하여 강철민은 죽음 직전에 구사일생으로 구출되었고, 다른 사형수들은 차를 타고 사형장으로 보내졌다. 그는 기어이 우리 오빠가 되었다. 그는 아버지의 사랑을 독점했으나 나는 그러지 못했다. 나는 그의 앞을 봐도 미웠고 뒤를 봐도 미웠고 걸음조차 꼴 보기 싫었다. 난 항시 중얼대며 아버지를 원망하고 다녔다.

'네 이놈, 왜 죽였어? 왜 죽여? 내 두 오빠를 살려내든지 아니면 네 놈이 자결해라. 아버지도 두 오빠가 죽고 나서 정신이 홀딱 나갔지, 저런 살인자를 살려 아들을 삼겠다 하시니…. 저런 놈은 죽어 지옥을 가도 더 지독하게 뜨거운 지옥으로 가야지….'

몇십 년이 흘러 갔지만 새삼 잊을 수 없는 장면들이 영화의 한 장면처럼 내 앞에 전개된다. 원수를 사랑해야 한다며 두 아들 죽인 원수를 아들 삼겠다고 사정하던 아버지! 손 목사가 부탁한다고 해서 친구의 두 아들을 죽인 강철민을 살리려고 이리 뛰고 저리 뛰던 나 목사님! 국군은 국군대로 법을 주장하며 강철민을 죽이려고 했고, 두 오빠 죽인 원수를 내 손으로 죽이려고 이를 갈다가 아버지의 심부름을 받고 달려갔던 나! 희한한 사랑과 법과 권리가 서로 얼키고 설키어 그야말로 이 세상을 거꾸로 돌며 걸어갔던 사람들 같다. 허나 비정상적인 사람들 같은 이들의 이면에는 아무도 흉내낼 수 없는 진리가 숨어 있다. 당시 철부지였던 나는 아버지의 심부름을 했지만, 아버지가 던진 사랑의 폭탄은 용서를 모르는 완악한 인간사회에 죄악으로 뭉친 근원을 뿌리째 파괴시키는 사랑의 폭탄이리라. 양식 없어 기근이 아니라 사랑이 없어 기근인 이 사회에 복수만이 최대의 승리인 양 끝장을 보자는 이들에게 사랑의 폭탄이 되어 떨어지기를 바란다.

두 아들 보내고
새 아들을

사람은 누구나 죽음 직전에 진실을 말하는 법이라고 하던가.
그는 떠나면서 여전히 울음 섞인 음성으로
내게 자기의 진실을 말했다.
"동희야, 나 지금 집으로 돌아가면 곧 하늘나라로 간다.
내 죽어서 천당에 가면 네 두 오빠에게 무릎 꿇고 사죄하련다."

그야말로 극적으로 목숨을 구한 강철민은 사형장에서 풀려 나온
후 아버지의 사랑을 독차지했다. 아버지는 말 끝마다 '우리 철민이,
우리 철민이' 하며 그를 감싸주고 위해 주었다. 아버지가 있는 곳에
는 언제나 그가 같이 있었다.

아버지가 강철민의 신앙을 키우기 위해 집회 가는 곳마다 그를
데리고 다닌다는 소문은 삽시간에 사람들 사이에 퍼졌다. 부흥회에
도 잊지 않고 참석시킨다는 소문을 듣고 반은 호기심으로 또 반은
증오심으로 강철민 주위를 맴돌며 힐끔거리는 사람이 많았다.

예배 끝나기가 무섭게 사람들은 동물원의 원숭이 구경하듯 강철
민 곁으로 우르르 몰려들었다. 다른 곳으로 몸을 피하면 또 그 쪽으

로 따라왔다. 그 바람에 아버지는 철민이 보기에도 민망한 노릇이라며 더 이상 그를 데리고 다니지 않겠다고 했다.

아버지에 대한 기억 중 가장 강하게 남아있는 것은 강철민을 그토록 사랑했던 일들이다. 생각만 해도 몸서리쳐지는 끔찍스러운 그 자를 어쩌면 그리 사랑할 수 있을까? 아버지가 걸어가신 행적들은 마치 하얀 눈 위로 지나간 발자국처럼 내 가슴 속에 뚜렷이 새겨져 있다.

그 무렵 내게 참으로 용납하기 힘든 일이 생겼다. 내 주위에 터무니없는 헛소문이 나돌기 시작한 것이다. 누구의 입에서 어떤 근거로 퍼지기 시작했는지 알 수 없으나 도무지 말도 안 되는 소문이었다. 처음 그 소문을 접했을 때 나는 차라리 혀를 깨물고 죽어버리고 싶

남대문교회에서 부흥집회를 마치고. 왼쪽 부터 양아들 강철민, 손양원 목사, 김치선 목사

었다.

"손양원 목사님이 큰딸 동희와 강철민을 결혼시키려 한단다."

이런 얼토당토 않은 소문이 떠돌아다닌 것이다. 아버지가 강철민을 양아들이 아니라 사위로 삼으려 한다는 것이다. 어머니 역시 그 망측한 소문에 화를 벌컥 내며 펄쩍 뛰었다.

"세상에 별 소리를 다 듣는구먼. 아무리 용서했다고 하지만 내 딸을 시집보낼 데가 없어 그런 데다 보내?"

이것은 내가 강철민을 더욱 미워하게 만든 계기가 되었다. 어쩌면 그 소문의 책임은 아버지에게 있는지도 몰랐다. 아니 어쩌면 아버지의 간곡한 부탁을 뿌리치지 못한 내게 있는지도 모를 일이었다.

두 오빠 죽고 강철민이 구출된 후 며칠이 지난 오후였다. 아버지는 나덕환 목사 사모님의 안내로 강철민의 집을 찾아갔다. 어물(魚物)을 팔고 있는 점포였다. 물론 아버지와 강철민은 이날이 첫 대면이었다.

"아니, 저희가 먼저 손 목사님 댁을 찾아가야 하는데, 이렇게 일부러 먼저 오시다니! 그렇지 않아도 교통편이 복구되면 애양원으로 목사님을 찾아가려 했는데….'

갑작스러운 방문에 강철민의 아버지는 당황하는 음성으로 아버지를 맞았다. 강철민의 어머니가 다과상을 차려왔다. 강철민은 우익 학생에게 얼마나 얻어 맞았는지 아직도 얼굴 군데군데 피멍이 들어 있었다. 그는 풀이 죽어 고개를 숙이고 있었다.

"철민아, 목사님께 인사 올려라."

그의 어머니가 말했다. 겨우 일어선 강철민은 고개도 못 들고 인사했다.

"네가 철민이냐? 이리 오너라!" 하며 아버지는 그의 손을 꼭 잡았다.

"안심해라. 네 실수는 벌써 용서했다. 아니 하나님도 용서하셨을 거라 믿는다."

이 말에 강철민 부모의 눈에 감격의 눈물이 어렸다.

"정말 손 목사님은 저희에게 구세주 같은 분입니다. 뭐라고 말씀드려야 할지, 몸둘 바를 모르겠습니다." 하며 철민의 아버지가 말을 이었다. "사실, 제가 일제시대 경제범으로 얼마 동안 광주형무소에 구금중에 있었는데, 그때 그 안에 어느 유명한 목사님이 신사참배 거부로 수감되어 있다는 말을 들었습니다. 누군가 하고 한번 보고 싶었는데, 이런 일로 만나게 될 줄은 정말 꿈에도 몰랐습니다. 세상은 참 넓고도 좁은 것 같네요." 하며 띄엄띄엄 말했다.

그때는 반란사건을 치른 직후라 통행금지 시간이 6시까지였다. 아버지는 바빴다. 아버지는 집으로 떠나기 전에 마지막으로 철민의 손을 잡고 "네 과오는 기억도 안 한다. 예수 잘 믿고, 내 죽은 두 아들 대신 주의 귀한 일꾼이 되어 다오."라고 말했다. 철민은 그저 아무 말 없이 "네." 할 따름이었다.

바삐 떠나려는 아버지에게 철민의 아버지가 강요에 가까운 말을 했다.

"목사님, 한 가지 부탁이 있는데 꼭 들어주셔야 합니다. 다름 아니고 황송하오나, 목사님의 큰딸 동희 양이 순천 매산여중을 다닌다는데, 그 딸이 우리집에서 학교에 다닐 수 있도록 할 수 없을까요? 따님이 우리집에 있으면 우리 온 식구가 예수를 믿는 데도 큰 도움이 될 것이고, 또 목사님도 저희집에 출입이 잦으시면 자연히 우리도 유익한 말씀을 한 번이라도 더 들을 수 있는 기회가 생길 테니까요."

그러자 아버지는 "네, 딸에게 물어보고 대답해 드리겠습니다." 하고는 그 집을 떠났다.

그렇게 해서 얼마 동안 나는 강철민의 집에 기거하며 학교를 다녔다. 아버지의 말씀을 거역하지 못하고 지옥 같은 그 집으로 거처를 옮겼다. 이때도 역시 아버지와 싸움 끝에 "동희야, 철민이는 나를 따라다니느라고 집에 없는데다, 네가 다른 집에서 학교를 다닐 수도 없고 하니 당분간만 그 집에 있어라. 그러면서 그 집에 모범이 되도록 해라." 하는 말씀에 결국 그곳에 있게 되었다. 당시 두 오빠가 죽은 집에서는 무서워서 살 수가 없었고, 학교는 가야겠는데 마땅한 거처가 없는 것도 한 이유였다.

8개월 동안 그 집에 살면서 내 몸과 정신은 말라들어가기 시작했다. 나는 눈을 뜨는 시간부터 잠이 드는 시간까지 온종일 강철민만 증오하며 보냈다. 어쩌다 그와 눈이 마주치기라도 하면 황급히 고개를 돌려버렸다. 도저히 수그러들지 않는 그를 향한 증오심을 어쩔 수가 없었다.

그러나 내막을 자세히 모르는 사람들에게는 내가 강철민의 집에서 생활하며 학교에 다니는 사실이 신기하고 재미있는 이야깃거리로 비친 모양이다. 그래서 그런 어처구니없는 소문이 만들어졌는지도 모르겠다.

어쨌거나 내 두 오빠를 죽인 살인자인데, 아버지는 그를 취직시키기 위해 여러 군데 부탁했다. 그때마다 사람들은 "걱정 말고 기다리시오. 꼭 해드리겠습니다." 하고 선선히 대답했지만, 막상 약속한 날에 가보면 고개를 저으며 이런 핑계 저런 이유로 어렵겠다고 난색을 표했다. 아무래도 사람을 죽인 사람의 일자리를 알선해 주기가 꺼림칙한 모양이었다.

한번은 이런 일도 있었다. 어느날 안용준 목사님이 강철민과 함께 애양원으로 오려고 차표를 끊고 있었는데, 분명히 방금 전까지도 곁에 있던 강철민이 사라져버린 것이다. 아무리 찾아보아도 그의 모습이 보이지 않았다. 한참만에야 나타난 그의 얼굴은 누구에게 맞았는지 퉁퉁 부어 있었다.

강철민은 '성배'라는 떠돌이에게 붙잡혀 흠씬 얻어맞고 돌아온 것이다. 성배는 이를테면 그 시절에 어느 지방에나 한 명쯤 있기 마련인 유명한 괴짜 거지였는데, 그에게 강철민이 걸려든 것이었다. 성배는 대뜸 강철민의 멱살을 붙잡고 흔들었다.

"네 이놈, 세상에 죽일 사람이 없어 동인, 동신같이 착한 사람을 죽인단 말이냐. 어디 너도 한번 죽어 봐라. 이놈아!"

성배는 그를 한쪽 구석에 끌어다 놓고는 차고 밟으며 인정사정 없이 주먹을 휘둘렀고, 강철민은 속수무책으로 얻어맞았다. 아무도 말리지 않았다. 성배가 제풀에 지쳐 그만둘 때까지 강철민은 꼼짝없이 당하고만 있었다.

우리 집안에서도 강철민만 보면 죽이겠다고 덤벼드는 어른이 한 분 있었다. 순천에서 두 오빠와 생활할 때 함께 살던 오촌 당숙이다. 그분은 강철민이 나타나기만 하면 부엌으로 뛰어들어가 식칼을 들고 "이놈, 이 나쁜 놈, 내 조카 죽인 놈!" 하며 칼을 휘둘러댔다. 그럴 때면 식구들이 있는 대로 몰려나와 칼 빼앗으랴, 강철민 피신시키랴 한바탕 난리법석을 피우곤 했다. 그분을 말리느라 집을 몇 바퀴씩 돈 적도 있다.

우리 식구들은 그런 대로 별 문제가 없었으나, 주위에서 그를 더 증오하고 죽이려 했다. 그러나 그런 일도 아버지의 돈독한 신앙의 바탕이 된 진실이 전해지면서 점차 줄어들었다.

강철민은 아버지의 배려에 힘입어 부산 고려고등성경학교에 입학했다. 그 당시 그는 정말 회개한 탕자였다. 비록 성경 말씀에는 어두웠으나 신앙심만은 불 속에 부어진 기름처럼 활활 타올랐다. 확실히 그는 달라지고 있었다. 주일마다 부산 역과 시장 등을 돌아다니며 전도지를 나누어주기도 하고, 북을 둥둥 울며 노방전도에도 열심이었다. 아는 사람이 다가와 요즘의 근황을 물으면 그는 밝은 얼굴로 이렇게 대답하곤 했다.

"나는 아는 것이 부족하기 때문에 주일학교 어린이들을 가르칠 수도 없고 해서 이렇게 거리에 나와 북을 치며 불신 어린이들을 교회로 끌어들이는 일을 하고 있습니다."

그는 또 도서관에 쌓여있는 세계 각국의 수없이 많은 책들 속에서도 하나님을 발견하지 못했는데, 아버지를 통해 하나님의 크신 사랑을 알게 되었고, 부산 고려고등성경학교에 입학하여 그 오묘한 진리를 배우게 되었으니 참 감사하다는 말을 만나는 사람들에게 늘 자랑처럼 하곤 했다.

강철민이 애양원으로 보내온 편지를 보면 구구절절 예수님의 사랑을 찬미하고 예수님의 복음을 전하는 기쁨으로 가득 차 있었다. 확실히 그는 변해 있었다. 특별히 아버지의 마음을 흐뭇하게 하는 것은 날이 갈수록 깊어가는 그의 믿음도 믿음이지만, 편지 말미에 잊지 않고 적어 보내는 '아들 손철민'이라는 서명이었다. 그는 제 본성인 강 씨 대신 아버지의 성을 따라 손철민으로 거듭나고자 노력을 아끼지 않았다. 아버지는 그런 편지를 받을 때마다 하나님께 감사의 기도를 드렸다. 다음은 성경학교 재학 당시에 아버지에게 보내온 강철민의 편지다.

아버님께

…하나님의 사랑을 받아 죽었던 자리에서 다시 중생하고 보니 이제 비로소 하나님과 예수님의 사랑을 알게 되었습니다. 우리가 죽도록 하나님을 영화롭게 하여야 하겠습니다. 죽었던 자리에서 중생한 것도 감사한데 천당까지 바라보고 믿게 되었습니다. 우리가 천당에 가기 싫어도 하나님이 우리 손을 잡고 친히 안내합니다. 소자는 십자가를 기다리지 않습니다. 그러나 십자가가 내 앞에 닥쳐올 때는 남에게 넘기지 않고 아들 손철민이가 담당하여 십자가를 지고 예수 뒤를 따라가겠습니다.

아버님이 경험하셨던 감옥살이 뒤를 철민이도 따라가리이다. 앞으로 압박과 핍박과 환난이 오더라도 이겨나가서 예수 그리스도 피공로에서 떠나지 아니하며 진리를 바로 세워 십자가 군병이 되겠노라고 매일 다짐하면서 하나님 말씀 낭독하며 연구하며 필기하며 찬미, 전도하는 철민이를 안심하옵시고 … 믿음으로 십자가 피공로 의지하여 중생하였으니 손양원 목사의 장남될 자격으로 중생의 양식을 언제나 잊지 않고 빽빽히 채우겠습니다. 얼마나 기쁜지요. 아버님! 저의 죄 용서하여 주시옵소서. 아버님의 사랑이 하나님의 주신 사랑이니 사도 바울의 뒷길을 따라가고자 한 걸음 두 걸음 걷고 있습니다. 두 형님의 뒤를 따를 것을 하나님 앞에 맹서하나이다.

1949. 10. 28 아들 손철민

물론 어머니도 강철민에게 어느 누구 못지 않게 따뜻하게 대해 주었다. 혹시라도 죄책감에 사로잡혀 엉뚱한 행동을 할까봐 여간 마음을 쓰는 게 아니었다. 그러나 그에게 그렇게 잘 대해 주면 잘 대해 줄수록 어머니 마음속의 상처도 커져갔다. 결코 마음속에서 지워버릴 수 없는 오빠들의 모습과 도저히 잊어버릴 수 없는 그날의 참담함 때문이다. 강철민을 보면 어머니는 자꾸만 오빠들 생각이 나는 모양이었다.

아버지가 일경에 체포당했을 때 충격받은 어머니 가슴은 오빠들을 잃은 뒤 더 악화되어 화병이

동인, 동신 오빠를 살해한 강철민. 오른쪽 위는 동림, 아래는 동연이다. 정양순 사모가 동길이를 안고 있다.

되었다. 그 뒤로 자주 정신을 잃고 까무러치곤 했는데, 그 병은 무엇으로도 치유할 수 없는 어머니의 한(恨) 때문이다. 나날이 새로워지는 강철민의 신앙을 가지고도 어림없는 일이었다.

이따금 내가 오빠들 얘기를 꺼낼라치면 어머니는 정색을 하고 내입을 막았다.

"시끄럽다. 네 오빠들 이야기는 내 앞에서 입에 담지도 말아라."

그리고는 새삼스럽게 설움이 북받쳐오는지 "동인아, 아이고, 동신아…." 하며 주저앉아 눈물을 흘렸다. 어머니의 화병은 봄만 되면 유독 심해졌다. "이 가슴의 타는 불을 무엇으로 끈단 말이냐." 하며 가슴을 두드리다가 옆으로 맥없이 쓰러진 적이 한두 번이 아니다.

생각해 보면 참 한도 많은 인생이다. 고생고생 하지만 내 어머니만큼 온갖 고생 다 겪은 사람도 흔치 않을 것이다.

아버지가 가끔 우리에게 했던 말씀이 있다.

"네 어머니 신앙이 오늘날 나를 있게 했단다. 감옥에 있을 때도 네 어머니가 신앙의 보조를 맞춰주었기에 이기고 돌아올 수 있었던 거야. 신앙도 손발이 맞고 호흡이 맞아야 함께 정진할 수 있는 거지 혼자서는 어렵단다. 아무렴, 대학 열 군데 나오면 뭐해. 믿음이 중요하지."

특히 감옥에서 출감한 직후에는 어머니 칭찬하는 말씀을 자주 하셨다. 어디서 저런 여인을 또 만나겠느냐며, 여인의 아름다움은 미모나 향기가 아니고 흔들림 없는 내조에 있다고 했다.

아버지의 칭찬처럼 어머니는 비록 성경학교만 졸업했지만 그 신앙심만은 누구도 따라올 수 없을 만큼 깊고 강직했다. 아버지가 감옥에 수감되어 있을 때도 하루도 빼놓지 않고 아침 저녁으로 가정예배를 드렸고, 어린 우리에게 성경 말씀도 가르쳤다. 기도를 할 때면 행여 아버지의 믿음이 고난과 핍박으로 인해 좌절되지 않도록 기도했다. 어머니에게 보다 중요한 것은 변함없이 꿋꿋한 아버지의 신앙의 절개였다. 그런 마음은 한평생 어머니의 기도제목이 되었다. 나는 그런 어머니의 모습을 돌아가실 때까지 곁에서 지켜보았다.

어머니는 성경을 내 몸같이 소중히 여기며 성경과 함께 산 분이다. 그래서 성경 지식에 대해서는 누구도 따라올 사람이 없었다. 신구약의 역사를 줄줄 꿸 만큼 해박했다. 아버지도 가끔 설교 준비중에 잘 생각나지 않는 구절이 있으면 어머니에게 묻곤 했다. 이러이러한 내용의 설교를 준비하고 있는데 그 말씀이 몇 장 몇 절인지 아느냐고 물으면, 어머니는 지체없이 몇 장 몇 절이라고 알려주었는데 나중에 찾아보면 틀림이 없었다.

"당신 그 기억력 하나는 알아줘야 한다니까. 정말이지 당신은 성경사전 그 자체구려. 그 기억력도 다 하나님의 은혜라는 사실을 잊지 마시오."

아버지는 감탄의 눈으로 어머니를 쳐다보며 유쾌하게 웃음을 터뜨리곤 했다.

아버지는 어머니보다 다섯 살 위였다. 아버지가 맨 처음 감옥에 들어가신 때가 39세, 해방이 되어 자유의 몸이 되었을 때는 44세였다. 그러니까 어머니로서는 34세에 남편을 감옥에 보냈다가 39세가 다 되어서야 다시 만나게 된 셈이다. 한창 일할 젊은 나이를 고스란히 감옥에 바친 아버지였고, 한창 사는 재미를 느낄 나이에 감옥에 가고 없는 남편을 염려하며 자식들을 키우느라 고생하며 눈물로 지샌 어머니다.

당연히 어머니는 외로울 수밖에 없었다. 엄연히 존재하는 남편이었지만 사실은 언제나 혼자였다. 아버지가 출감한 후에도 사정은 크게 나아지지 않았다. 아버지는 우리 가족보다 나환자들과 어울려 그들을 돌보고 보살피는 일을 더 중요시했기 때문이다.

어머니는 항상 교회 일과 애양원 일로 눈코 뜰 새 없이 바쁜 아버지의 애정을 그리워하며 지냈다. 아버지의 애정을 그리워하기는 우리 남매도 마찬가지였다. 아버지는 언제나 다른 일로 바빴고, 그래서 우리 남매와 오붓한 시간을 보낼 기회가 별로 없었다. 우리 남매는 그런 아버지에게 투정도 부리고 불평도 했지만, 어머니는 남편의 부족한 애정에 대해 아버지에게 내색한 적이 한 번도 없다. 어머니는 자신을 희생하는 일에 익숙한 분이었다.

그런 어머니가 1977년 11월 26일 부산 청십자의원에서 치료중에 72세로 운명하셨다. 개척 교회를 세우기 위해 모금을 다니다가 과로로 입원했는데 끝내 숨지신 것이다. 어머니의 가슴엔 꼬깃꼬깃한 돈을 묶어놓은 띠가 둘러져 있었다.

"이 돈을 밀양교회에 갖다 주어라."

입가에 미소를 지으며 어머니가 남기신 마지막 말씀이었다.

당시 밀양교회는 나환자들의 교회였다. 그 성전 건축을 위해 밤낮 없이 뛰어다니다가 때마침 내리기 시작한 비를 나흘 동안이나 맞고 병을 얻은 것이다. 어머니는 죽는 날까지 복음전파를 위해 노력하다가 평화롭게 하늘나라로 가신 것이다. 어머니께서 평소 소원했던 대로 어머니의 시신은 아버지와 합장되었다.

어머니가 소천하기 몇 달 전의 일이다. 당시 서울에서 아파트 경비 일을 맡고 있던 철민 오빠가 부산까지 어머니를 만나러 왔다. 그때 어머니는 마침 시장에 가고 집에 없었다. 철민 오빠는 마루에 걸터앉아 잠시 고개 숙여 기도했다. 그리고 마루 위에 걸려 있는 두 오빠의 사진을 뚫어지게 쳐다보았다. 넋이 나간 듯 오랫동안 사진에서 눈을 뗄 줄 몰랐다. 그러다가 벌떡 자리에서 일어나더니 무엇에 쫓기는 사람처럼 뒤도 돌아보지 않고 나가버렸다. 그는 다시 돌아오지 않았다. 뒤 늦게 집에 들어온 어머니가 그가 왔다는 소식을 듣고 찾아 보았지만 아무데도 없었다.

도대체 왜 그는 서울에서 부산까지 그 먼 길을 어머니를 보러 왔다가 아무 말도 없이 사라져버린 것일까? 또 마루 위에 걸린 두 오빠의 사진을 보고 무슨 생각을 한 것일까? 그 무엇이 그를 뛰쳐나갈 수밖에 없도록 한 것일까? 살인자라는 명칭 때문일까? 양심의 죄책에서 오는 공포 때문일까?

젊은 날 순간의 혈기를 이기지 못해 저지른 그 엄청난 범죄 행위가 많은 세월이 흐른 그날까지도 그를 따라다녔다고 설명할 수밖에 없다. 여전히 씻기지 않는 피 묻은 손으로 그는 그날까지도 괴로워하고 있었음이 분명했다. 비록 용서받고 회개했을망정, 하나님의 자비가 그의 죄를 정결케 했을망정, 마음속에 남아있는 양심의 거울에 투영된 자신의 죄는 사라지지 않았음이 틀림없다. 남이 용서했다 하더라도 자신이 용납하지 못하는 죄가 있기 마련이다. 그런 의미에서 볼 때 그는 마음속까지 썩은 철저한 악인은 아닌 듯하다. 오히려 마음이 여린 소심한 사람이었다고 해야 할 것 같다.

철민 오빠는 1958년에 순천서 장재화 자매(현재 권사)와 결혼해 2남 2녀를 두었다. 장남 호경이는 서울기독신학대학 다닐 때 가끔 내 집으로 놀러오곤 했다. 고모라 부르면서 아주 붙임성 있게 나를 따랐고, 나 역시 친조카처럼 다정하게 대했다.

그런데 언제부턴가 갑자기 발을 뚝 끊어버렸다. 나중에 그 이유를 알아보니 자기 아버지가 내 오빠들을 둘이나 죽인 살인자라는 사실을 알게 되었다는 것이다. 그때 그 남매들이 받은 충격이 얼마나 컸겠는가. 그들은 그날 이후로 영영 우리집에 나타나지 않았다. 소식도 끊겼다.

나는 지금도 그때 안용준 목사님이 『사랑의 원자탄』을 출판하면서 두 오빠를 죽인 자를 본명으로 넣은 것이 안타깝다. 군이 본명을

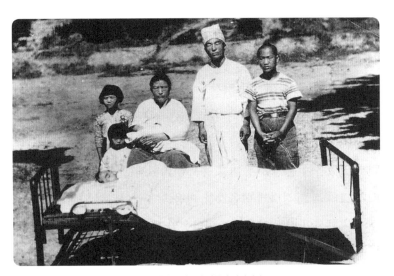

두건을 쓴 강철민. 손양원 목사 시신 앞에 정양순 사모와 가족이 앉아있다.

사용하여 아무것도 모르는 자식들의 마음에 굵은 못을 박은 셈이 되었으니 가슴 아픈 일이 아닐 수 없다. 백 사람이 감명받았다 하더라도 한 사람의 마음에 독이 되었다면 그것은 결코 좋은 일이 아닐 것이다. 그래서 나는 이 책에서 그의 이름을 가명으로 썼다.

한때 아버님 순교 후 강철민이 아버지를 죽였다는 소문이 전국에 퍼진 일도 있었다. 그러나 그것은 거짓이다. 철민 오빠는 오래 전에 한스러운 이 세상을 떠났다. 그에게 유일한 피난처이던 아버지마저 6.25 때 공산당의 총에 순교하신 후 그는 갑작스럽게 초라해졌다. 늘 어두운 곳만 찾아다녔고, 사람들과 마주치는 것을 극도로 싫어했다. 교회에서도 고개를 푹 숙이고 귀퉁이에 앉아있었고, 사람을 똑바로 쳐다보지 못하고 곁눈질로 힐끔거리곤 했다.

가끔 우리 형제를 만나면 우린 아무 생각 없이 쳐다보는데도 그는 "동생, 왜 그런 눈으로 날 쳐다봐?" 하곤 했다. 평생을 그늘 속에서 살다간 그는 어찌 생각해 보면 가여운 사람이다. 그는 아파트 경비를 하며 가난하게 평생을 보냈다. 평생을 죄의 무게에 짓눌려 살다간 인생이다.

그가 이 세상을 하직하기 보름 전에 나를 찾아왔다. 서울에 사는 동생 동연이 집에 갔는데, 내가 왔다는 소식을 듣고 나를 찾아온 것이다. 그때 그는 이미 병원에서 사형 선고나 다름없는 후두암 진단을 받은 상태였다. 동연이가 데리고 다니며 현신애 권사에게 안수받기도 했으나 차도가 없었다. 힘 없는 몸을 이끌고 간신히 방에 들어온 그는 나를 보자마자 손을 붙들고 눈물부터 쏟아놓았다.

한평생 내 가슴에 못을 박았던 자가 죽어가면서 내 앞에 나타난

것이 아닌가! 철민 오빠, 그는 병들어 죽어가며 마지막에 나를 찾아
왔다. 그리고는 비틀걸음으로 다가와 내 손을 잡았다. 여태껏 쌓인
담을 헐어버리고 나도 그의 손을 잡았다. 1948년 순천 팔왕 카페 앞
에서 내 말 한 마디로 죽었던 생명을 되찾은 그가 아니었나(1948년
에 사형 선고를 받음). 그토록 저주하며 증오했던 그가 아니었나! 이를
갈며 눈을 흘겨 죽이고 싶었던 그가 아니었나!

> 오랫동안 피맺힌 눈물의 세월, 한 맺힌 원한을 어디다 묻을꼬
> 찬 서리 내리는 하늘 바라보며
> 그토록 울먹이며 그리워했던 그 시절!
> 가슴 깊은 곳에 정만 두고 떠나간 옛 노래! 몇십 년 불렀던가
> 병들어 여윈 그 얼굴에는 사연 많은 추억들이 아직도 맴돌고…
> 그의 가슴 속인들 얽힌 사연 어찌 잊을 수 있으랴!
> 타다 남은 불꽃은 아직도 시름시름 가슴 누르고…
> 역사는 흘러흘러 파도되어 여기까지 왔구나!
> 이제 그도 끝까지 다 닳았구나!
> 아침 이슬로 사라질 인생의 종말로

이제 이런 것 저런 것, 슬픔도, 미움도, 한낱 꿈에 본듯 잊어버리
는 순간이었다. 떠나려는 그의 옷자락 붙들고 우리는 목 놓아 소리
높여 울었다. 한이라도 풀 듯이…. 미움이 애처로움으로 변하는 순
간이었다.

오빠! 오빠! 철민 오빠! 왜 벌써 떠나시렵니까

옛날 아버님이 애타게 부탁하던 그 큰 일 잊으셨나요

큰오빠, 작은오빠, 못다한 일

철민 오빠가 대신하라 하지 않았소

이 강산 이 민족에 큰 일꾼 되어 달라 다짐하지 않았던가요

그 약속 그 언약 모조리 깨뜨리고 천리만리 왜 떠나시렵니까

영원히 또 영원히 안녕이라고 인사하며 그는 사라졌다

아! 그는 지금쯤 어디까지 갔을까

한 발자국 두 발자국 그 자취 남겨놓고…

외로운 길 저편으로 가버렸다

삶의 길은 그렇고 그렇지, 몇천 년 살 것인가 몇만 년 살 것인가

해는 지고 너 갔으니 나 또한 가야지!

영원한 고향길 고운 님들 사는 그곳으로…

사람은 누구나 죽음 직전에 진실을 말하는 법이라고 하던가. 그는 떠나면서 여전히 울음 섞인 음성으로 내게 자기의 진실을 말했다.

"동희야, 나 지금 집으로 돌아가면 곧 하늘나라로 간다. 내 죽어서 천당에 가면 네 두 오빠에게 무릎 꿇고 사죄하련다."

그 말을 남기고 내 곁을 떠난 그는 정확히 보름 만인 1979년 12월 19일 서울 상계동 자택에서 48세의 나이로 세상을 떠났다. 계산해 보니 1948년 운명의 그날, 사형장으로 끌려가던 그를 죽음 직전에 구해 주고부터 31년이 지나 있었다.

내가 2005년 9월 시카고에 갔을 때, 헤브론교회에 계시는 이두만 목사님이 나를 찾아와 말씀하셨다.

"손 권사님, 제가 1953년도에 제주도에서 강철민과 함께 군인들과 피난민으로 구성된 신광성경학교(야간학교)에 다녔습니다. 신광성경학교 교장선생님은 고 장덕호 목사님이셨는데, 장 목사님은 특별히 강철민을 여러모로 많이 도왔습니다. 그때 강철민 나이 23-24세 때였습니다. 그 후 강철민은 신광성경학교교회에서 전도사로 일했습니다."

철민 오빠의 장남은 철민 오빠의 유언대로 목사가 되었다.

아마 지금쯤 천국에서는 내 아버지, 어머니, 그리고 두 오빠와 철민 오빠가 손에 손을 맞잡고 우리 여호와 하나님을 영원히 찬양하고 있을 것이다.

어찌 이런 일이 또…

"그래, 네 아버님마저 끝내…."
안 목사님은 말을 맺지 못하고 흐르는 눈물을 훔쳤다.
아, 이 어찌된 일인가!
어떻게 이런 일이 또 일어난단 말인가!
하나님, 맙소사! 하늘이 눈앞에서 와르르 무너지고 있었다.

두 오빠가 없는 순천 생활은 지옥이었다. 특히 강철민의 집에서
생활하는 동안 심적 고통이 하도 커서 몸이 자꾸만 야위어갔다. 오
빠들의 흔적이 군데군데 묻어있는 순천이라는 도시 자체가 내게는
형벌이었다. 여전히 불어오는 바람을 타고 '우리 동희, 예쁜 동희 울
지마! 오빠 여기 있잖아.' 하는 소리가 이 모퉁이 저 모퉁이에서 들
려오다 사라진다. 이런 식으로 계속 생활하다간 미쳐버릴지도 모른
다는 생각이 들기도 했다.

부모님이 그런 내 마음을 왜 헤아리지 못했겠는가. 두 오빠의 순
교로 가장 큰 충격을 받은 사람이 바로 나라는 사실을 모를 리 없는
부모님이다. 항상 웃음기 없는 얼굴로 매사에 시들한 반응을 보이는

큰딸이 염려스럽지 않을 까닭이 없다.

부모님은 나를 그대로 놔두었다가는 무슨 일을 당할지 모른다고 판단했다. 나를 순천에서 떠나 보낼 생각을 한 것이다. 그렇게 나는 순천을 떠났다. 그 지긋지긋한 순천이라는 도시, 악몽의 도시를 저주하며 나는 그곳을 떠나 서울 이화여중으로 전학했다.

나는 이화여고 근처에 조그마한 방을 얻어 황덕순 고모와 함께 자취생활을 시작했다. 황 고모는 나병은 있었으나 별로 병표가 없었으므로 총신대에 입학하여 본격적으로 신학공부에 매진하였고, 나는 이화여중 2학년 '란' 반에 편입되었다.

첫날 첫 수업 시간이었던 것으로 기억한다. 마침 성경시간이었는데, 여자선생님이 나를 학생들에게 자세히 소개했다.

"오늘 새로 전학온 이 학생은, 여러분이 알고 있을지 모르겠으나 여순사건 때 두 오빠를 잃은 학생입니다. 이름은 손동희입니다. 모두 친하게 지내고, 모르는 게 있으면 사랑으로 가르쳐주세요."

선생님의 소개를 들은 학생들은 저마다 웅성거리기 시작했다. 교실 안이 갑자기 소란스러워졌다. 그때 뒷줄에 앉아있던 학생이 일어나더니 말했다.

"선생님, 오늘 성경시간은 소문으로만 전해 들은 여순반란사건을 직접 겪은 손동희의 이야기를 들을 수 있게 해주세요."

여기저기서 그렇게 해달라고 떠들었고, 선생님은 고개를 끄덕이며 승낙했다. 선생님이 나를 나오라고 손짓했다. 나는 할 수 없이 교탁 앞에 섰다. 아무런 준비도 없이 얼떨결에….

그러나 내가 무슨 말을 할 수 있겠는가. 오빠들의 처참한 죽음을 되풀이해서 회상하기는 죽기보다 싫었다. 그 참혹한 기억을 떠올리기 싫어서 도망치듯 떠나온 순천이 아닌가. 그런데 그때의 참사를 말하라니…. 나는 자존심이 상했다. 그들은 이렇게 행복하게 지껄이며 마치 옛날이야기 듣듯이 나를 앞에 세워 놓고 내 슬픈 이야기를 들으려 하지만 나는 말하고 싶지 않았다. 그들 세계와 내 세계는 판이하게 다르기 때문이었다.

나는 입을 꼭 다물고 고개를 숙인 채 서있었다. 입이 떨어지지 않았다. 교실은 쥐죽은듯 조용했다. 모든 학생들의 눈이 나를 주시하고 있었다. 호기심으로 가득 차 잔뜩 기대를 품고서…. "어서 얘기해." 하는 누군가의 조그마한 소리가 내 귀에 들려왔다.

나는 그만 교탁에 엎드려 소리 내어 울고 말았다. 슬펐다. 그토록 참혹한 나 자신의 슬픔이 다른 아이들에게 호기심의 차원으로밖에 받아들여지지 않는다는 사실이 억울했다. 깜짝 놀란 선생님이 나를 진정시키며 도로 자리에 앉혔다.

순천을 떠나 서울로 전학 오긴 했지만 오빠들의 환상이 사라진 건 아니었다. 오빠들의 그 환한 웃음은 어디건 나를 따라다니며 사무친 그리움을 안겨주었다. 그 다정한 목소리, 한없이 아름답던 노래는 언제나 내 주위를 맴돌았다.

가장 좋은 치료약은 망각뿐! 망각은 요긴했지만 내게는 찾아오지 않았다. 정신과 육체가 모두 아픔으로 둘러싸였지만 내 영혼은 오빠를 향해 끊임없이 빛나고 있었다. 황 고모의 보살핌이 내게 큰 힘이 되어주었다. 조금씩 세상에 익숙해지는 법을 배우면서 그렇게 세월은 흘러가고 있었다.

그러나 불행은 거기서 끝나지 않았다. 이 민족의 불행도 아직은 끝난 것이 아니고, 우리 가족의 불행 역시 끝난 것이 아니었다. 오히려 더 큰 불행의 소용돌이가 이 민족과 우리 가족을 향해 덮쳐오고 있었다. 그것이 바로 1950년 6.25동란이다. 뜻밖에도 동족과 동족 간에 총을 들이대고 목숨을 앗아가는 비극이 삼팔선으로 갈라진 이 나라에서 일어난 것이다. 바로 내가 이화여중 3학년 때였다.

하나님은 우리에게 해방이라는 크고도 귀한 선물을 안겨주셨는데 무엇이 모자라 형제간에 총부리를 들이대야 했을까? 감사하기는 커녕 싸움으로 일관하다니 이 무슨 해괴한 짓이란 말인가.

그것은 하나님의 진노인지도 몰랐다. 하나님의 선물인 해방의 은혜를 저버렸을 뿐 아니라 오히려 더욱 오만해지기까지 한 이 나라 백성에게 내리는 불화살인지도 몰랐다. 36년간 일제의 고통 속에서 건져준 하나님의 선물을 외면한 이 나라 이 백성이 마땅히 감당해야 할 형벌인지도 몰랐다.

온 천지가 불바다로 변했다. 북녘의 공산당은 이미 이 나라의 백성이 아니었다. 그들은 마르크스와 레닌의 백성이 되어 있었다. 피비린내 나는 전장에서만 힘을 얻는 악마들이 되어 있었다. 그들은 선전포고도 없이 쳐내려 왔다.

그런 상황을 보고 아버지는 이렇게 기도했다.

…대한민국을 위해 기도합니다. 죄의 값으로 다른 민족에게 압박을 받다가 특별하신 당신의 은총이 있어 해방된 지 5년이 되었건만 삼팔선은 여전히 굳어져갈 뿐 아니라 사방에서 일어나는 민족의 어려

움이 이 어찌 우연한 일이겠습니까? 먼저 부르심을 받은 무리들이 옳게 그 직분을 다하지 못함인가 합니다. 아브라함의 기도를 들어주시던 주여, 불쌍히 여기소서. 소돔, 고모라를 만들지 마옵시고, 니느웨 성이 되게 하여 주시옵소서. 굵은 베옷을 입고 재를 날리면서 회개하게 하시고 주의 진노를 거두어 주셔야겠습니다….

6월 28일 새벽, 한강대교가 폭파되었다. 국군들은 물밀듯이 내려오는 공산당의 남하를 막아보려고 안간힘을 썼지만, 이미 기울어진 전세는 돌이킬 수 없었다. 서울 하늘은 화염에 휩싸였다. 온 시민이 공포에 떨고 숨을 곳을 찾아 이리저리 도망다녔다. 한강물은 죽은 사람들의 피로 붉게 물들었다. 국군은 서울 사수를 포기하고 후퇴하기 시작했다. 북한군은 우리 국군 뒤를 끝없이 밀고 쳐내려왔다.

나는 그때 이화여중 3학년이었는데 보기만 해도 섬뜩한 붉은 기가 학교 정면에 매달려있는 것을 보았다. 나는 무서움에 떨었다. 여순사건 때는 두 오빠가 죽었는데 이젠 내가 죽을 차례인가? 그러나 살고 싶었다. 서울은 벌써 붉은 물결 천지였다. 하늘에는 파편과 총탄이 어지럽게 날아다녔다. 무장한 붉은 군인들을 보면 나를 잡아가 죽일지도 모른다는 생각에 오금이 저리곤 했다. 나와 황 고모는 이 난리통에 절대로 떨어지지 않고 살아도 같이 살고 죽어도 같이 죽자고 맹세했다.

북한군은 서울에 침입하기 하루 전에 서울에 거주하는 목사들을 모두 납치해 갔다. 토요일 밤 11시경에 "잠깐 물어볼 말이 있으니 같이 가자"며 데리고가서는 다시 돌려보내지 않았다. 그들은 무엇을 노리고 목사들을 납치한 것일까? 교계의 지도자라는 데 큰 의미를 두고 지도자들을 먼저 없애려는 수작이었을까? 남은 가족들은 돌아올 줄 모르는 목사님들을 기다리다가 피난도 가지 못했다.

나와 황 고모는 그때 다른 교인들과 함께 안용준 목사님 집에 숨어 지냈고, 어떤 때는 땅굴 속에 숨기도 했다. 어쩌다 가끔 우리 편 사람을 만나면 전세가 어떻게 돌아가는지 물어보았다. 그러나 들려오는 소식은 희망이 없는 것들뿐이었다.

우리는 합심하여 하나님께 간절히 기도했다. 이때처럼 살려달라고 간곡히 기도에 매달린 적도 없었던 것 같다. 믿음은 견디기 힘든 환난을 통해 더욱 깊어진다는 말이 맞는 듯하다.

우리는 땅굴 속에서 잠을 잘 때도 완전무장한 채로 잤다. 신발도 벗지 않았다. 둘러맬 봇짐을 베개로 사용했다. 옷은 말할 것도 없이 항상 단단히 차려 입은 상태였고, 허리띠도 꼭 조여 맸다. 그렇게 완벽한 준비 상태에서 잠을 청하다가 누군가가 "뛰어라!" 하고 소리치면 죽어라고 도망치곤 했다.

하나님의 진노는 무려 3개월 동안이나 계속되었다. 하나님은 김일성이라는 파렴치한 인간을 몽둥이로 삼으시고 오만한 이 나라를 매질하시는 것 같았다. 세상은 쑥대밭이 되어버렸다. 재만 남은 거리에는 부서진 건물들, 널려 있는 시체들, 부모를 잃고 우는 아이들, 폭탄에 맞고 신음하는 부상자들뿐이었다. 아비규환의 세상이었다. 참으로 견디기 힘든 날들이었다.

그러나 영원히 계속될 것만 같던 그 전쟁도 어느 정도 소강 상태에 접어들었다. 3개월 후 9월 28일, 마침내 서울이 수복되었다. 숨어 지내던 우리는 그때야 비로소 불안감을 떨쳐버리고 푸른 하늘을 쳐다보았다. 맑은 하늘이었다. 그러나 그 맑은 하늘이 숨기고 있는 엄청난 비극을 그때까지도 나는 상상하지 못했다. 나와 우리 가족에게 닥칠 비극이 더 남아있으리라고는 상상조차 할 수 없었다.

여기저기서 바람처럼 소문이 날아왔다. 서울에서 납치당한 목사들이 모두 북으로 끌려가 학살당했다는 소문도 들려왔고, 북한군이 후퇴하면서 우익 인사들을 구덩이에 쳐넣고 생매장시켰다는 소문도 들려왔다. 하나같이 끔찍하고 어두운 소식뿐이었다.

북으로 납치당한 목사들은 모두 학살되었다는데, 우리 아버지는 이 환난 중에 무사하신지 은근히 걱정이 되었다. 남쪽 끝이니 아무 일 없겠지 싶은 마음이면서도 한 가닥 불길한 예감을 떨쳐버릴 길이 없었다.

어느날 황 고모와 나는 불안한 마음으로 아버지는 과연 어찌되었을까 한참 이야기하고 있었다. 그때 갑자기 안용준 목사님이 우리 자취방에 들어왔다.

"어머, 목사님이 여기까지 어떻게 오셨어요?"

목사님은 말이 없었다. 그 눈에 이슬이 맺히는 게 보였다. 늘 죽음이라는 단어에 민감한 나는 말을 듣기도 전에 가슴이 쿵 하고 내려앉았다.

"아니, 그럼….."

"그래, 네 아버님마저 끝내….."

안 목사님은 말을 맺지 못하고 흐르는 눈물을 훔쳤다. 아! 이 어찌된 일인가! 어떻게 이런 일이 또 일어난단 말인가! 하나님, 맙소사! 하늘이 눈앞에서 와르르 무너지고 있었다. 안 목사님은 어느 정도 진정이 되자 아버지가 후퇴하는 공산군의 총탄에 맞아 순교하셨다는 사실을 차근차근 전해 주었다.

두 오빠의 죽음으로 쓰라린 가슴이 아직도 그대로인데 채 2년이 못 되어 아버지마저 순교의 제물이 된 것이다. 그것도 동족의 총탄에 …. 이럴 수 있을까? 이것이 소설이라면 이건 너무나 작위적인 냄새가 난다며 비난받을 것이다. 이 사실이 연극이라면 지나친 과장이라 할 것이다. 도저히 이해할 수 없는 일이 실제로 내 앞에 일어난 것이다.

어쩌라고, 도대체 나는 어쩌라고 이렇게 엄청난 사건을 또다시 내 앞에 예비해 두셨단 말인가. 한 번도 아니고 두 번이나 더구나 한 사람도 두 사람도 아니고 세 사람씩이나…. 친구도 아닌, 일가친척도 아닌, 친오빠들과 아버지를…. 그것도 같은 민족이 겨눈 총부리에….

내 눈은 충혈되어 독기를 뿜고 있었고, 얼굴은 백지장처럼 창백해졌다. 내 가슴은 분노와 증오로 새까맣게 타들어갔고, 머리는 난마처럼 얽혀 깨지듯 아파왔다.

이럴 수는 없는 일이다. 이래서는 안 되는 일이다. 남들은 한 번도 당하지 않는 일을 연달아 두 번씩이나 겪게 해서는 안 되는 것 아닌가. 남들은 한 번도 감당 못할 일을 두 번씩이나 한 가족에게 겪게 해서는 안 되는 일이다.

세상은 얼마나 불공평한가. 이 세상은 무슨 법칙으로 돌아가는가? 누구의 주관으로 돌아가는가? 법칙이라는 것이 과연 있는가?

주관자의 손길이 과연 있는가?

내 가슴 속에는 시퍼런 독기만이 남아있었다. 궁지에 몰린 쥐는 고양이에게도 덤비는 법이다. 나는 하나님을 향해 마구 덤벼들었다.

"하나님! 내 할아버지 예수 잘 믿었어요. 내 부모님도 예수 잘 믿었어요. 내 오빠들도 예수 잘 믿었어요. 어디 그뿐입니까. 동생들도 모두 예수 믿는 일에 열심이에요. 그런데 왜 이러세요. 이것이 예수 잘 믿은 공입니까? 하나님 말씀에 순종한 상입니까? 눈이 있으면 보세요. 귀가 있으면 들으세요. 입이 있으면 말해 보세요. 꼭 이렇게까지 하지 않으면 안 되었나요?"

나는 두 눈을 부릅뜨고 하늘을 노려보았다. "너는 내게 부르짖으라 내가 네게 응답하겠고 네가 알지 못하는 크고 은밀한 일을 네게 보이리라"(렘 33:3) 하던 하나님이었는데 부르짖음의 응답은 죽음, 그리고 또 죽음뿐이었다. 그 성경 말씀이 내 마음에서 떠나 이젠 나와는 상관없는 것이 되고 말았다. 그때 마귀가 나를 찾아와 내 귀에 대고 속삭였다. '동희야, 보아라. 너를 사랑한다는 하나님이 네게 무슨 일을 저질렀는지 똑똑히 보아라.'

이것은 마귀의 소리였다. 그러나 내 심경에 딱 들어맞는 소리였다. '네가 믿은 하나님은 일방적으로 네게 사랑을 강요하고 희생을 강요할 뿐 아무 보상도 해주지 않았지? 그게 무슨 미친 짓이야? 여태껏 네가 무릎 꿇고 간구한 일이 하나라도 이루어졌니? 너는 하나님을 열심히 섬겼는데, 너처럼 불행해진 사람이 어디 있니? 다 허무맹랑한 짓이야. 소용없는 짓이라니까.'

하나님은 잔인한 분이다. 그저 참으라고만 주장하는 무능한 분이다. 고난도 참고 아픔도 참고 분노도 참고…. 자신을 위해 순교만 강요하는 이기주의자였다. 순교! 남들은 거룩하다고 다들 말하지만, 쳇! 그까짓 순교?

그런 가시밭길과 수렁을 지나야만 죽어서 상을 받는다는 사실에 나는 동의할 수 없었다. 도저히 이해되지 않는 말이다. 완전한 모순이다. 나는 애써 이해하려고 노력하지도 않았다.

누구를 위한 순교이며 무엇을 위한 순교인가. 어버이의 가슴에, 자식의 가슴에, 아내의 가슴에, 형제자매의 가슴에 평생 뺄 수 없는 굵은 대못을 박아놓는 일이 무슨 진리이고 무슨 사랑이란 말인가. 이 세상 어느 부모가 자식에게 상 줄 테니 아픈 가시밭을 통과하라 하며 아픔과 고통을 주겠으며, 또 자식이 채찍에 맞아야만 상을 받는다고 채찍질할 부모가 어디 있단 말인가. 육신의 부모도 사랑하는 자식에게 이런 고통을 주지 않는데, 하물며 어찌 '하나님의 사랑'이라는 이름으로 이런 끔찍한 일이 일어날 수 있단 말인가. 만일 그러한 사랑이라면 인간에게 요구해서는 안 되는 성질의 사랑일 것이다.

내 가슴은 돌처럼 굳어버렸고, 머리는 어떠한 이성적 판단도 거부했다. 나는 한없는 회의 속에서 무작정 하나님만 원망했다. 그동안 부모님이 소중히 심어주었던 믿음의 뿌리가 한순간에 맥없이 흔들리기 시작했다. 두 오빠의 죽음이 슬픔의 탄식이었다면 아버지의 죽음은 독이 되어 온몸에 퍼져나갔다.

이미 한강 철교가 끊긴 터라 교통이 마비되어 있었다. 황 고모와 나는 서울에서 전남 애양원까지 걸어서 가기로 결심하고 집을 나섰다. 내 마음은 어서 빨리 어머니가 계시는 애양원으로 가야 한다는 일념으로 가득 차 있었다. 서울서 애양원까지는 며칠 밤낮을 걸어야 할지 짐작도 할 수 없을 만큼 먼 거리다. 그러나 어떻게든 떠나야 했다.

우리는 다리가 아프면 그늘에 앉아 쉬기도 하고, 짐 싣고 가는 우마차가 보이면 사정하여 얻어 타기도 하면서 애양원을 향했다. 배가 고프면 십자가가 보이는 곳으로 찾아들어가 밥을 얻어먹었다. 교회 사람들은 전쟁통이었지만 비교적 친절했다. 황 고모가 우리의 신분과 처한 사정을 이야기하면 어디서건 잠자리는 물론이고 아침밥까지 잘 차려주었다.

무척이나 먼 길이었다. 가도가도 끝이 없었다. 길을 걷다 짜증이 나면 나는 공연히 황 고모에게 투정을 부리기도 했다. 다 큰 숙녀가 속 썩이는 것이 보기 싫었을 텐데도 황 고모는 내 투정을 불평 없이 받아주었다.

발이 부르트고 입술이 하얗게 벗겨졌다. 그러나 그런 육체적 아픔보다 더 견딜 수 없었던 것은 여전히 진정되지 않고 끓어오르는 가슴 속의 울분과 분노였다. 나는 길을 걷다가도 주체할 수 없는 슬픔이 한순간 치밀어 오르면 눈물을 줄줄 흘리며 그 먼 길을 걸었다.

탈것이 우리 곁을 지나가면 트럭이건 지프차건 우마차건 가리지 않고 닥치는 대로 손을 흔들었다. 태워주면 가는 곳까지 타고 가고, 그렇지 않으면 또 걸었다. 그렇게 해서 겨우 애양원에 도착할 수 있었다. 저녁 노을에 물든 애양원에서는 집집이 밥을 짓는지 굴뚝에서 연기가 뿜어져 나오고 있었다. 동네 앞 개들도 멍멍 짖고 있었다.

폭풍이 한차례 쓸고 간 것처럼 애양원은 쑥대밭이 되어 있었다.
교회와 애양원이 온통 무거운 침묵 속에 잠겨 있었다. 그렇게 밝고
정겨운 애양원이었는데, 아버지가 없는 애양원은 흡사 빛이 들지
는 어둠의 세계 같았고, 물이 고이지 않는 사막 같았다. 문득 내 앞에
빙그레 웃고 있는 아버지의 옛모습이 떠올랐다. '아이고 우리 딸내
미 동희 아이가? 고생 많이 했제? 여보, 우리 동희 왔으니 지 좋아하
는 찰부침이 만들어주구려.' 하는 아버지의 음성이 들려오는 것 같
았고, 아버지의 손때 묻은 교회 강단에서는 우렁찬 설교소리가 창문
틈으로 들려오는 듯했다.

　우리를 발견한 나환자들은 눈물 가득한 눈으로 쳐다보기만 할
뿐 누구 하나 선뜻 입을 열어 반가움을 표하는 이가 없었다. 나도 목

아버지의 시신 앞에 동길이를 안고 있는 어머니

이 메고 가슴이 쓰라려 뭐라 말을 할 수가 없었다. 한참 지난 다음에야 누군가가 내 어깨를 따뜻하게 감쌌다. 꼬부라진 손가락이었다. 내 등을 어루만지며 "동희 왔구만." 하더니 또 외면하고 눈물을 떨구었다.

연달아 맞아야 했던 두 아들과 남편의 죽음 앞에 어머니인들 버틸 기력이 있었겠는가. 그래도 큰딸이 오니 다시금 솟아나는 모성애에, 모진 세상에 용케도 살아 남았다는 애처로운 사랑에, 눈물이 가득한 중에도 반가운 표정이 얼굴에 번지고 있었다. 어머니는 그 동안의 상황을 말해 주었다.

내가 큰 소리로
주를 불렀사오니
(어머니의 증언에 따름)

공산당이 들이닥치기 일주일 전부터
애양원에는 하루 세 번씩 종을 쳐서 모임을 알리고 부흥집회를 열었다.
풍금 반주도 필요없고 인도자도 필요없었다.
손뼉을 쳐가며 힘차게 찬송 부르는 나환자들은
마치 총칼 메고 전쟁터로 돌진하는 용사들 같았다.

아버지는 1950년 9월 13일 수요일, 여수내무서 율촌분주소 소장
및 내무서원들에게 잡혀가, 서울이 수복되던 9월 28일에 여수 미평
과수원에서 총에 맞아 48세의 나이로 순교했다.

그 전에 여러 차례 피신할 기회가 있었으나 아버지는 한사코 거
절하였다고 한다. 전쟁이 터지자 서울에 있던 일부 목사들이 남쪽으
로 몸을 피했다는 말을 듣고는, "이거야말로 큰일이로다. 이 민족의
죗값으로 하나님께서 채찍을 드셨는데, 서울에서 회개를 외치다 제
물이 되어야 할 목자들이 양 떼를 두고 내려왔다니 이를 어찌 할꼬?
나라도 올라가야겠구나." 하고 걱정하던 아버지였으니 피난은 애당
초 꿈도 꾸지 못할 일이었다. 아버지는 실제로 상경하려고 했으나

길이 열리지 않아 못 올라간 것이다.

7월 21일에 순천에서 내려온 나덕환 목사님이 피난을 권유했지만 아버지의 거부 의사는 완강했다. 하나님께 기도해 보고 하나님의 지시대로 따르겠다며 아버지는 이렇게 말했다.

"주의 이름으로 죽는다면 얼마나 영광스럽겠습니까? 나는 기왕 감옥에서 죽었을 사람입니다. 8.15해방 전에 죽지 않고 더 산 것만 해도 감사합니다."

7월 24일인가 박재봉 목사님의 부탁을 받고 내려온 김홍복 집사님이 간곡히 권할 때도 아버지는 듣지 않았다. 김 집사님은 아버지에게 한국 교회의 장래를 위해 우선 피하고 보자며 설득하기 시작했다.

"목사님, 애양원교회가 중요하듯이 한국 교회의 장래 역시 중요합니다. 이 민족의 구원이 달려있으니 말입니다. 그러니 잠시만 피신했다 오는 게 좋을 듯 싶습니다."

"바로 그 점을 짚고 넘어갑시다. 한국 교회의 일부가 애양원교회요, 한국 민족의 일부가 애양원 식구들이 아닙니까? 한 교회의 양 떼들을 무시하고 한국 교회를 중요시할 수는 없습니다. 지금 노회가 분리되고, 총회가 싸움터로 변하며, 남북이 갈라지고, 지도자들이 자기들이 필요할 때는 교회를 지킨다 하고 위급할 때는 나 몰라라 양 떼들을 팽개치고 달아나니, 이대로 갔다가는 이 나라가 소돔과 고모라처럼 될까 두렵습니다. 이 난국에 가장 급한 일이 무엇이겠습니까? 양을 먹이던 목자가 내 양 떼의 신앙을 돌봐야 할 때입니다. 지금은 하나님께 의인의 피와 땀을 바쳐야 할 때입니다. 나는 비록 불의 불충하나 우리 주 예수 그리스도의 의를 힘입어 주께서 허락하신다면 이번에 제물이 되어볼까 소원합니다."

그분은 더는 어떻게 해볼 수 없다는 판단이 들었지만, 마지막으로 한 마디 더했다.

"그래도 우선 살아야 일하지 않겠습니까?"

"그 말은 참 틀린 말이오. 내가 조금 전에 주께서 허락만 하신다면 희생의 제물이 되겠노라 말하기도 했거니와, 우리 기독교는 본시 잘살기 위한 종교가 아니라 그 나라와 그 의를 구하기 위해 잘 죽기 위한 종교입니다. 꼭 살아서만이 복음을 전한다고 생각해서는 안 됩니다. 씨가 죽어야 싹이 나듯이 죽어서도 얼마든지 복음을 전할 수 있는 것입니다."

또 7월 24일 낮에 철민 오빠도 달려와서 아버지를 뵙고 애걸복걸 사정했다.

"아버지, 이대로 있으면 죽는 건 뻔한 일입니다. 어서 나와 함께 피신해요."

그러나 아버지 고집도 대단한 고집이라 아무 소용이 없었다. 할 수 없이 어머니에게라도 권해서 함께 피난을 가겠다는 생각으로 어머니를 만났으나, 어머니 역시 고개를 흔들며 말했다.

"피난처가 어디 있느냐. 피난처는 주님의 품뿐이다. 재림도 가까웠는데 어디로 간단 말이냐?"

나환자들이 아버지를 배에 몇 번이나 강제로 태웠으나 아버지는 도로 뛰쳐나왔다. '몸도 성치 않은 나환자들을 버리고 나만 살자고 어디로 피난을 간다고….' 죽어도 같이 죽고 살아도 같이 살아야 한다며 결국 아버지는 나환자들 때문에 피신하지 못했다. 그래서 서울이며 전주 등지에서 내려온 사람들과 애양원 식구들 중 일부는 남해도로 떠났지만, 부모님은 남은 믿음의 식구들과 함께 꿋꿋이 애양원을 지켰다.

여수는 7월 27일에 붉은 군대에 완전히 함락되었다. 도시와 농촌할 것 없이 방방곡곡에 온통 붉은 물이 들었고, 밤낮을 가리지 않고 날뛰며 인민공화국 만세를 불렀다. 여순반란사건 때 전세가 불리해지자 어디엔가 숨어있던 좌익 인사들이 제 세상을 만난 듯 활개치며 돌아다녔고, 우익 인사들은 여기저기서 반동분자로 몰려 잡혀가고 학살당하는 일들이 생겨났다. 어느 동네에 숨었던 경관 몇이 죽었느니, 서울서 피난오다가 어느 목사가 순교를 당했느니, 어느 부자가 인민재판을 받아 학살을 당했느니 하는 소문이 빗발처럼 들려왔다.

아침에 일어나면 전날까지 멀쩡히 살아있던 사람이 시체로 발견되기도 했다. 어떻게 돌아가는지 알 수 없는 세상이었다. 진리가 무너지고 불의가 판치는 무법 천지가 되어갔다. 아무래도 사태가 심상치 않음을 느낀 나환자들은 교회 나무바닥을 뜯어내고 그 속에 숨어서 기도할 것을 아버지에게 권하기도 했고, 또 병원 안에 사과궤짝을 포개놓고 그 뒤에 숨어서 기도하라고도 했다. 그럴 때마다 아버지는 "당신들이 왜 나를 괴롭게 하오? 제발 이러지들 말아요. 이것이 날 위함이 아니라 오히려 나를 비겁한 자로 만드는 것이외다. 교회를 두고 내가 어디로 간단 말이오…."라고 말씀하셨다.

애양원도 심각한 고민에 봉착하게 되었다. 점령군인 인민군을 어떻게 대해야 할지 실로 난감한 일이었다. 하늘 무서운 줄 모르고 날뛰는 그들 앞에서 노골적으로 반대의사를 표시했다가는 그 자리에서 죽음을 면치 못할 것이 뻔했다. 그렇다고 환영하고 지지할 수도 없는 노릇이었다. 무엇보다 아버지가 반대할 것이다. 순교를 두려워하지 말라, 순교보다 복된 은혜는 없다고 설교하는 아버지인데, 목숨이 아까워 지조를 굽힌다면 불같이 화를 낼 것이다.

실제로 애양원 총무과에서는 차·과장, 학교 직원, 제직 및 유지 등 약 40여 명이 모여 이 일을 놓고 여러 번 토론을 벌였다. 그때마다 아버지는 흔들리는 그들의 마음을 바로잡아주곤 했다.

"목사님, 환영행사 같은 것은 못한다 하더라도 형식적으로 인공기 정도는 달아주어야 애양원이 무사하지 않을까요?"

이에 아버지는 단호하게 잘라 말했다.

"안 됩니다. 국기를 단다는 것은 그들을 환영한다는 뜻입니다. 깨끗이 살다 깨끗이 죽는 게 낫지 무신론을 주장하는 공산주의를 용납할 수는 없소. 내 눈에 흙이 들어가기 전에는 절대 안 되오."

"그러다가 다치기라도 하면 어쩌려구요?"

"모든 책임은 내가 지고 앞장서서 막을 테니 염려하지 마시오."

아버지가 단호하게 그들의 입을 막자 그래도 불안했던 그들은 "목사님을 잡아가고 나서 또다시 이 애양원을 못살게 괴롭히면 그땐 어찌합니까?" 하고 물었다. 그럴 때 아버지는 아무 주저함 없이 말했다.

"순교하십시오. 그런 정신으로 견디십시오."

그러고는 평소 해오던 말씀을 하셨다.

"강단에서 설교하다가 죽거나, 노방에서 전도하다가 죽거나, 고요한 곳에서 기도하다가 죽을지언정 약사발 들고 않다가 죽을까 두렵습니다."

평소에 입버릇처럼 말하던 대로 아버지는 순교를 각오하고 오히려 기쁜 마음으로 그날을 기다리며 신앙을 지켜나갔다. 또 신앙이 약한 교우들을 위로하고 격려하여 만일의 경우 신앙이 좌절되지 않도록 채찍질했다.

공산당이 들이닥치기 일주일 전부터 애양원에는 하루 세 번씩 종을 쳐서 모임을 알리고 부흥집회를 열었다. 풍금 반주도 필요없고 인도자도 필요없었다. 손뼉을 쳐가며 힘차게 찬송 부르는 나환자들은 마치 총칼 메고 전쟁터로 돌진하는 용사들 같았다. 아버지는 일주일 간의 부흥회 기간 중 마지막 날인 토요일에는 모든 나환자들에게 철야기도와 금식을 하게 하셨다.

"첫째도 순교요, 둘째도 순교요, 셋째도 순교입니다. 순교를 각오하십시오. 때가 왔으니 잘 살려고 노력 말고 잘 죽기를 원하십시오. 우리가 예수의 이름으로 대접받았으니 예수의 이름으로 순교할 차례입니다."

이것이 아버지의 생활화된 말씀이었다. 아버지는 평소 공산당이니 좌익이니 따위의 말을 전혀 하지 않았다.

잡히기 하루 전날 밤 예배 시간에 아버지는 '죽도록 충성하라'(계 2:10)는 제목으로 설교했다. 설교의 내용은 어떻게 살아야 주께 영광을 돌리고, 어떻게 죽어야 생명의 면류관을 얻게 되는지에 대한 가르침으로 가득 차 있었다. 그것이야말로 당신의 신앙과 삶을 꾸밈없이 드러낸 것이라고 할 수 있을 것이다. 그 가운데는 유독 순교에 대한 말씀도 많았는데, 어쩌면 그때 이미 아버지는 자신의 순교를 예감하고 있었는지 모른다. 이 설교는 아버지가 가장 아끼고 사랑했던 나환자들에게 유언처럼 남긴 마지막 설교다.

…실제 문제에서 어떻게 행하는 것이 죽도록 충성하는 것인가? 첫째로 '충'(忠)자는 입 '구'(口)와 마음 '심'(心)을 요지부동하도록 한 데 못질해 놓은 글자입니다. 즉, 인간의 입에서 나오는 말이 마음에서 움직여 행실로 합치되는 것이 '충'입니다. 감사와 회개와 찬송과 기도가 합치되어야 할 것이요, 가족이나 친우를 권면하는 말과 자기의 생활이 합치되어야 할 것이니, 우리의 언어와 행동이 합치되지 못할진대 어찌 충성이라고 할 수 있겠습니까?

둘째로 자기가 가진 힘대로 힘을 다하는 것이 충성입니다….

셋째는 죽음을 무릅쓰는 모험적 신앙이 충성입니다. 죽음을 무릅쓰고, 죽음을 두려워하지 않고, 제 죽음을 겁내지 않고, 그 나라와 그 의를 위해, 하나님을 위해, 예수 그리스도를 위해, 신앙을 지키기 위해서 피 흘려 죽기까지 지키려는 신앙이 충성입니다. 진심으로 솔직하게 단순하게 일편단심으로 주를 사랑하는 굳은 마음의 결과로 희생이 되는 법이니, 이것이 자연스러운 순교일 것입니다. 따라서 앞서 간 순교자들은 모두 신앙생활에 있어서 평상시부터 순교의 준비가 되어 있었지 우연히 일시의 기분으로 된 일은 절대 없습니다.

넷째로 죽는 날까지 참는 힘이 또한 충성입니다. 매일 당하는 모든 일에서 매사에 참고 참고 또 참아가면서 일보 전진하는 생활이 충성입니다. 동시에 순교의 생활입니다. 땀 흘리면서 일하고, 눈물 흘리

면서 기도하고, 피 흘리기까지 죄와 싸워나가는 것이 충성입니다. 그
것이 순교입니다. 그래서 땀이 귀한 것이요, 피가 귀중한 것입니다.
오늘 하루가 내 날이요, 지금 이 시간이 내 시간인 줄 아는 자는 날마
다 충성할 수 있고, 시간마다 순교의 각오를 하게 되는 것입니다. 기
쁜 마음으로 만족해가면서 죽도록 충성을 다해야 합니다….

인민군과 내무서에서 그런 아버지의 신앙심을 모를 리 없다. 그
런데도 섣불리 아버지를 붙잡아가지 않은 것은 좀더 두고보면서 회
유하여 제 편으로 만들어보려는 의도인 것 같기도 했고, 애양원의
물불 가리지 않는 단합된 힘이 은근히 겁나기도 했기 때문인 것 같
다. 나환자들이 모인 집단을 때려부수기 위해 무장한 병력이 무턱대
고 출동할 수는 없는 일이었다.

그러나 아무리 기다려도 손들고 인민군을 환영할 기미가 보이지
않았고, 틀림없이 양식이 떨어졌을 텐데 무상으로 식량을 배급해 준
다고 해도 받으러 오지 않았기에 그들은 더 이상 두고볼 수 없다고
판단했다. 9월 13일 점심 때가 지난 무렵 율촌분주소 소장을 비롯한
다섯 사람이 무장하고 애양원에 들이닥쳤다.

"문 열어!" 하는 요란한 소리에 애양원에 있던 큰 셰퍼드가 뛰어
나와 요란스럽게 짖었다. 그들은 즉시 개한테 총을 쏘았고, 개는 그
자리에서 나뒹굴었다. 여기에 놀란 문지기가 이 소식을 알리려고 원
내로 뛰어들어가는데, 이 문지기에게 또 총 한 방을 쏘니 그 역시 말
한 마디 못하고 쓰러졌다. 그들은 오자마자 아버지를 찾았다.

"여기 손양원 목사인지 개새끼인지 있단 말을 듣고 왔다. 만일 손

양원 목사 안 내놓으면 여기 있는 문둥이 동무들 전부 쒀죽이겠다."

출타중이라 애양원 안에 없다고 거짓말을 했지만 그들은 믿지 않았다.

"손 목사가 여기 있다는 걸 다 알고 왔다. 우리가 들어가서 찾으랴?"

그들은 좀처럼 돌아갈 기세가 아니었다. 어쩔 수 없는 일이었다. 그들이 찾아왔다고 몸을 피할 아버지도 아닌 바에야 궁색하게 거짓말이나 늘어놓을 까닭도 없다 싶었다. 그들을 상대하던 박 장로님이 청년 한 명을 시켜 아버지에게 연락을 취하게 했다.

그때 아버지는 그날 밤 삼일예배 설교를 준비하다가 피곤하여 잠시 방에 누워있었다. 밖에서 청년이 아버지를 부르자 아버지는 다급한 목소리를 듣고 사태를 짐작한 듯 천천히 몸을 일으키며 가볍게 말했다.

"누가 날 찾아온 모양이군."

"예, 내무서에서 총을 들고 왔길래 안 계신다고 했지만 다 알고 왔다며 소리를 지르는 통에…."

이때 아버지는 주위의 공기를 알아차리고는 양복을 입으며, 차고 있던 시계를 풀어 책상 위에 놓고, 기타 귀중품을 호주머니에서 꺼내어 책상 위에 놓았다. 아버지는 다소 창백한 얼굴로, 그러나 결연한 태도로 방에서 나왔다. 아버지는 서두르지 않는 걸음걸이로 천천히 교회당으로 향했다.

아버지는 평소에 애양원 환우들에게 "누구든지 날 찾아오거든 교회에서 기도하고 있다고 전하시오." 하고 당부하곤 했는데, 그 말씀대로 기도하기 위해 교회를 찾아간 것이다.

애양원 직원들은 총을 앞세운 공산군을 교회 안으로 안내했다. 그들은 구두를 신은 채 한참 기도하고 있는 아버지 곁으로 다가갔다.

"동무가 손 목사요?"

그들 중 한 명이 물었다. 아버지는 그 물음에는 대답도 없

애양원 정문 앞에서 손양원 목사

이 한참 동안 더 엎드린 채 계속 기도하다가 천천히 몸을 일으키며 고개를 끄덕였다.

"내가 손 목사요."

"잠깐만 갑시다. 조사할 일이 있으니."

이미 사태를 짐작한 듯 아버지는 아무 반항도 없이 따발총을 든 공산군의 감시를 받으며 순순히 그들을 따라나섰다. 고질병인 허리 아픈 증세가 도진 아버지는 창백해진 얼굴을 숙이고 지팡이를 의지하며 가만가만 걸어갔다.

애양원 환우들이 끌려가는 아버지 뒤를 주춤주춤 따라갔다. 그러자 그들은 "동무들, 더 이상 따라오지 말고 조용히 하시오. 손 목사는 곧 보내주겠소. 소란을 피우면 손 목사에게 불리하게 작용한다는 걸 알아두시오." 하고 총부리를 휘두르며 위협했다.

총부리 앞에서 이러지도 저러지도 못하고 애양원 식구들은 점점

멀어져가는 아버지를 하염없이 바라보고 있었다. 정들었던 나환자들을 남겨두고 애양원 정문을 떠나는 아버지의 마지막 모습이었다. 에덴동산과 같은 애양원의 오후! 가지각색 아름다운 꽃들과 예쁜 새들은 한데 어울려 아직도 한창이구나. 너희는 죽음을 향해 마지막 길을 떠나는 아버지를 아는지 모르는지….

내가 깊은 곳에 있나이다
(김창수 집사의 증언에 따름)

· ·

그들은 우리를 남김없이 죽이려는 속셈이었습니다.
손 목사님은 일어서시면서 나를 돌아보고 말씀하셨습니다.
"창수 군, 기도하게. 어떠한 순간에도 기도를 잊지 말게.
하나님께서 힘 주실 것이네. 자, 우리는 천국에서 만나세."

아버지는 율촌분주소에서 하룻밤을 지내고 바로 여수유치장으로 끌려갔다. 그곳은 여수내무소 교화장이라 불리는 곳이었다. 이 좁은 여수 바닥에 무슨 죄인이 그리 많다고, 한 방에 20명 정도 수용하면 적당한 넓이에 40~50명씩 빽빽히 들어차 있는 감방이 일곱 개나 되었다.

그들이 어찌 죄인이겠는가. 인민군에 협조하지 않은 사람들이거나 그들 사상에 반대하는 사람들이었다. 사실상 그들은 아무 죄도 없었다. 부르주아 계급이라 하여 농토를 많이 소유한 지주들과 기독교인들, 우익 학생들이 대부분이었는데, 그중에는 자신이 끌려온 이유도 모르는 사람이 많았다.

눕기는 고사하고 편하게 앉아있기도 힘들 만큼 비좁은 실내였다. 잠을 잘 때도 최대한 몸을 웅크린 자세로 쪼그리고 앉아 자야 했다. 덮을 이불은 바라지도 않지만 누울 공간이라도 있어야 잠을 청할 텐데, 이건 어떻게 해볼 수도 없어 하얗게 밤을 지새워야 할 판이었다. 그곳은 마치 콩나물 시루 같았다.

식사도 부실했다. 하루에 오리알 만한 꽁보리밥 뭉친 것과 굵은 소금이 조금 나왔다. 무엇보다 큰 고통은 물을 구경하기가 힘들다는 것이다. 꽁보리밥을 주면서 대여섯 명 당 한 그릇 꼴로 물을 주고 나면 그뿐이었다. 혼자 마셔도 시원치 않을 물을 여럿이 나눠 먹고 나면 금방 갈증이 나곤 했는데, 그것은 소금의 짠맛 때문에 더욱 심했다.

"아이고 죽겠네, 물 좀 주시오. 목이 타서 그래요."

"시끄럽다. 개새끼들, 너희 하고 싶은 대로 다할 바에야 왜 미쳤다고 모셔와."

날은 덥고 갈증은 나는데 마실 물은 없고, 잠은 오는데 잠을 잘 수도 없으니 여간 괴로운 것이 아니었다. 목이 말라 바싹바싹 타들어가는 것만 같았다. 참으로 견디기 어려웠다.

아버지는 그곳에서 동신 오빠 같은 반 친구인 김창수(기독학생회 문화부 부장)를 만났다. 그는 우익 사상이 강한 학생이었다. 그는 죽음 직전까지 아버지와 함께 있다가 처형 직전에 구사일생으로 살아났다. 그 당시 매를 하도 많이 맞아 지금까지 자녀가 없다.

그후 서울에 살면서 우리와 자주 연락하며 지내왔다. 나는 김창수 씨에게 부탁해, 끌려가서 탈출해 나오기까지의 상황을 들을 수 있었다. 그리고 그것을 바탕으로 아버지의 순교에 대한 이야기를 쓰려고 한다.

　여수 감방은 1감방에서 7감방까지 있었는데 3감방에 아버지와 김창수가 들어있었다. 그는 열흘쯤 전에 붙잡혀 왔다고 하면서 반갑게 아버지의 손을 잡았다. 김창수는 '저 손 목사님 같은 성자가 무슨 죄로 오셨을까? 자기 두 아들을 죽인 원수도 아들 삼았던 분인데, 이들과 같은 죄인 취급을 당할 것인가? 언젠가 동인, 동신 순교 후 내가 목사님을 만나 위로했을 때, "동인 동신이는 더 좋은 천국에 갔는데 무슨 걱정이야? 창수 군도 예수 잘 믿어야 해." 하며 오히려 나를 위로하던 분 아닌가? 그런데 그 목사님이 지금 붙들려 오다니…' 김창수는 어느새 흘러내린 눈물을 훔쳤다. 손 목사님을 보자 새삼스레 옛 친구 동신이가 생각났던 것이다.

　아버지는 다음날 아침 취조실에 끌려가 본격적인 취조를 받았다. 김일성 사진과 스탈린 사진이 나란히 걸린 방이었는데, 책임자로 보이는 사람이 처음에는 아버지를 매우 친절하게 대해 주었다. 그는 일제 치하에서 감옥생활을 했다며 아버지에게 위로의 말을 건네면서, 무슨 서류 종이 같은 것을 내밀어 기록을 좀 해달라고 거의 부탁에 가깝게 공손히 말했다.

　아버지가 보니 그것은 '고백서'라는 것인데, 과거에 잘못한 사실을 기억하여 낱낱이 고백하라는 것이었다. 그러나 아버지 생각에 고백은 하나님께 하는 것이지 이런 공산주의자들에게 하는 것이 아니며, 그들에게는 고백할 내용도 별로 없다고 여겼다. 그래서 아버지는 아무것도 쓰지 않으려다가, 그들의 포악한 마음에 하나님의 말씀을 심어주자는 생각에 우선 종이를 받아 잠깐 읽고 기도를 드렸다. 책임자는 그 모양이 아니꼬운지 씨익 웃으며 담배를 꺼내 불을 붙였다. 기도를 마친 후 아버지는 신앙고백을 적어내려갔다.

일찍이 부르심을 받았음에도 이 강산을 속히 복음화시키지 못한 죄, 피 흘리며 싸우는 인간들에게 주의 복음 진리를 언행으로 가르치지 못한 죄, 더구나 동족간에 살상을 일삼는 이 현실에 무능하고 무신(無信)하며 무애한 이놈의 죄 백번 죽어 마땅하다는 등의 내용을 대략 열거한 글이었다.

아버지의 글을 읽어본 책임자는 태도가 180도로 변하더니 의자에서 벌떡 일어서며 소리를 버럭 질렀다.

"이 따위를 '고백서'라고 썼단 말이야? 이 철면피야! 손 목사, 아직도 정신 못 차리는군."

그는 길길이 날뛰며 탁자 위에 그 고백서를 팩 집어던졌다.

"일제 때 고생했다기에 봐주려고 했더니 형편없이 썩었군. 일제 때 당신, 무슨 죄목으로 감옥에 갔었나?"

"하나님 계명에 위반되므로 신사참배를 반대했기 때문입니다."

"흥, 하나님 계명 좋아하네. 그게 무슨 하나님 계명이야, 미국놈 계명이지. 당신은 철저히 미국 물이 들었어."

그는 말도 안 되는 소리로 바락바락 악을 쓰면서 제풀에 흥분하여 설쳤다. 나중에는 아버지의 대답을 듣지도 않고 혼자 묻고 혼자 대답하면서 제 나름대로 가치와 판단으로 아버지를 몰아세웠다.

공산주의를 얼마나 비방하고 다녔느냐, 미국 놈 스파이 노릇을 얼마나 오랫동안 했느냐, 목사 노릇 하려면 죽은 듯이 죽치고 앉아서 기도나 할 것이지 왜 그렇게 싸돌아다니면서 공산주의를 악선전했느냐고도 했다.

아버지는 그의 말을 묵묵히 듣기만 했다. 아무런 변명도 대꾸도 하지 않았다. 도대체 말이 통하지 않는 인간이라고 판단했기 때문이다. 그러자 그는 책상 밑에 있던 몽둥이를 꺼내어 아버지를 사정없이 두들겨 팼다. 아버지는 아이구 소리 한 마디 없이 그저 방바닥에 허우적거리고만 있었다. 김창수는 그 광경을 두 눈 뜨고 볼 수 없었다고 한다.

"주님 지신 십자가 나도 지겠사오며 주께서 당하신 고초 내게도 주시니 감사합니다." 하며 그 아픔 속에서도 아버지는 눈물 흘리며 기도를 드렸다. 만신창이가 된 아버지는 날이 어두워진 다음에야 주검이 되다시피 하여 기어서 감방 안으로 돌아왔다. 함께 갇혀 있던 김창수의 증언에 따르면, 그날 밤에 아버지는 두들겨 맞은 아픔 때문에 잠도 제대로 이루지 못하고 고열과 함께 심하게 앓았다고 한다.

그러나 신음하면서도 아버지는 감방 사람들에게 전도하는 것을 잊지 않았다. 감방 안에서는 말을 못하게 되어 있어 큰 소리로는 못하고 귓속에 대고 숨죽여가며 또 간수들의 눈을 피해 전도했다고 한다. 아버지는 깜빡 의식을 잃어 잠잠해졌다가도 이내 "여러분, 예수 믿고 천당갑시다." 하는 소리를 신음소리 사이사이에 내뱉었다고 한다.

교화장의 하루는 '반성시간'부터 시작된다. 아침 6시에 기상하면 곧바로 정좌하고 한 시간 반 정도 반성을 해야 했다. 그 시간에 아버지는 언제나 하나님께 기도했다. 입술을 달싹거리며, 그러나 소리가 새어나가지 않게 조심하면서 간절히 기도했다. 소리가 새어나가면 간수들에게 체벌당하기 때문이다.

그들은 지금껏 사회주의를 반대하고 미국 놈들의 앞잡이 노릇을 해온 과거의 잘못을 반성하라는 것이지만, 아버지에게는 그런 반성을 할 만한 잘못도 없고, 또 그들의 강요 아래 그 따위 치졸한 짓을 할 이유도 없었다. 아버지에게 그 한 시간 반은 하나님과 마음의 대화를 나누는 소중한 기도의 시간이 되었다.

어떤 이들은 두고 온 가족 걱정으로, 또 어떤 이들은 내일 일을 알 수 없는 당장의 불안으로 머릿속이 어지러울 때, 아버지는 어느 때보다 맑은 정신으로 하나님을 만났다. 김창수 학생이 뒤를 돌아다보면 아버지는 계속 기도에만 열중하여, 눈을 감고 입술만 달싹거렸다고 한다.

반성의 시간은 시멘트 바닥에 양철 조각을 긋는 '찌익' 하는 소리와 함께 끝난다. 그 소리는 아침식사 시간을 알리는 반가운 소리이기도 했다. 어린아이 주먹만한 꽁보리밥이 들어오면 사람들은 저마다 조금이라도 큰 것을 집으려고 난리였다. 하나를 집어들었다가 다른 것이 더 커보이는지 얼른 옆의 것으로 바꾸는 이들도 있었다. 크면 얼마나 크고 작으면 또 얼마나 작을까마는, 고만고만한 크기의 주먹밥을 놓고도 사람들은 눈치를 보고 신경전을 벌였다.

그들은 주먹밥을 게눈 감추듯 후다닥 먹어치웠다. 김치 한쪽 없는 맨밥인데다가 그나마 쌀 한 톨 섞이지 않은 꽁보리밥인데도 그야말로 꿀맛이었다. 사람들은 제 식사를 다하고도 양에 차지 않았기 때문에 더 먹고 싶어서 입맛을 다셨다. 그렇게 조악한 음식도 없어서 못 먹는 실정이었다.

그러나 아버지는 그들과 달리 언제나 맨 마지막에 남은 주먹밥을 집었으며, 남들이 우걱우걱 입에 우겨 넣는 동안 먼저 감사의 기도를 드렸다. 기도를 마치고 둘러보면 이미 제 주먹밥을 먹어치운 사람들이 아버지의 주먹밥을 쳐다보고 있었다. 입가로 침을 흘리는 이들도 있었다. 아버지는 주먹밥을 반으로 쪼개어 감방 안에서 가장 쇠약한 사람에게 나누어주었다.

"나는 본시 소식가이니 이 절반으로도 족합니다."

아버지의 그 말을 본심이라고 믿은 사람은 물론 아무도 없다. 한 덩어리를 다 먹어도 양이 차기에는 모자라는데, 하물며 그 절반으로 어떻게 요기가 된단 말인가. 그것도 어쩌다 한두 번이 아니라 끼니마다…. 그러나 몹시 배가 고팠던 그들은 그 사실을 뻔히 알면서도 염치불구하고 아버지의 밥을 얻어먹었다. 한번은 김창수에게 "학생! 이런 곳에서는 늘 배가 고픈 법이라네." 하며 반을 잘라 건네주는데, 너무 배가 고파 받아먹어버린 것이 이때까지 목에 걸린다고 했다. 그러면서 그 사랑의 주먹밥을 영원히 잊지 못할 것이라고 했다.

아침식사가 끝나면 양반다리를 한 자세 그대로 죽은 듯이 앉아 있어야 했다. 다리를 뻗어도 안 되고 옆 사람과 말을 주고받아도 안 되었다. 다리가 저린다고 다리를 뻗거나, 답답하다고 옆사람과 몰래 이야기를 나누다가 들키는 날에는 사정없이 얻어맞았다. 간수들은 철문 사이로 손바닥을 내밀게 하고 피가 맺힐 때까지 각목으로 사정없이 내리쳤다.

한번은 간수가 지나다가 소곤거리는 소리를 듣고는 들어오더니 "누가 방금 말했어?" 하며 그 임자를 찾아내려고 소리쳤다. 그러나 아무도 자진해서 나오는 사람이 없었다. 화가 머리 끝까지 치솟은 간수는 만약 5분 내로 자백하는 사람이 없으면 감방에 있는 사람 모두 차례로 치겠다고 엄포를 놓았다. 5분이 지났다. 아무도 나서는 이가 없었다. 그러자 아버지가 일어나 "내가 했으니 내게만 벌을 주시오." 하고 앞으로 나갔다. 간수는 가만히 아버지를 쳐다보더니 피식 웃고 나서 고개를 끄덕이며 지나가버렸다. 신기하게도 아무런 벌도 내리지 않은 채…. 간수 역시 아버지의 소행이 아니라는 것을 알았을 터였다. 말한 것은 앞쪽인데 아버지는 맨 뒤에서 일어났기 때문이다. 자기가 한 일이 아님에도 자진해서 일어난 아버지의 마음을 읽었을 터였다.

갇힌 사람들은 하루에도 몇 명씩 불려나갔다. 그들은 어쩌면 석방시켜 줄지도 모른다는 실낱 같은 희망을 품고 감방 문을 나서지만 어두워지면 어김없이 다시 돌아왔다. 피투성이가 되어 제대로 걷지도 못하고 업혀서 들어오는 이들도 많았다.

아버지 역시 여러 차례 취조관 앞에 불려갔다. 첫날과 거의 비슷한 질문과 대답이 반복적으로 던져졌다. 당연히 아버지는 첫날과 거의 비슷한 상태로 감방에 돌아왔다.

참 답답한 일이 아닐 수 없었다. 이치에 맞는 질문이 던져져야 이치에 맞게 대답할 것이 아닌가. 자백하라고 하나 무엇을 자백하라는 것인지, 반성하라고 하나 무엇을 반성하라는 것인지, 어떤 사실에 대해 증거를 제시하며 캐묻는 심문도 아닐 뿐 아니라 하다못해 그럴 만한 정황을 들이대며 묻는 취조도 아니었다. 막무가내로 '자백하라'였고 무조건 '반성하라'였다.

한번은 김창수도 불려갔는데, 허리춤을 움켜 쥐고 취조실로 끌고 들어간 뒤 따귀를 올려붙이며 다짜고짜 "너 이 새끼, 사람 몇이나 죽였어?" 하는데 어안이 벙벙해서 멍청히 서있었더니, 사방에서 무자비한 발길질이 날아오더라고 했다. 처음에는 뭔가 착오가 있겠거니, 나를 누군가와 착각하고 있겠거니 생각했다고 한다. 그런데 그게 아니었다. 그들은 김창수의 말은 들으려고도 하지 않았다. 무슨 말을 해도 소용이 없었다.

"이 새끼, 웬 잔말이 이리 많은 거야. 묻는 말에나 대답해. 몇 명이나 죽였어?"

그들은 등이고 얼굴이고 다리고 가리지 않고 몽둥이를 휘둘렀다. 김창수는 그 죽음과도 같은 고통에서 벗어날 수만 있다면 뭐든 할 수 있다는 생각이 들었다. 그래서 그는 한 대라도 덜 맞기 위해 그들이 멋대로 작성한 조서에 지장을 찍어주고 돌아왔다.

피투성이가 되어 돌아온 김창수를 눕히고 아버지는 그를 위해 기도했다. 김창수는 울면서 취조실에서 있었던 일을 이야기했다. 아버지는 눈을 감은 채 한참 동안 아무 말 없다가 나지막하지만 힘 있는 음성으로 말했다.

"육신의 고통은 순간이나 영혼의 기쁨은 영원하다네. 순교자가 될 자격을 얻는 길은 열심히 기도하는 것뿐일세."

그러나 그는 18세 나이로 죽기는 정말 싫었다고 한다. 김창수는 아버지의 말을 듣는 순간 문득 순교한 동인 동신 오빠의 모습이 떠오르면서 부끄러움으로 몸이 부들부들 떨렸다고 했다. 또 죽음을 초월한 듯한 아버지의 의연한 자세를 보니, 그 아버지에 그 아들이라는 생각이 절로 들었다고 했다.

야밤중의 총소리

괴로운 날들이 15일 간 계속되었다. 잡혀 들어갈 때는 그래도 여름 기운이 남아있어서 밤에 잠을 청할 때 추운 줄 몰랐는데, 아침 저녁으로 쌀쌀한 느낌이 피부에 느껴지는 것으로 보아 이젠 완연한 가을이었다.

1950년 9월 28일, 따사로운 가을 햇살이 뒤쪽 창살 틈으로 비집고 들어오는 아침이었다. 새벽부터 감방 밖이 소란스러웠다. 소위 정치 공작대라 불리는 이들이 완전무장을 하고 서성거리고 있고, 항상 평상복 차림이던 간수들도 그날은 군복을 입고 무장을 하고 있었다. 그들 중 한 명이 감방 앞으로 다가와 말했다.

"오늘 아침 동무들을 모두 석방시켜주기로 간부회의에서 결정했으니 그리 알고 시키는 대로 질서 있게 따라주기 바란다."

석방이라는 소리에 감방 안이 술렁이기 시작했다. 고대하고 고대하던 석방이지만, 기다리다 지쳐 도저히 가망 없는 일로 치부하고 있었다. 그런데 석방시켜주겠다는 것이다. 죽었던 자가 살아 돌아왔다 한들 이보다 기쁠까? 짧은 환호성과 함께 기쁨을 감출 수 없는 듯

탄성이 터져나왔다. 성급하게도 그동안의 고생을 서로 위로하는 소리들로 감방 안은 아연 활기를 띠어가고 있었다.

그래서 그런지 소란을 제지하는 간수들도 없었다. 평소 같으면 눈을 부릅뜨고 감방을 감시했을 간수들도 더 이상 보이지 않았다. 그렇게 달라고 애원해도 주지 않던 물도 마시고 남을 만큼 충분히 떠다 주고 담배도 피우게 했다.

그러나 점심시간이 지나고 저녁시간이 다 되어가도록 감방 문은 열리지 않았다. 아버지 옆에 앉아있던 김창수가 초조한 마음을 억누를 수 없는 듯 조용히 물었다.

"목사님, 정말 저들이 석방해 줄까요?"

"석방이 문제가 아니라네. 최후의 승리가 문제지. 그러니 기도를 많이 하게. 영혼이 멸망되지 않으려면 열심히 간절히 기도해야 하네."

아버지는 불안한 기색이 역력한 그의 손을 힘껏 잡아주며 말했다. 그러면서 아버지는 간밤에 꾸었던 꿈 이야기를 했다. 두 오빠가 하얀 옷을 입고 아버지를 찾아왔는데, 웃는 것 같기도 하고 화내는 것 같기도 한 묘한 표정을 짓고 있었다고 했다.

초조한 기다림의 시간은 자꾸만 흘러 저녁식사 시간이 되었다. 갑자기 분주한 발자국 소리가 들려왔다. 배식을 하려나 하고 내다보았더니 무장한 간수들과 폭도들이 우루루 몰려들어 각 방 앞에 나열해 섰다. 배식하려는 태도는 아니었다. 그러면 드디어 석방일까? 사람들은 기대에 찬 눈으로 간수들에게 눈을 모았다.

잡범들이 수용되어 있던 1, 2감방 문이 열렸다. 그들은 아마도 석방되는지 아무런 제지도 받지 않고 빠르게 밖으로 뛰어나갔다. 그리고 나머지 감방 문이 열리기 시작했다. 그러나 석방이 아니었다. 간수들은 감방 사람들을 차례차례 밧줄로 묶었다. 묶고 나서는 강당으로 데리고 갔다. 그들 중 감독으로 보이는 한 명이 카랑카랑한 목소리로 연설했다.

"에, 동무들 잘 들으시오. 지금 이곳 여수엔 미군 폭격이 심하니 잠시 동무들을 순천으로 압송하겠소. 그리고 폭격이 잠잠해지면 다시 올 것이오. 동무들은 동요하지 말고 우리의 지시대로만 행동하시오. 동무들을 죽이려면 지금 이 자리에서도 얼마든지 죽일 수 있소. 그러나 우리는 동무들을 죽이지 않겠소. 죽이지 않을 뿐 아니라 저 미국 놈들의 종으로 만들지도 않겠소. 그러니 안심하고 우리와 행동을 같이하시오."

연설하는 사람은 그들의 지도자인듯 했는데, 허리에 권총을 차고 일본도를 들고 있었다. 그리고 주위에는 단도, 일본도, 따발총 등을 들고 있는 무장폭도들이 눈들을 번뜩거리며 둘러 있어서 살벌하기 짝이 없었다. 그는 약 150명쯤 되는 우익 애국지사들을 날카로운 눈으로 쏘아보며 다시 말을 이어갔다.

"순천에 도착하면 동무들을 교육시켜 모두 반성할 시간을 갖게 한 다음 석방시켜 줄 것이오. 그러나 가는 도중에 입을 열어 말을 한다거나 옆을 본다거나 도망가려 한다면 즉석에서 총을 쏘아 죽일 것이니 명심하시오."라며 마지막으로 아주 위엄 있게 일장연설을 마쳤다. 석방의 희망은 물거품이 되어버렸다. 순천에서 석방시켜준다는 말을 믿는 사람은 아무도 없었다. 거짓말을 밥 먹듯 하는 그들이 아닌가. 억지와 궤변과 술수에 능한 그들이 아닌가. 때는 인민군에게 불리한 때였다. 각 지방에는 연합군이 유리해져 1950년 9월 28일에는 수도 서울을 완전히 탈환했다. 인민군들은 후퇴하지 않으면 안 되었다. 인민군은 이 주체스러운 존재들을 미리 처치해 없애는 것이 상책이라고 생각한 것이다.

그들은 묶인 밧줄을 꼼꼼히 확인하고 다시 단단하게 묶었다. 이때 김창수는 아버지와 함께 묶이려고 아버지 곁에 바싹 다가섰으나 어찌된 일인지 갈라졌다. 먼저 양손을 뒤로 돌리게 하고 한 사람씩 묶은 다음 옆사람과 줄을 연결해 묶었고, 다시 앞이나 뒷사람과 줄을 연결했다. 그러니까 네 사람이 같은 조가 되는 셈이다. 그들은 마늘 엮듯이 엮어 10시가 넘어서야 순천을 향해 출발했다. 무장한 빨치산들이 양 옆에서 총을 겨누고 감시하며 따라왔다. 아버지는 소란스러운 상황 속에서 신발까지 잃어버리는 바람에 맨발로 자갈길을 걸어가야 했다. 이것을 본 김창수는 마음이 아팠다. 여수에서 순천까지 1백 리 길, 게다가 자갈길인데 어떻게 맨발로 걸으시려는지….

빨치산들은 여수 시내를 빠져나오기까지는 얌전히 잘 데리고 나왔으나, 일단 시내를 빠져 나온 후에는 야수처럼 변했고, 호젓한 산길로 접어들자 이때부터 끌려가는 사람들을 못살게 괴롭히기 시작했다.

"이 새끼, 넌 뭐해 처먹던 놈이야?" 하며 한 마디도 저항 못하는 이들에게 고함치고 욕설을 퍼붓고 총구로 얼굴을 쑤시고 개머리판으로 등짝을 후려쳤다. 무슨 이유가 있어서 하는 행동이 아니었다. 공연한 화풀이요 심심풀이였다. 그들은 아무나 붙잡고 시비 아닌 시비를 걸면서, 두 손이 묶여 대들 수도 없는 사람들을 흡사 장난감 가지고 놀듯 했다.

여기저기서 비명소리가 들려왔고, 발에 채여 가다가 넘어지고 엎어지고, 한 사람이 엎어지면 최소한 네 명은 자동으로 넘어지게 되어 있었다. 때리는 소리, 비명소리로 아수라장이 된 이동 현장이었다.

그때가 추석날 밤 10시에서 11시 사이쯤이라 달이 유난히 밝았다. 도중에 가끔 총성이 들려오면 "어떤 놈의 개새끼가 도망치다 총 맞는구나!" 하면서 이들도 도망치면 그렇게 된다는 듯 위협했다. 그들의 화풀이 심심풀이 대상에 아버지 역시 예외일 수 없었다.

그 당시 아버지보다 앞줄에 묶여 끌려가던 김창수는 아버지에게 가해지는 욕설과 구타를 직접 보고 들었다고 한다. 아버지는 그들에게조차 전도를 하더라는 것이다.

"동무는 직업이 무엇이오?"

신경질적인 음성이 등 뒤에서 들려왔다.

"굳이 직업이라면 그저 목사 일을 하고 있습니다."

"오라, 네가 바로 감방 안에서도 예수 믿으라고 전도한다는 그 손 목사로구나. 도대체 왜 그렇게 전도를 하는 거냐? 이유가 뭐야?"

"예수 믿고 천국에 가자는 것이지요. 이 세상의 삶은 잠깐이지만 천국의 삶은 영원토록 계속됩니다. 그러니 당신도 이런 무도한 짓 그만두고 예수를 믿으시오."

"하, 이런 괘씸한 놈을 봤나. 그래, 내게도 전도를 해보겠다 이 말이지? 정신 나간 놈. 천국이 어디 있어?"

"성경을 읽으면 하나님의 놀라운 섭리를 깨닫게 될 것입니다. 영생을 믿고 천국을 믿어야 합니다."

"그래 그래, 당신이나 천국 가서 잘 살아. 우리는 이 지상에 천국을 건설하려는 사람들이야. 죽어 육신이 없어진 천국은 당신이나 믿으라고. 그 따위 허무맹랑한 말을 누가 믿는단 말이냐? 천국 갔다온 사람 본 적 있어?"

"사람은 보이는 것만 믿어서는 안 됩니다. 보이지 않는 것에 더 큰 진리가 있습니다. 의심하는 마음은 사탄의 것입니다. 그보다 더한 진리가 없으니 무조건 믿어야 합니다. 그래야 천국에 갑니다. 예수를 믿으십시오. 예수를 구주로 영접하십시오."

"시끄럽다. 건방지게 누구에게 전도야. 보자보자 하니까…."

그리고 갑자기 총대로 치는 듯 '퍽' 하는 소리가 들려왔고, 아버지는 '윽' 하고 숨넘어가는 소리를 지르며 바닥에 넘어졌다.

"반동의 목사 새끼!"

넘어진 아버지의 등이고 머리고 가리지 않고 무수히 발길질이 날아왔다. 옆에서 다른 빨치산까지 가세하여 마구 때리고 짓밟았다. 마지막 발악인 듯 후퇴하는 그들에게는 오직 악만 남은 듯했다. 순천 간다던 그들은 순천은커녕 여수를 조금 벗어난 미평(美坪) 지서 앞에 도착했을 때 일단 행렬을 정지시켰다.

"동무들 잘 들으시오. 지금 달이 대낮처럼 밝으므로 미군 폭격을 피하기 위해 다같이 갈 수 없고 열 명씩 나누어 이동하기로 하겠소. 가다가 옆을 보거나 말을 하거나 도망칠 생각은 절대로 하지 마시오. 만일 그런 사람이 있으면 즉석에서 쏘아 죽이겠소. 얌전히 순천까지 동행해 주기 바라오."

예의 그 권총을 차고 일본도를 든 사람이 굵은 목소리로 엄포를 놓았다. 그들은 끌고온 죄수들을 열 명씩 열 명씩 모두 짝을 지어 분대를 만들었다. 사람들 얼굴 위로 어쩐지 불안한 기운이 스쳐갔다.

"1분대 출발."

다른 사람들은 모두 앉아있게 하고 앞줄의 열 명을 먼저 출발시켰다. 그리고 한 10분쯤 지났을 무렵 갑자기 고요한 밤중에 따발총 소리가 날카롭게 귓전을 때렸다. '따따따따!' 이들을 모두 죽이는구나 하는 생각이 사람들의 서늘한 가슴 위로 섬득 스친다. 극도의 공포가 찾아왔다. 그러나 폭도들은 태연하게 말했다.

"개새끼들, 어떤 놈이 또 도망치려 했구먼. 그런 놈은 총 맞아 죽어도 싸지."

도망자가 있어서 총을 쏘았다는 말이다. 그 말을 듣고도 사람들은 안심할 수가 없었다. 오히려 더욱 불안해졌다. 또다시 이번에는 간격을 두고 '탕, 탕' 하고 한 발씩 겨냥하고 쏘는 듯한 총소리가 들려왔다. 마치 확인 사살을 하는 것 같았다. 그 소리는 불길한 예감을 담고 사람들의 고막을 울렸다.

김창수 씨의 증언에 따르면, 죽음의 공포가 짙게 드리워진 그 시간에도 아버지는 마지막으로 할 수 있는 안간힘을 다해 옆사람을 전도했다고 한다. 이제 곧 죽을지도 모르는 목숨이지만 예수를 영접하고 회개하면 영생을 얻을 것이라고 쉬지 않고 목이 터져라 전도했다는 것이다. 아버지는 때가 이르렀음을 직감했는지도 모른다. 얼마 남지 않은 삶이라는 걸 깨닫고 그렇게 더욱더 전도에 열을 올렸는지 모른다. 한 사람의 영혼이라도 더 구원하기 위해서…. 갑자기 "저 동무 말하지 말라고 했잖아?" 하며 폭도 한 명이 쥐고 있던 총대로 아버지의 입을 후려쳤다. 이가 모두 깨지고 입 안은 피투성이가 되었다.

"2분대 출발."

총소리가 멎고 얼마 지나지 않아 그들은 두 번째 줄의 열 명을 출발시켰다. 아아, 그 급박한 상황, 생과 사의 기로에 서있던 아버지의 모습을 나는 도저히 상상할 수가 없다. 도저히 글로 묘사해낼 자신이 없다. 1950년 9월 28일, 이날 아버지는 순교했다. 이날 나는 무엇을 하고 있었던가? 서울이 수복되었다고 기뻐 날뛰고 있었던가? 오랜만에 안심하고 드러누워 보는 방이라 세상 모르고 쿨쿨 잠만 자고 있었던가? 아버지는 죽음의 문턱에 서있는데, 어찌 내게는 아무 예감도 느껴지지 않았던 것일까. 미련한 짐승처럼 잠이나 자고 있었으니…. 아아, 이 죄를 어찌해야 할까. 이 불효를 어찌 갚을까. 다음은 김창수 씨가 들려 준 당시 상황을 그대로 옮긴 것이다.

2분대가 출발하고 10분쯤 지나니 역시 같은 식으로 '따따따' 하는 따발총 소리가 들려왔습니다. 멀리서 귀청을 찢는 듯했습니다. 이젠 의심할 여지가 없었습니다. 그들은 우리를 남김없이 죽이려는 속셈이었습니다. 손 목사님은 일어서시면서 나를 돌아보고 말씀하셨습니다.

"창수 군, 기도하게. 어떠한 순간에도 기도를 잊지 말게. 하나님께서 힘 주실 것이네. 자, 우리는 천국에서 만나세."

사지에서 탈출하여 아버지의 순교 상황을 증언해 준 김창수 씨

나는 나도 모르게 마음속으로 하나님을 부르고 있었습니다. 기도가 절로 나왔습니다. 손 목사님의 마지막 말씀이 자꾸만 귓전을 울렸습니다. '이젠 다 틀렸다, 비굴하지 않게 죽음을 맞을 준비나 하자.' 하는 생각이 들기도 했지만 끝까지 포기해서는 안 된다는 삶의 욕망이 가슴 가득히 끓어올랐습니다. 나는 손에 묶인 포승줄을 풀어 보려고 갖은 노력을 다했습니다. 손을 놀리고 발을 버둥거렸습니다. 한참을 그렇게 하자 기적처럼 한 손이 풀어지는 것이었습니다. 그러나 나머지 한 손은 아무리 애를 써도 풀리지 않았습니다.

드디어 내가 묶여 있는 3분대가 끌려갈 차례가 되었습니다. 나는 끌려가면서도 나머지 한 손을 풀어내려고 바삐 손을 놀렸습니다. 대략 20~30미터쯤 갔을 때 그들이 우리를 과수원 길로 인도했습니다. 지금 달이 대낮같이 밝아서 미군폭격을 피하기 위해 지름길로 가야 한다는 것입니다. 과수원 길로 접어들자 바람결에 피비린내, 화약 냄새가 코를 찔렀습니다. 그리고 숲속에는 흰 옷 입은 사람들이 서로 줄에 엉키고 포개진 채로 고꾸라져 있었습니다. 아직 숨이 끊어지지 않은 사람이 있는 듯 가느다란 비명과 신음소리가 새어 나오기도 했습니다. 그런데 저 앞을 보니 주위에는 셀 수도 없을 만큼 많은 빨치산들이 나무숲 속에 기립해 있었습니다. 그들은 하나같이 이쪽을 향해 총을 겨누고 있었습니다. '앗! 이것이 죽음이구나!' 내 손놀림은 더욱 바빠졌습니다. 그때 나는 맨 앞 왼쪽에 서있었습니다.

저 총알이 날아오면 맨 앞의 나부터 맞고 지나가겠지. 고개를 숙이면 피할 수 있을까? 총알이 날아오기 직전이었습니다. 나는 젖 먹던 힘까지 동원해 묶인 손에 힘을 주니 줄이 탁 하고 터졌습니다. 기적이었습니다. 그들이 우리를 향해 막 방아쇠를 당기려는 순간이었습니다. 나는 이것저것 생각할 겨를도 없이 무조건 앞으로 뛰어 달아났습니다. 있는 힘을 다해 밭두렁을 타고 어둠을 향해 달렸습니다. 뒤에서 "한 놈 튀었다!" 하는 소리가 날아왔습니다. 그보다 먼저 귓전을 스치며 총알이 날아왔습니다. 수없는 총소리와 함께 나는 요란한 따발총 소리를 들으며 밭두렁에 푹 고꾸라졌습니다. 맞았구나 하는 느낌이 들었고 이어서 이렇게 죽는구나 하는 허망함이 가슴을 뒤흔들었습니다. 그러나 아니었습니다. 몸을 만져보았지만 총알에 맞은 자국은 없었습니다. 다만 총알이 귀 옆의 볼을 스쳐간 듯 피가 약간 만져질 뿐이었습니다. 총에 맞은 것이 아니라 총소리에 놀라 다리에서 힘이 빠졌기 때문에 쓰러진 것이었습니다. 나는 그 당시 교복인 반팔 흰색 셔츠를 입고 있었는데, 흰색이 눈에 잘 띌 것 같아 교복을 벗어 던지고 몸을 잔뜩 웅크린 채 있는 힘을 다해 기기 시작했습니다. 얼마나 기었는지 모릅니다. 온몸이 흙과 땀으로 범벅이 되었습니다.

나는 산꼭대기까지 기어서 올라갔습니다. 더 이상 추격해 오는 발소리가 들리지 않았습니다. 커다란 바위 밑에 쭈그리고 앉아 가쁜 숨을 몰아쉬자니 그제서야 함께 끌려갔던 사람들이 어떻게 되었는지 걱정이 되었습니다. 특히 손 목사님의 안부가 궁금해서 미칠 지경이었습니다. 그러나 다시 내려갈 수는 없었습니다. 다시 내려가다니오? 내 몸은 악몽에서 금방 깨어난 사람처럼 부들부들 떨고 있었고, 이가 맞부딪혀 딱딱 소리를 내고 있었습니다. 도저히 내려가 확인해 볼 엄두가 나지 않았습니다. 무서워 떨었고, 추워서 떨었고, 기뻐서 떨었습니다. 여전히 총성이 들려오고 있었습니다. 나는 무엇보다 먼저 손 목사님 댁으로 가서 이 사실을 알려야겠다는 생각이 들었습니다. 철벅철벅 개울을 지나고 뻘밭을 지나고 논밭을 가로지르며 밤길을 달려 비로소 새벽에야 손 목사님 집 문을 두드릴 수 있었습니다 .

김창수 씨는 "그 당시 내가 살아남은 것은 당시의 일을 증언해 줄 사람으로 하나님께 미리 택함을 받았기 때문"이라고 말했다.

그때까지만 해도 우리 식구와 애양원 식구들은 아버지가 무사히 돌아오리라고 낙관하고 있었다. 아버지가 끌려간 후 여기저기 갔다오는 사람들마다 다른 이는 다 죽일지라도 손 목사만은 무사히 석방될 것이라고 했다. 손 목사는 두 아들 죽인 원수를 회개시켜 자기 아들을 삼았기 때문에 아무리 빨갱이라 할지라도 여기에 감동하여 무사히 석방시켜줄 것이라고 신풍리 애양원 근처에 소문이 쫙 나있었기 때문이다.

전세는 시간이 갈수록 인민군에게 불리해지고 있었고, 인천에 상륙한 유엔군이 대대적인 반격 작전을 펼치고 있다는 소식이 바람결에 날아들던 무렵이었다.

9월 24일 아침부터 어머니는 애타게 아버지를 기다렸다. 갇혀 있던 사람들이 그날 전원 석방될 것이라는 소문이 나돌았기 때문이다. 그러나 허사였다. 25일에도 따뜻한 밥을 차려놓고 아침부터 기다렸지만 아버지는 돌아오지 않았다. 한 가닥 불길한 마음을 떨쳐버릴 길이 없어 가슴이 바짝바짝 타들어갔다.

밤이 지나 새벽이 되었는데, 잠결에 문 두드리는 소리가 들렸다. 어머니는 혹시나 아버지인가 싶어 정신없이 일어나 밖으로 나갔다. 문 밖에는 겨우 팬티만 걸친 웬 학생이 볼에는 핏자국이 말라붙은 채로 온몸에 흙칠을 하고 서 있었다. 사지(死地)에서 살아 돌아온 김창수였다.

"아이고, 동신이 친구 창수가 아니냐?"

깜짝 놀란 어머니는 아버지에 대한 희소식을 전하러 온 줄만 알았다. 어머니는 그를 방으로 불러들였다. 그리고 옷을 갈아 입혔다.

"사모님, 어서 미평과수원으로 가보세요. 목사님이 목사님이…."

그는 말을 잇지 못하고 쓰러졌다.

'순교하셨구나. 드디어….'

어머니는 듣지 않고도 알 수 있었다. 어머니는 마음을 다잡고 물었다.

"그래, 우리 목사님이 과수원에서 어찌 됐단 말인가?"

"저도 자세히는 모르나 어젯밤에 순교하셨을 것입니다."

'오! 당신 소원대로 됐군요. 평소 주기철 목사님을 그렇게 부러워했는데….'

"하나님, 감사합니다. 평생 동안 주의 일 하게 하시고, 자신이 소

손양원 목사 장례를 마치고

원하던 순교를 허락해 주신 은혜, 감사하고 또 감사합니다."

어머니의 눈에서는 하염없이 눈물이 흘러내리고 있었다. 이 소문은 삽시간에 애양원에 퍼졌다. 몇몇 청년들이 미평과수원에 아버지를 모시러 갔다. 올 시간이 되었을 때 천여 명이 넘는 나환자들은 남녀노소 할 것 없이 애양원 긴 둑길로 몰려나와 아버지가 당도하기를 기다렸다.

아! 저 먼 곳에서 남자 네 명이 들것에 무엇을 들고 오는 것이 보였다. 점점 가까이 오는데 그것은 아버지의 시신이 아닌가. 분명 16일 전엔 살아계시던 아버지였는데…. 8.15해방을 맞아 청주감옥에서 석방될 때도 바로 이 둑길로 오셨는데, 그때 그 길이 신앙투쟁의 승리의 길이었다면 오늘 죽어서 돌아오는 이 길은 천국을 향한 개선

장군의 길이라고나 할까. 그러나 아버지는 죽은 것이 아니다. 아버지 시신에는 한 알의 씨앗이 남아있었다. 그 씨는 장차 이 세상에 무수한 열매가 맺힐 억만 개의 싹을 지니고 있었다.

"아이고, 우리 목사님이 들것에 들려 오시다니…."

온 애양원 나환자들은 땅을 치기 시작했다. 살아 돌아온다고 믿었던 기쁨은 삽시간에 슬픔으로 변해 버렸다. 들것에 실린 아버지의 시신은 애양원 뜰 한복판에, 2년 전 두 오빠의 시신을 내려놓았던 바로 그곳에 눕혀졌다. 덮었던 이불을 열어보니 전도하다 맞은 듯 입은 이미 으깨어져 하얀 이가 입술 밖으로 흘러나왔고, 눈조차 감지 못한 채 잠들어 계셨다. 어머니는 "애양원은 걱정 말고 눈 감고 가시오." 하며 아버지의 눈을 감겨 드렸다. 그리고 어머니는 아버지의 시신 앞에 조용히 기도 드렸다.

"이스라엘의 지도자 모세를 데려가신 후 여호수아를 준비하셨던 하나님이여! 애양원의 목자를 데려가셨으니 다음 목자를 주실 줄 믿습니다."

아버지는 48세의 한 많은 세상을 그렇게 하직했다. 애양원 식구들은 아버지 시신을 부둥켜안고 볼을 비비며 오열했다. 가슴을 치고 자기 옷을 찢으며 눈물의 소나기가 시작되었다.

시체는 피투성이였다. 죽음의 순간까지 기도하고 계셨던 것일까? 두 손바닥에는 총알이 관통해 지나간 듯 구멍이 나있었다. 어깨에도 커다란 총알 자국이 있었다. 아버지의 시신은 깨끗이 씻겨지고 새 옷으로 갈아입혀져 학교 교실에 안치된 후 입관되었다.

아버지를 모신 관은 집에서 사흘을 보낸 뒤 가매장되었다가 다시 파내어 영결식을 올리고 영원히 묻혔다. 아버지는 두 오빠가 먼저 잠들어 있는 곳 바로 뒤에 당신의 영원한 쉼터를 마련하셨다.

애양원 1천여 명의 나환자들이 아버지의 시신을 앞에 놓고 애곡하는 모습은 그야말로 필설로 형용하기 어렵다. 그들의 곡성은 부모 잃은 고아 같고 남편 잃은 아내와도 같았다. 이제 그들을 위로할 목자는 순교의 제물이 되어 돌아왔으니 마지막 보내는 서러움을 통곡으로밖에 표현할 길이 없었던 것이다. 2년 전 두 오빠의 시신을 놓고 눈물의 바다를 이루던 그때와 똑같은 광경이었다. 그중에 더욱더 슬피 통곡하는 이가 있었다. 철민 오빠였다.

"이게 웬일입니까, 아버지! 죽을 목숨인 나를 살려 놓고서 아버지가 먼저 가시다니 이게 무슨 날벼락입니까?"

아버지의 시신을 부둥켜안고 서럽게 통곡하던 그는 두건을 쓰고 삼베옷을 입고 영결식이 끝날 때까지 두 오빠 대신 맏아들 노릇을 충실히 했다.

하늘이여 보아라. 땅이여 들어라. 동도섬 앞 바다에 터져나오는 곡성을. 철썩이는 파도소리와 함께 땅을 치며 터져나오는 통곡은 저 하늘까지 사무쳤고 먼산까지 메아리쳤다. 그날에 뿌린 눈물은 저 깊은 바닷속에 영원히 살아있으리라.

그들은 죽지 않았다

· · · · · · · · · · · · · · ·

39세 때 첫 감옥생활을 시작해
48세 때 순교로 인생의 막을 내렸다.
악몽과도 같은 9년의 기간은 죽음과 맞먹는 세월이었다.
생각해 보면 아버지는 이미 우리 가정을 향해
성난 파도처럼 휘몰아쳐 올 가난, 고통, 눈물
그리고 죽음에 대해 예견하고 있었던 듯하다.

10월 13일 금요일 오전 9시 애양원교회에서 영결식을 치렀다. 장례는 3일장이었다. 부산 고려고등성경학교 교장 오종덕 목사님이 사회를 맡았고, 부산 고려신학교 교장 박윤선 목사님이 "순교에 대하여"라는 제목으로 설교했다. 본 찬양은 애양원 성가대가 맡았고, 특별찬양은 고려 신학생들이 맡았다. 조사는 애양원 대표 이현철 집사님, 노회 대표로 나덕환 목사님, 기독신문사 대표로 김봉서 선생님이 각각 맡았다. 화려하게 꾸민 아름다운 꽃상여를 앞에 놓고 원근 각지에서 모여든 귀빈조객들, 그리고 애양원 1천여 명의 신도들은 성대하게 영결식을 마쳤다.

또 서울 남대문교회에서도 1950년 10월 29일 오후 2시에 손양

원 목사 추모회를 열었다. 교회가 불타 터만 남은 뜰에서 예배를 드
렸다. 아버지의 선배이자 출옥 성도인 채정민 목사님이 개회사를 보
았고, 설교는 남대문교회 담임목사인 김치선 목사님이 요한계시록
2장 10절 말씀으로 구약의 요셉과 아버지를 대조해 설교하셨다. 그
리고 박형룡 박사와 이인제 조사의 추모사가 각각 있었고, 독창은
황덕순 고모가, 마지막에는 내가 답례사를 했다.

　그런데 이날 추모식 때 50대로 보이는 한 남자가 자신의 과오를
참회하며 남달리 흐느끼고 있었다. 알고 보니 일제 때 광주형무소
에서 근무하면서 친일파가 되어 승진도 하고 출세도 했던 김성기라
는 사람이었다. 그는 아버지가 광주형무소에서 신사참배를 거부하
며 온갖 고통을 받을 때, 자기도 그 가해자 중 한 사람이었다고 고백
했다. 그때 아버지는 주일이면 작업도 안 하고, 적은 밥마저 거절하
며 금식기도를 하고, 예배 드린다면서 꼼짝도 안했기 때문에 아버지

손양원 목사 추모예배

에게 가해졌던 많은 형
벌들…. 자신도 그들과
한통속이 되어 욕설을
퍼붓고 고함치며 아버
지를 괴롭혔다고….

　또 1943년 정월 즈
음 무척이나 추웠던 날
할아버지가 아버지를
찾아 먼길을 면회하러
왔었다고 한다. 칠순

넘은 늙은 아비가 수감중인 아들을 면회실에서 만나 제한된 짧은 시간 안에 건강과 가정일에 대해 몇 마디 나눈 후 수건으로 눈물을 훔치며 돌아서는데, 그때 부자간에 상봉하던 쓸쓸한 뒷모습은 도저히 잊을 수가 없다고 한다. 왜 그때 부자간에 면회시간을 좀더 주지 못했던고! 왜 그때 따뜻한 말 한마디 해주지 못했던고! 그는 이제와서 가슴 아파했다.

김성기 씨는 8.15해방 후 그 직업을 그만두고, 아내의 전도를 받아 착실한 신자가 되었다. 그러나 예전에 아버지를 그토록 괴롭혔던 것에 대해 큰 죄책감을 안고 언제라도 꼭 아버지를 만나 모든 잘못을 고백하고 사죄하려 했다고 한다. 그런데 서울에 있으면서도 아버지가 자기 얼굴을 알고 있는 터라 차마 고개 들 면목이 없어 오늘내일 미루다가 영영 자복할 기회를 놓쳤다며, 추모회에 참석해 참회의 눈물을 흘렸다.

그는 덧붙여 말하기를 그때 광주형무소에 있던 일본인 간수들도 아버지의 언행에 감동받아 훗날 "과연 손 목사는 성자다."라고 말했다고 한다(이것은 『사랑의 원자탄』 저자인 안용준 목사가 취재한 내용이다).

한번은 이런 일도 있었다. 1946년 해방된 다음해 봄날이었다. 광주에 볼 일이 있던 아버지는 열차를 타고 광주에 도착했다. 해방 후 처음 가보는 광주였다. '1940년 9월 애양원에서 피검(被檢)당해 여수경찰서에서 광주로 압송되어 갈 때 바로 이 길을 지나갔지.' 새삼스럽게 옛일들이 어제일처럼 되살아 나는 길이었다. '1940년 9월 25일, 그때는 형사들에게 묶여 갔는데 오늘은 이렇게 자유의 몸으로 다시 지나가다니…' 하며 설명할 수 없는 묘한 감회를 느끼면서 아버지는 많은 사람들 틈에 끼어 재판소 가는 쪽으로 꺾인 큰 길로 들어섰다. 오후의 광주 거리는 복잡했다.

재판소 정문을 지나니 온갖 지난 일들이 떠올랐다. 옛날 이곳에서 1년 6개월을 언도받지 않았던가. 그때 그 검사 판사는 지금 어디서 무엇을 하고 있을까? 형사 세 사람에게 모질게 심문받던 제5호 법정에 한번 들어가볼까 하는 생각도 있었으나 들어가 본들 무엇하랴 싶어 그만두고 재판소 정문을 지나 전라남도 도청을 향해 바삐 걸어가다 아버지는 문득 발걸음을 멈추었다.

저 앞에서 머리를 끄덕이며 바쁜 걸음으로 걸어오고 있던 한 중년 신사의 얼굴을 보고 놀란 것이다. 그는 바로 금성구웅(金城久雄)이라는 형사였다. 그는 옛날 아버지를 향해 고함치며 괴롭히고, 5년간 철창 신세를 지게 만든 악마 같은 자가 아닌가. 뜻밖에 아버지와 부딪힌 그도 역시 '앗!' 하며 걸음을 멈칫했다. 그는 아버지를 보자 얼굴이 새파랗게 질리면서 대뜸 "아이구, 목사님. 어떻게 여길 오셨습니까? 진작 찾아뵙고 인사 드려야 했는데, 목사님 용서해 주십시오. 그땐 제가 죽을 죄를 지었습니다." 하며 어쩔 줄 몰라 허리를 굽실거리며 용서를 빌었다.

아버지는 당황하는 그를 보고 얼른 악수를 청하면서 "김 선생님, 안심하세요. 별 말씀 다하십니다. 제가 두 가지를 이해합니다. 첫째는 그 시대가 나빴고, 둘째는 김 선생님의 직업이 나빴습니다. 그 시대에 그 직업을 가지고 그렇게 하지 않고서야 어찌 살 수 있었겠습니까? 그 시대와 그 직업이 선생님으로 하여금 나를 그렇게 하도록 만든 것이지요. 허나 그때 그 시험이 나로서는 가장 큰 시험이었습니다. 내가 하나님 앞에서 죽느냐 사느냐 하는 문제였습니다. 그 시험을 이길 수 있게 되었으니 이젠 아무 걱정 없습니다. 이젠 다 잊었습니다. 김 선생님도 안심하시고 예수를 믿으세요." 하고 그를 안심시키면서 전도했다. 그런 아버지의 말에 그는 "아이구, 믿고 말구요. 믿겠습니다." 하고 아버지와 작별했다.

아버지는 과연 어떤 삶을 살다 가셨다고 말할 수 있을까? 인간적인 관점에서 볼 때는 파란만장한 삶이었다고 말할 수밖에 없다. 가난한 농사꾼의 아들로 태어나 학비가 없어 낮에는 신문 배달, 우유 배달, 만두 장사를 해서 야간학교만 다녀야 했고, 어머니와 결혼 후에는 나병환자촌인 애양원에 찾아와 병자와 더불어 먹으며 병자를 위해 울기도 하며 고락을 함께했다. 그러다가 신사참배 거부로 39세 나이에 감옥에 들어갔다. 아버지는 다섯 번씩이나 감옥에서 감옥으로 전전하다가 8.15해방 덕분에 감옥 신세를 면했다.

아버지는 5년간 감옥생활의 괴로웠던 일들을 우리에게 일절 말하지 않았다. 살아계신 하나님만 아실 것이다. 나는 다만 간접적으로 들은 말을 일부만 옮겼을 뿐이다.

사랑하는 두 아들의 죽음을 믿음으로 이겼고, 기구하게도 자신마저 두 아들이 숨진 것과 똑같이 총탄에 맞아 숨졌다. 얼마든지 죽음의 길을 피할 수 있었지만 오히려 불 속에 뛰어드는 불나비처럼 자진해서 순교의 길로 걸어간 삶이다. 행복이라고는 찾아볼 수 없는 고난과 불행의 일생이었다. 39세에 첫 감옥생활을 시작해 48세에 순교하며 생의 막을 내렸다. 악몽과도 같은 9년의 기간은 죽음과 맞먹는 세월이었다.

생각해 보면 아버지는 이미 우리 가정을 향해 성난 파도처럼 휘몰아쳐 올 가난, 고통, 눈물 그리고 죽음에 대해 예견하고 있었던 듯하다. 아버지가 1934년 8월 15일 친구에게 보낸 편지에 그것이 잘 나타나 있다.

부활의 천국에는 내 살과 피가 노래를 부르고 있사오며 … 이 몸이 찢어진들 탄식이 무엇이며 사망과 음부도 우리 앞에는 굴복하나이다…. 죽음을 통하여서는 죽음 저편에 있는 보다 큰 진리를 맛보겠사오며, 눈물을 통하여서는 눈물 속에 있는 하나님의 크신 사랑을 먹겠사오며….

또 아버지는 시대가 어둡고 슬픔이 더할수록 그것을 노래로 승화시켰다. 1950년 8월 26일 일기에는 "가난을 애처로 삼고, 괴로움을 선생으로 삼아"라고 썼다.

정말 그랬다. 아버지는 역경에 부딪칠 때마다 그것에 침몰하기보다는 오히려 그 역경 속에 감추어져 있는 하나님의 섭리, 진리와 사랑을 캐내곤 했다. 하루하루의 생활에서도 그리스도인으로서 어떻게 살아야 주께 영광이 되고, 어떻게 죽어야 생명의 면류관이 씌워지는지에만 관심을 기울이며 살았다.

사람의 됨됨이는 그가 어떤 부류의 사람들과 어떻게 관계를 맺었는지로 알 수 있다고 했다. 아버지는 권세자의 친구도 아니고, 성자의 친구도 아니며, 학자의 친구도 아닌 다만 나병환자의 친구였다.

아버지가 존경받아야 한다면 가장 중요한 이유 가운데 하나는 나병 환자들에 대한 한결같은 사랑 때문일 것이다.

아버지의 모습은 어떠했냐고 내게 물어보는 사람들이 가끔 있다. 원래 아버지의 모습은 전형적인 목사의 모습도 아니고 성자 모습도 아니다. 겉으로 보기에는 키가 작은 편이고 서민적인 사람이었다. 아이들과 어울리면 아이 같고, 나환자와 어울리면 나환자 같고, 우리와 어울리면 친구같이 보이는 분이었다.

아버지는 천성적으로 사랑이 많았고 누구에게나 친절했으며, 아무하고나 잘 어울리는 성품이었다. 그러나 강단에 오르는 날에는 180도 변해 한 마리의 커다란 사자처럼 강한 모습으로 바뀌었다.

해방 후 아버지가 다닌 부흥집회는 애양원 본교회 예배를 제외하고도 2천 회가 넘었다. 보통 월요일에 애양원을 떠나 토요일에 돌아오곤 했는데, 오빠들이 순교한 후에도 그 일정에는 변함이 없었다.

한번은 서울 남대문교회에서 부흥집회가 있었다. 그때는 나도 따라갔다. 교회 게시판에 '세계 성자 손양원 목사님'이라는 포스터가 붙어 있었다. 아버지는 그것을 보자 그 포스터를 떼지 않으면 설교하지 않겠다고 하여 그것을 떼어버린 일도 있었다. 아버지의 설교 원고지 맨 위에는 다음과 같은 글이 적혀 있다.

나의 부흥회 시에 먼저 읽을 것
첫째, 하나님의 지능을 의지하고 나의 지(知)를 믿지 말 것.
둘째, 주님을 나타내지 않고 나를 나타낼까 삼가 조심할 것.
셋째, 성경 원리 잘 모르고 내 지식대로 거짓말하지 않게 할 것.

넷째, 간증 시에 침소봉대(針小棒大)하여 거짓말 되지 않게 할 것.

다섯째, 나도 못 행하는 것을 남에게 무거운 짐 지우게 말 것.

여섯째, 내 한 마디 말에 청중 생명의 생사가 좌우됨을 깊이 알고 말에 조심도 열심도 충성도 다할 것.

일곱째, 이 한 시간에 성경 말씀 한 마디에 인령(人靈)이 생사 좌우되는 것을 잘 생각해야 한다(지옥에서 끌어올리게도 끌어내리게도 된다).

여덟째, 음식과 물질에도 크게 주의할 것.

　　① 주님 대신 받는 대접이니 대접받을 자격 있나 살펴라.

　　② 배 위해, 입맛에 취해 먹지 말고 일하기 위해 먹으라.

　　③ 물질, 선물에는 하등의 관심을 두지 말라.

결론　오, 주여! 이 한 시간에 주 앞에 범죄하지 말게 하여 주시고 사람 앞에 비 없는 구름처럼 은혜 못 끼치고 돌아갈까 주의하게 하소서. 또 내 생(生)에 유일한 참고서는 오직 성경 66권이 되게 하소서. 아멘.

아버지는 기독교인들 사이에서 능력 있는 목사로 널리 알려져 있었지만, 신비주의적 색채가 섞인 기적이나 기복신앙은 극히 경계했다. 작은어머니(최호순)에게 언젠가 들은 바에 따르면, 한번은 이런 일이 있었다고 한다. 부산 초량교회에서 부흥집회를 할 때였다. 아버지의 설교가 그날따라 그렇게 우렁차고 감동적일 수 없더라는 것이다. 빽빽히 들어찬 성도들이 가슴 속에서 우러나오는 찬송을 부르는데, 한 모퉁이에서 누군가 울음 섞인 목소리로 외치는 것이었다.

"목사님, 목사님, 내 눈이 보여요. 내가, 내가 눈을 떴어요!"

그 사람은 시각장애인이었는데, 볼 수 있게 되었다면서 너무 기쁜 나머지 팔짝팔짝 뛰며 소리를 질렀다. 모인 교우들이 웅성거리기 시작했고, 그 사람을 쳐다보며 여기저

맨 우측부터 작은아버지 손의원 목사, 김구(金九)선생, 손양원 목사

기서 감탄과 찬양의 소리가 터져나왔다. 찬송도 중단되고 설교도 중단되었다. 그때 아버지가 소란을 잠재우며 말했다.

"여러 성도님들, 조용히 하십시오. 다들 앉으십시오. 저 사람이 눈을 뜬 것은 나와 아무 상관도 없습니다. 내 설교는 영혼의 병을 고치기 위한 것이지 육신의 병을 고치기 위한 것이 아닙니다. 저 사람은 자기의 믿음으로 눈을 뜬 것입니다."

이 말씀이 바로 아버지 신앙의 핵심이다. 아버지는 하늘나라의 복음을 전할 뿐 현세의 안락과 풍요를 약속한 적이 한 번도 없다. 가끔 안수기도를 해달라고 찾아오는 병자가 있었지만, 아버지는 특별히 병 고침을 위해 안수기도를 한 적이 없다. "나는 영혼을 중요하게 생각하지 육신을 중요하게 생각하지 않습니다. 병들면 어떻습니까? 병신이면 또 어떻습니까? 잠깐인 나그네 세상에서 병신으로 살다가 천국 가면 그보다 더 좋은 일이 어디 있다구요." 이런 말로 그 병자

를 돌려보낼 뿐이었다. 나병환자들과 평생을 같이 보내며 그들을 사랑으로 돌보았지만, 그들의 병든 상태를 나쁘다거나 부자연스러운 것으로 보지 않았다. 내가 기억하는 아버지는 기적이나 이적에 관심이 없었다. 언제나 말씀 중심이었고, 말씀이 우선이었다.

사람들은 말한다. 손양원 목사는 성자라고. 하나님의 말씀대로 살다가 말씀을 지키기 위해 목숨까지 바친 위대한 순교자라고.

나는 가끔 생각한다. 아버지가 평범한 보통의 아버지였다면 우리 가정은 좀더 행복할 수 있지 않았을까? 순교자나 성자의 자식들이라는 부러움 섞인 소리를 들으면서 사는 것보다, 그런 소리는 못 듣더라도 아니 차라리 조금은 못난 아버지라는 소리를 들으면서라도 아버지와 함께 사는 게 몇 배 더 행복하지 않을까?

많은 세월이 흘러간 오늘날까지 아버지를 원망하는 마음이 남아 있는 것은 아니다. 그때는 내 작은 두뇌로 아버지의 넓고 광대한 세계를 이해할 수 없었다. 나는 아버지가 한없이 자랑스럽고 존경스럽다. 하나님 앞에 충성을 다한 아버지였기에 하나님 앞에 자랑스럽다. 남들이 입으로만 떠드는 참사랑을 몸소 실천한 분이기에 대한민국 온 교회 앞에 자랑스럽다. 우리 가정의 행복은 산산이 부서졌을 망정 이 나라의 복음화에 귀중한 밑거름이 되었으므로 온 교인 앞에 자랑스럽다. 순교의 피는 교회의 씨앗이라고 초대 교회 신학자 터틀리안이 말했듯이, 오늘날 이 나라에 순교의 피가 없었다면 이렇게 교회가 성장했겠는가?

두 오빠의 순교 그리고 아버지의 순교는 하나님의 계획된 뜻이었다고 나는 생각한다. 그것은 우리 집안에 내려진 하나님의 크신 은혜였다.

1949년 8월 6일에 쓴 일기문에서도 아버지 신앙의 한 단면을 볼 수 있다.

어느 집회 마지막 날 한 누님이 내게 흰 종이를 내밀며 "목사님, 주소와 생일을 적어주세요."라고 한다. 아마 생일에 선물할 모양이다. 나는 그 종이에 이렇게 썼다. "내 주소는 주님 품이고 내 생일은 중생된 날짜인데, 중생된 날짜는 미상입니다. 고로 땅 위에 사는 나는 장막 생활이며, 내 생일잔치는 천국에 들어가는 그날입니다.

예수에 중독된 사람, 예수 없이는 못 사는 사람, 예수로 인해 죽은 사람, 이런 신앙이 아버지의 진정한 모습이다. 다음은 아버지가 쓴 수필이다.

나는 예수의 중독자가 되어야 하겠다.
술 중독자는 술로만 살다가 술로 인해 죽게 되는 것이고,
아편 중독자는 아편으로 살다가 아편으로 인해 죽게 되나니,
우리도 예수로 살다가 예수로 인해 죽자.
우리의 전생활과 생명을 주님을 위해 살면
주같이 부활된다.
주의 종이니 주만 위해 일하는 자 되고
내 일 되게 하지 말자.

아버지가 집회 때 진리의 말씀을 외치던 모습은 내게 인상 깊게 남아있다. 여순사건을 들어 골육살상을 하지 말자고 하던 말씀, 국가패망 원인의 하나인 우상숭배(국기 경례) 문제로 울면서 밤을 새워 기도하던 모습! 때로는 감옥에 찾아가 "나도 여러분 같은 죄인이올시다." 하며 위로해 주던 그 모습은 아직도 내 뇌리에 깊이 박혀 있다.

나는 그 시절 극심한 불면증과 엉뚱한 상상, 집요한 환상에 시달렸다. 잠들지 못하는 밤마다 헛것이 눈에 보였고, 내일이면 틀림없이 죽게 되리라는 공상이 머릿속에 가득 차 있었다. 밤마다 베갯머리에서는 '이 밤을 샐 것인가, 내일 아침에 과연 눈을 뜰 것인가.' 하는 소리가 들렸다.

두 오빠와 아버지를 죽인 총소리는 아직도 사라지지 않고 내 귓전에 맴돈다. 아마도 나는 죽는 순간까지 그 총소리에서 벗어나기 힘들 것 같다.

길을 걸을 때면 어디에선가 총알이 날아올 것만 같았고, 모퉁이를 돌아갈 때는 그 앞에 총을 든 빨치산이 숨어있을 것만 같아 발이 떨어지지 않았다. 그 시절 내 머릿속에는 죽음이라는 단어만이 가득 들어 차 있었다.

나는 하나님을 원망했고 방황했다. 나는 하나님을 잊었지만, 사랑의 하나님은 나를 잊지 않으셨다. 내가 반항하고 대들었을 때 침묵으로 일관하시던 하나님은 내 마음이 극도로 황폐해 있을 때 나를 찾아와 내 마음을 어루만져주셨다.

그러던 어느날 목사님의 설교 중 내 귓속을 파고들어오는 말씀이 있었다. "어리석은 자여 오늘 밤에 네 영혼을 도로 찾으리니 그러면 네 준비한 것이 누구의 것이 되겠느냐"(눅 12:20).

그렇다. '이러다 죽어서 지옥 가면 어쩌지?' 나는 무서웠다. '이대로 죽을 수는 없어. 지금 죽으면 두 오빠와 부모님을 못 만날 거야. 천국에 가야 부모님과 오빠들을 만날 수 있는데.'

그날 내 귀에는 실제처럼 하나님의 목소리가 들려왔다. 나를 사랑하고 내 계명을 지킨 자에게는 수천 대까지 축복해 주겠다는 음성도 들렸다.

나는 마음이 환하게 밝아지는 것을 느꼈다. 아무 일도 일어나지 았고 어떤 계기가 있었던 것도 아닌데, 그날 이후로 나는 조금씩 죽음의 공포에서 벗어나기 시작했다. 환상도 사라져갔고, 그토록 나를 괴롭히던 강박관념도 없어졌다. 많은 세월이 흘러간 지금 지난날을 되돌아보니 지금까지 일어난 모든 일들이 하나님이 계획하고 설계한 어떤 목적을 위해 쓰여졌다는 것을, 그리고 내게는 그날의 일들을 증언할 중요한 사명을 맡기셨다는 것을, 하나님은 오빠들과 아버지의 순교를 통해 이 민족에게 '신앙의 한 모범'을 보이셨다는 것을 알 수 있을 것 같다. 입으로만 하나님을 외쳐 부르는 표리부동한 일부 목자들에게 참 믿음의 표본을 보이신 것이다.

나는 아버지가 순교한 후 곧바로 서울을 떠나 순천 매산여고로 전학하여 그 학교를 졸업했다. 그후 서울의 총신대학에 입학했다. 2학년 말까지 다니다가 중단하고 다시 부산의 고려신학교(칼빈대학) 1학년에 입학하여 3학년 말에 또 중단했다. 두 학교 모두 졸업하지 못한 것은 학비가 없는 이유도 있었지만 더 큰 이유는 총신파와 고신파의 극심한 대립 때문이었다.

옥중 성도들(고신파)은 내가 총신대에 다닐 때, 아버지가 신사참배를 거부하여 옥중생활을 하신 분이므로 그 딸인 나는 고신대에 다녀야 한다고 했다. 또 고신대를 다닐 때는 총신파 목사이신 작은아버지 두 분이, 아버지가 총신파였다며 총신대에 다녀야 한다고 했다. 나는 그 두 파의 알력을 견디다 못해 두 학교를 모두 그만두어야 했다.

실제로 아버지는 이 파도 저 파도 아니다. '파'자를 붙이는 것을 극히 싫어하셨다. 당시 아버지는 고려신학교 이사회 총무직을 맡고 있었는데, 이것은 아버지가 신사참배를 거부한 출옥 성도(고신파)였기 때문이 아니다.

6.25전쟁 발발 조금 전인가 싶다. 아버지는 순천노회(총회파)로 이명해 갔다. "신사참배를 거부하여 출옥했다고 해서 그것이 완전한 신앙의 표준이라고 할 수 없다." 아버지는 이 파든 저 파든 간에 말씀 중심, 즉 예수 중심으로 살려는 사람이면 개인이나 단체나 무조건 그들과 통했을 것이다. 8.15해방 직후 고신파와 총신파가 서로 날카롭게 대립했을 때도 이것은 아버지에게 하등 관심 밖의 일이었다. 여기에 어떤 별다른 반응이나 관심을 전혀 보이지 않았다. 실례를 하나 들면, 8.15해방 후 출옥 성도이신 재건파의 열렬한 지도자 최덕지 여선생이 아버지를 찾아와서 간곡히 권면한 적이 있다.

"손 목사, 지금 현 교회는 세속화되어 예배당이 아니라 마귀당이 되어가고 있습니다. 여기에 가입했다가는 저들과 같이 썩어 들어갈 것입니다. 그런 곳에 가입할 필요도 없거니와 부흥집회도 할 필요가 없습니다. 우리 재건파에서 같이 손잡고 일하면서 외치면 한국 교회가 바로 설 것입니다…" 하고 권면했을 때 아버지는 이렇게 말하고 되돌려 보냈다.

"우리 주님도 죄인을 구하려고 나 같은 죄인이 사는 땅 위에 오셨는데, 내 어찌 현 교회를 마귀당이라고 하여 끊어버리겠습니까? 예수님도 예루살렘 성전이 죄악으로 물들어가고 있을 때 그곳에 직접 들어가서서 깨끗하게 하지 않으셨습니까? 죄인을 부르러 오신 예수님처럼 나도 그분을 따라가려고 애를 씁니다…" (당시 재건파에서는 현 교회를 가리켜 마귀당이라고 불렀다.)

당시 안용준 목사님이 순교자 유족을 위해 걷은 생활비가 '미실회'를 통해서 나왔는데, 그 돈으로는 입에 풀칠하기조차 힘들어 생활은 극도로 어려웠다. 그 무렵 나에게 행운이었던 것은, 안용준 목사님이 유명한 피아니스트이자 선교사인 마두원(D. R. Malsbary) 목사님을 소개해 준 것이다. 나는 그때부터 죽어라 피아노에 매달렸다. 당시 그분에게 레슨을 받기란 하늘의 별따기였다. 큰오빠가 살아 생전에 구자례 선교사에게 데리고 다니며 배우게 한 피아노였다. 나는 오빠의 기대에 어긋나지 않는 훌륭한 피아니스트가 되기 위해 참으로 열심히 피아노를 배웠다.

어머니는 애양원에 남아 나환자들이 손수 지어준 방 두 칸짜리 아담한 집에서 생활했다. 그리고 신풍리에 신풍교회를 건축하기 위해 모금하러 다녔다. 한상동 목사님이 어머니에게 소개장을 써주었고, 어머니는 그 소개장을 들고 전국 방방곡곡을 돌아다녔다. 이렇게 어머니의 눈물겨운 노력으로 신풍교회가 설립되었다.

공부하는 우리는 통학하기가 불편했으므로 순천에 모여 살았다. 서현식 목사님은 아버지가 살아계실 때 애양원교회 조사였는데, 아버지가 순교한 후 바로 당회장 목사로 부임했다.

당시 우리 가족의 생활은 말이 아니었다. 그러나 우리 형제가 대학을 졸업한 후부터는 놀랄 정도로 축복이 쏟아졌는데, 그 사연을 다 풀어놓으려면 또 이만큼의 지면이 필요할지 모른다. 지면이 한정되어 있으니 간단하게 쓰려고 한다.

나는 맏딸로서 동생들을 보살펴야 할 의무가 있었다. 다행히 부산 남교회 한명동 목사(한상동 목사 동생) 사모님이 같은 교회에 다니는 김은희 집사님 집에 나를 소개해 주어 피아노 선생 일을 할 수 있었다. 그 집에는 피아노가 세 대나 있어서 내 개인 공부에도 많은 도움이 되었고, 월급도 제법 많이 주어 생활에 큰 보탬이 되었다.

나는 그 무렵부터 동생들에게 피아노를 가르쳤다. 처음에는 피아노가 없어 흰 종이에 건반을 그려 책상 위에 놓고 손놀림만을 가르쳤다. 그 사실을 안 명향식 여전도사님이 피아노를 한 대 구해 주었다. 덕분에 그때부터 우리 세 자매는 본격적인 피아니스트로서의 공부를 할 수 있었다.

우리 세 자매는 밤낮없이 피아노에 매달렸다. 다들 음악적 재능이 뛰어난 편이었는데, 이것이야말로 하나님이 우리 세 자매에게 주신 최고의 축복이라고 생각한다. 가난하고 어려운 중에서도 피아노를 배울 수 있도록 기회를 만들어주신 것 또한 하나님의 큰 축복이 아닐 수 없다.

열심히 노력한 결과, 우리 세 자매는 모두 피아니스트가 되었다. 동림이는 부산사범대학 피아노과를 졸업하고 여러 교회에서 성가대 반주를 맡아 했다. 동연이는 우리 자매 중 피아노를 제일 잘 쳤다. 경희대 피아노과와 동대학원을 나와 부산 한성여대, 세종대, 경희대 등에서 학생들을 가르쳤다. 나는 이후 부산에서 연주활동, 독창회, 독주회 등의 반주를 도맡아 했다. 나는 현재 부산 대연중앙교회에 몸담고 있다. 그리고 내 아들 박유신 목사를 주의 종의 길로 인도하여 외할아버지 뒤를 따르도록 이끌어주신 하나님께 참 감사드린다.

동장이는 애린원에서 나와 함께 고아생활을 했고, 두 오빠 죽던 날 순천에서 애양원까지 혼자 걸어온 바로 아래 동생인데(오래 전에 이미 고인이 됨), 그때 시체들이 깔려있는 길거리를 지나올 때 놀란 후로 오랫동안 나와 비슷한 우울증을 겪었다. 동장이도 나처럼 하나님을 원망하고 거부하는 생활 속에서 오랫동안 방황하다가 다시 하나님 품으로 돌아온 후 세상을 떠났다. 동길이는 대한신학교를 나와 현재 필리핀에서 선교사로 활동하고 있다.

돌이켜보면 하나님이 언제나 우리와 함께 계셨음을 느끼며 감사를 드리지 않을 수 없다. 가장 어렵고 고통스럽고 절망스러울 때도 그분은 우리 곁에 계셨다. 길을 찾지 못해 어쩔 줄 몰라할 때도 그분은 우리의 길을 미리 예비하고 계셨다. 한 알의 씨앗이 죽어야만 그 결실의 열매가 백 배 혹은 천 배가 되듯이, 두 오빠와 아버지는 죽어 희생되었지만 그 씨앗은 싹이 나고 움이 터서 이 땅에 복음의 열매가 되어 많은 영혼을 깨우치는 하나의 '믿음의 본'이 되었다. 하나님께서 인간의 생명을 거두시는 순간 죽음은 끝이 아닌 시작이며, 패배가 아닌 승리이고, 실패가 아닌 성공이며, 돌발사고가 아닌 그분의 계획과 섭리가 된다. 죽음은 곧 이 땅의 시련을 마치는 졸업이다. 어느 목사님의 말이다.

하나님의 뜻은 우리의 뜻과 정반대 방향에서 오는 경우가 허다하다. 지난 날을 되돌아보면 하나님은 우리 가정을 당신이 계획하신 뜻, 즉 당신의 도구로 쓰시려고 이미 예정하고 계셨음을 알 수 있다. 이는 아마도 할아버지, 아버지, 어머니, 애양원 가족들, 두 오빠, 그리고 옥중에서 끊임없이 드린 아버지의 기도에 대한 하나님의 응답이었으리라. 이 땅에 '믿음의 본'을 만들기 위한…. 그들은 떠났어도 저 사생초처럼 이 땅에 만발한 꽃 되어 향기 날리리라.

짧고 굵게 사는 것이 가늘고 길게 사는 것보다 낫다고 한다. 오래 산다고 행복은 아니다. 삶의 양이 아니라 삶의 질이 더 중요하기 때문이다. 그들은 떠났어도 영원히 지워지지 않는 이름이 되어 이 땅에 길이 빛나리라. 내가 이 세상 마치고 내 후대까지 몇십 년, 몇백 년 이 땅에 종말이 오는 그날까지….

아버지의 상여를 뒤따르는 애양원 교우들의 행렬

※ 2005년 9월 25일 미국 LA에 있는 유니온교회(이정근 목사 시무)는 창립 25주년을 기념하여 원수사랑재단(LOVE-YOUR-ENEMIES FOUNDATION)을 설립하고 제1회 수상자로 손양원 목사님을 선정하였습니다. 2005년 9월 25일 오후 4시에 유니온교회 내에서 원수사랑상과 부상을 받았습니다.

유니온교회 _ TEL 626-858-8300 / FAX 626-858-8308

나의 아버지 손양원 목사

초판 1쇄 발행   1994년 11월 15일
개정3판 1쇄 발행   2014년 4월 3일
개정3판 8쇄 발행   2024년 7월 10일

지은이   손동희

펴낸이   곽성종
기획편집   방재경
디자인   투에스북디자인

펴낸곳   (주)아가페출판사
등록   제21-754호(1995. 4. 12)
주소   (08806) 서울시 관악구 남부순환로 2082-33
전화   584-4835(본사) 522-5148(편집부)
팩스   586-3078(본사) 586-3088(편집부)
홈페이지   www.agape25.com
판권   ⓒ 손동희 1994
ISBN   978-89-97713-35-6 (03230)

이 도서의 국립중앙도서관 출판예정도서목록(CIP)은
서지정보유통지원시스템 홈페이지(http://seoji.nl.go.kr)와
국가자료공동목록시스템(http://www.nl.go.kr/kolisnet)에서
이용하실 수 있습니다.
(CIP제어번호: CIP2014008954)

아가페 출판사